A REALIDADE DA PERCEPÇÃO EXTRASSENSORIAL

Russell Targ

A REALIDADE DA PERCEPÇÃO EXTRASSENSORIAL

A Comprovação Científica, por um Físico, de
Nossas Capacidades Paranormais

Tradução
JEFERSON LUIZ CAMARGO

Apresentação de
STEPHAN A. SCHWARTZ

Editora
Cultrix
SÃO PAULO

Título original: *The Reality of ESP.*

Copyright © 2012 Russell Targ.

Copyright da Apresentação © 2012 Stephan A. Schwartz.

Publicado mediante acordo com Theosophical Publishing House, 306 West Geneva Road, Wheaton, IL 60187 – USA.

Copyright da edição brasileira © 2014 Editora Pensamento-Cultrix Ltda.

Texto de acordo com as novas regras ortográficas da língua portuguesa.

1ª edição 2014.

Todos os direitos reservados. Nenhuma parte desta obra pode ser reproduzida ou usada de qualquer forma ou por qualquer meio, eletrônico ou mecânico, inclusive fotocópias, gravações ou sistema de armazenamento em banco de dados, sem permissão por escrito, exceto nos casos de trechos curtos citados em resenhas críticas ou artigos de revistas.

A Editora Cultrix não se responsabiliza por eventuais mudanças ocorridas nos endereços convencionais ou eletrônicos citados neste livro.

Editor: Adilson Silva Ramachandra
Editora de texto: Denise de C. Rocha Delela
Coordenação editorial: Roseli de S. Ferraz
Produção editorial: Indiara Faria Kayo
Revisão técnica: Newton Roberval Eichemberg
Editoração eletrônica: Fama Editora
Revisão: Liliane S. M. Cajado e Vivian Miwa Matsushita

CIP-BRASIL. CATALOGAÇÃO NA PUBLICAÇÃO
SINDICATO NACIONAL DOS EDITORES DE LIVROS, RJ

T192r

Targ, Russell
    A realidade da percepção extrassensorial : a comprovação científica, por um físico, de nossas capacidades paranormais / Russell Targ ; tradução Jeferson Luiz Camargo. – 1. ed. – São Paulo : Cultrix, 2014. 304 p. : il. ; 23 cm.

    Tradução de: The reality of ESP.
    Inclui bibliografia e índice
    ISBN 978-85-316-1273-2
    1. Parapsicologia. I. Título.

14-10647

CDD: 130
CDU: 133

Direitos de tradução para o Brasil adquiridos com exclusividade pela
EDITORA PENSAMENTO-CULTRIX LTDA., que se reserva a
propriedade literária desta tradução.
Rua Dr. Mário Vicente, 368 – 04270-000 – São Paulo, SP
Fone: (11) 2066-9000 – Fax: (11) 2066-9008
http://www.editoracultrix.com.br
E-mail: atendimento@editoracultrix.com.br
Foi feito o depósito legal.

Para Ingo Swann,
e para todos os que apreciam e promovem nossa capacidade
de acesso a uma percepção livre de obstruções

Se as portas da percepção fossem desobstruídas,
todas as coisas apareceriam ao homem tal como são: infinitas.
Pois o homem fechou-se em si mesmo
até que passou a ver tudo pelas fendas estreitas de sua caverna.
— William Blake

O ceticismo não é irrefutável, mas obviamente carece de sentido
quando tenta questionar o que não admite perguntas.
— Ludwig Wittgenstein

Sumário

Índice de Ilustrações 9

Índice de Tabelas 12

Apresentação de Stephan A. Schwartz 13

Prefácio 23

Agradecimentos 25

Introdução: Por que Acredito na PES e por que Você também

Deveria Acreditar 29

1. Ingo Swann: O Artista de Nova York cuja Visão Remota Abarcava

    o Sistema Solar 47

2. Convencendo a NASA e a CIA a Apoiar as Pesquisas sobre PES no

    Stanford Research Institute (SRI) 67

3. Pat Price: O Incrível Policial com Habilidades Paranormais 77

4. Hella Hammid: A Fotógrafa da Revista *Life* que se Tornou nossa

    Sensitiva mais Confiável 95

5. O Programa da NASA para uma Máquina de Ensinar PES e Realizar

    a Comunicação a Distância por meio de Ondas Cerebrais 117

6. A PES Vai para o Exército 131

7. Já não Era sem Tempo: A Previsão do Preço da Prata em Dezembro

    e Outras Questões Precognitivas 151

8. Influência Mental e Cura a Distância 176

9. Evidências de que Alguma Coisa Sobrevive à Morte do Corpo 199

10. Como Tudo Funciona: A Física dos Milagres 219

11. O Aprendizado da Visão Remota: Separando o Sinal Parapsíquico

    do Ruído Mental 239

12. A Consciência Nua: As Experiências Budista e Hinduísta com as

    Capacidades Paranormais 258

Epílogo... 278

Notas.. 281

Glossário... 293

Bibliografia 295

Sugestões de Leitura: Estudos sobre a Consciência.......................... 303

Ilustrações

Figura 0.1 Esboço de aeroporto feito pelo físico Russell Targ atuando como vidente remoto 38

Figura 0.2 Foto de um aeroporto usado como alvo 38

Figura 1.1 O artista e vidente remoto Ingo Swann 50

Figura 1.2 Desenho feito por Ingo Swann de um local na Costa Leste escolhido como alvo 52

Figura 1.3 Mapa da ilha Kerguelen, segundo a *National Geographic* 56

Figura 1.4 Impressões parapsíquicas da ilha Kerguelen, por Ingo Swann. 61

Figura 1.5 Desenho de um anel ao redor de Júpiter, por Ingo Swann 61

Figura 1.6 Ilustração, feita pela NASA, de um dos anéis de Júpiter 61

Figura 1.7 Cartas para PES usadas por J. B. Rhine em experimentos de adivinhação de sequências de cartas 62

Figura 1.8 Dois tipos de papel gráfico usados no experimento em que Ingo Swann tentou superar o ruído mental 64

Figura 2.1 Carta da CIA para Russell Targ 74

Figura 3.1 Desenho de Pat Price de suas impressões parapsíquicas de um guindaste de pórtico em um local secreto de pesquisa e desenvolvimento da União Soviética e desenho do guindaste feito pela CIA a partir de uma foto de satélite 80

Figura 3.2 Desenho, feito por um artista da CIA, com base em uma foto de satélite, da área de pesquisa e desenvolvimento de Semipalatinsk 80

Figura 3.3 Segundo desenho da área soviética de testes secretos de Semipalatinsk, por Pat Price 82

Figura 3.4 Russell Targ e Pat Price, comissário de polícia aposentado 85

Figura 3.5 Impressão parapsíquica de Pat Price do Rinconada Park, em Palo Alto, 1974, e o parque em um mapa da cidade 90

Figura 3.6	Reservatórios de água no Rinconada Park	90
Figura 4.1	A fotógrafa Hella Hammid e o artista Ingo Swann	96
Figura 4.2	Desenho de Hella Hammid de sua primeira visão remota	98
Figura 4.3	Passarela de pedestres usada como alvo	98
Figura 4.4	Experimento de Hella Hammid com latas de alumínio para filme	102
Figura 4.5	Desenho de um "expansor de energia em forma de umbigo", por Hella Hammid	109
Figura 4.6	Bevatron de Berkeley usado como objeto-alvo	109
Figura 4.7	Modelo em argila do alvo, o Bevatron de Berkeley, feito por Hella Hammid	110
Figura 4.8	Local do Oráculo de Delfos	113
Figura 5.1	Máquina de ensinar PES	119
Figura 5.2	Elisabeth Targ operando a primeira máquina comercial de testes de PES	121
Figura 5.3	Compartimento eletricamente blindado usado para experimentos com EEG no Stanford Research Institute (SRI).	127
Figura 5.4	Espectros de EEG occipital	129
Figura 6.1	Resultados de 36 testes, no SRI, com seis videntes remotos inexperientes das Forças Armadas dos Estados Unidos	134
Figura 6.2	Desenho, obtido por visão remota, de um edifício visualizado por Joe McMoneagle	137
Figura 6.3	Museu de Arte da Stanford University	138
Figura 6.4	Charge de Russell Targ, por Joe McMoneagle	140
Figura 6.5	Desenho de uma grande instalação de pesquisa e desenvolvimento, por Joe McMoneagle	145
Figura 6.6	Instalações de pesquisa e desenvolvimento do Lawrence Livermore	145
Figura 6.7	Desenho de "alguma coisa girando sobre postes altos, parte de uma rede elétrica", por Joe McMoneagle	146
Figura 6.8	A Fazenda Eólica no Desfiladeiro de Altamont	146
Figura 6.9	Desenho de um gira-gira usado como objeto-alvo, feito por uma vidente remota da CIA	149

Figura 10.1 Exemplar da revista *Lucifer*, de 1895, em que foi publicado o artigo "Occult Chemistry"... 220

Figura 10.2 Desenho de um átomo de hidrogênio ou deutério, feito por Charles Leadbeater em 1909, e desenho atual de um próton. 222

Figura 10.3 Localização de quatro pontos no espaço topológico complexo.. 233

Figura 11.1 Caneca retrátil banhada a prata e desenhos de uma vidente remota.. 243

Figura 11.2 Experimentos descritos no livro *Mind to Mind*, de René Warcollier.. 250

Figura 11.3 Exemplos de experimentos telepáticos publicados em 1930 por Upton Sinclair... 252

Figura 12.1 Símbolo do yin/yang 262

Tabelas

Tabela 1	Distribuição das classificações atribuídas às transcrições associadas a cada local-alvo para o exímio vidente remoto Pat Price	92
Tabela 2	Distribuição de classificações associadas a cada local-alvo escolhido para Hella Hammid	100
Tabela 3	Protocolo Experimental para Experimentos de Visão Remota Precognitiva com Hella Hammid	107
Tabela 4	Taxas de ocupação dos aviões sequestrados em 11 de setembro de 2001	154
Tabela 5	Resumo dos nove experimentos de precognição de Daryl Bem	173

Apresentação

Uma questão de provas

Em um livro que afirma apresentar provas, convém refletir sobre o que, exatamente, significa "prova". A versão de Russell Targ, que ele apresenta no Prefácio deste livro, é a seguinte:

> Os cientistas geralmente definem *comprovação* como uma evidência esmagadora, tão forte que tanto sob o ângulo da lógica como sob o ângulo das probabilidades não seria razoável negar a argumentação comprobatória nela contida. A prova estabelece o conhecimento ou a verdade de uma conclusão — como a afirmativa de que a aspirina evita a ocorrência de ataques cardíacos, um caso em que a prova era tão vigorosa que o National Institutes of Health interrompeu os experimentos para impedir a morte dos membros dos grupos de controle não submetidos a esse tratamento.
>
> O que apresento aqui não é uma prova matemática, mas sim evidências experimentais publicadas pelo Stanford Research Institute (SRI) e por laboratórios de todo o país. Com base nesses dados obtidos ao longo de décadas, creio que seria incoerente, do ponto de vista lógico e empírico, negar a existência de *algum tipo* de capacidade que permita ao ser humano ter consciência ou experiência direta de eventos distantes e bloqueados à percepção comum — uma experiência geralmente conhecida como PES (Percepção Extrassensorial). Digo isso apesar de reconhecer plenamente que todo conhecimento científico é provisório e nunca imune a revisões subsequentes [...]

Será que as evidências esmagadoras mencionadas por Targ estão, de fato, presentes neste livro? Você vai lê-lo e chegar às suas próprias conclusões, mas considere a seguinte avaliação do trabalho sobre visão remota do qual o próprio

Targ participou como coinvestigador ao lado de seus colegas, também físicos, Harold Puthoff e Edwin May:

Em 1995, o Congresso dos Estados Unidos pediu ao American Institutes for Research (AIR), uma instituição de pesquisa sem fins lucrativos com sede em Washington, D.C., com estreitas ligações governamentais e um longo histórico de estudos sobre o desenvolvimento humano, que avaliasse a autenticidade da visão remota em pesquisas que o governo norte-americano havia financiado anteriormente.

Para fazer a avaliação, o AIR contratou Jessica Utts, professora de estatística nacionalmente renomada da University of California, Davis, e o famoso cético Ray Hyman, professor de psicologia na University of Oregon e membro do Committee for the Scientific Investigation of Claims of the Paranormal (atual Committee for Skeptical Inquiry). Os dois já haviam escrito sobre esse tema e eram extremamente versados nas questões envolvidas. Em 1991, em um artigo publicado no periódico *Statistical Science*, Utts já havia abordado a questão levantada pelo Congresso.

O AIR pediu a Hyman e Utts que produzissem um relatório independente em uma data estipulada. Utts concordou e entregou seu relatório dentro do prazo. O mesmo não aconteceu com Hyman. Consequentemente, ele pôde ver o relatório dela antes de escrever o seu; e, quando o redigiu, a abordagem que adotou foi, em grande parte, um comentário sobre a análise dela. Para compensar essa arbitrariedade, o AIR permitiu que Utts escrevesse uma réplica, que foi incorporada ao documento final submetido à apreciação do Congresso. É nessa forma involuntária de intercâmbio que se revela a posição de ambos. A afirmação inicial de Utts é admirável por sua clareza. Ela escreveu:

> Usando os padrões aplicados a qualquer outra área da ciência, concluímos que o funcionamento paranormal não deixou lugar a dúvidas. Os resultados estatísticos dos estudos examinados estão muito além do que se poderia esperar se esse funcionamento fosse aleatório. Os argumentos segundo os quais esses resultados poderiam ter origem em falhas metodológicas nos experimentos são categoricamente refutados. Efeitos de magnitude semelhante foram replicados em vários laboratórios de todo o mundo. Tal coerência não pode ser explicada por alegações de falhas ou fraude. A magnitude do funcionamento parapsíqui-

co que ficou demonstrada parece situar-se no âmbito daquilo que os cientistas sociais chamam de pequeno e médio efeito. Isso significa que tais ocorrências são suficientemente confiáveis para serem replicadas em experimentos adequadamente conduzidos, com testes suficientes para obter os resultados estatísticos de longo prazo que são necessários para a replicabilidade.[1]

Em resposta ao relatório de Utts, Hyman escreveu:

> Quero afirmar que estamos de acordo em muitos [outros] pontos. Nós dois concordamos que os experimentos [em processo de avaliação] estiveram isentos das fragilidades metodológicas que infestaram a pesquisa [...] anterior. Também concordamos que [...] os experimentos parecem desprovidos das falhas mais evidentes e conhecidas, que podem invalidar os resultados das investigações parapsicológicas. Concordamos que as dimensões dos efeitos relatados [...] são demasiadamente grandes e consistentes para que possamos rejeitá-los como acasos estatísticos.[2]

Esse reconhecimento é importante porque Hyman está admitindo que o modo como os tipos de experimento de laboratório descritos no relatório do AIR foram conduzidos e o modo como foram analisados deixaram de ser objetos de controvérsia. Em outras palavras, a percepção não local necessária para a realização de uma experiência de visão remota bem-sucedida não pode ser descartada como um artefato resultante do modo como os dados foram coletados ou avaliados.

Considere-se também que, atualmente, universidades e laboratórios de várias partes do mundo usam quatro protocolos experimentais distintos: Visão Remota, Ganzfeld, Perturbações na Geração de Números Aleatórios e Pressentimento. Coletivamente considerados, cada resultado mostra, por protocolo, um efeito seis sigma. Basicamente, isso significa que a probabilidade de que os resultados pudessem ter ocorrido aleatoriamente é de um em um bilhão. A importância desse dado estatístico fica clara ao nos darmos conta de que o limiar de significância é de um em apenas *vinte*.

Se isso é verdade, a que se deve o fato de a realidade da PES não ser aceita por todos? Por exemplo, sabe-se que os seus efeitos são consideravelmente maiores do que aqueles que resultam de uma terapia com aspirina de 81 mg.[3]

Milhões de pessoas tomam sem hesitar uma pequena aspirina com base em um nível de evidência muito inferior, sendo que muitos desses devoradores de pílulas, particularmente quando são cientistas, contestam a realidade da PES, ainda que as evidências de sua autenticidade sejam muito mais bem estabelecidas. Por que isso acontece? A resposta, sem dúvida — como Targ discute —, está no fato de que não é apenas a realidade evidenciada pelos fatos que muda as mentalidades, sobretudo quando a aceitação da mudança requer a aceitação de uma nova visão de mundo.

Max Planck, um dos maiores físicos do século XX, ganhador do prêmio Nobel em 1918 por seu trabalho de importância seminal sobre a teoria quântica, afirmou, em uma entrevista publicada no *Observer* inglês em 25 de outubro de 1931: "Uma nova verdade científica não triunfa porque convence seus oponentes ao fazê-los ver a luz; ela triunfa porque seus oponentes acabam morrendo, e uma nova geração cresce familiarizada com essa verdade". Essa é a visão franca e direta sobre a *Realpolitik* imperante formulada por um veterano pioneiro científico que enfrentou críticas devastadoras ao propor, pela primeira vez, o conceito de mecânica quântica — uma percepção essencial e iluminadora que se revela atualmente de importância fundamental para a física moderna. Como Planck aprendeu em sua própria vida, os fatos nem sempre mudam as mentalidades, mesmo quando são esmagadoramente evidentes.

Isso não significa que os cientistas materialistas se oponham à PES porque as evidências sejam falhas e imperfeitas. Em muitos casos, eles nem mesmo conhecem a pesquisa. Em seu excelente livro *Science, God, and the Nature of Reality: Bias in Biomedical Research*, a biomédica e professora Sarah S. Knox, da Faculdade de Medicina da West Virginia University, expõe claramente essa questão:

> Tendo em vista que [segundo os críticos] não há, em uma estrutura conceitual ou sistema de referência materialista, nenhum mecanismo plausível que seja capaz de explicar os fenômenos paranormais, [eles concluem que] tais fenômenos possivelmente não são verdadeiros. Esse é o mesmo raciocínio que os sábios da época de Galileu usaram para justificar sua recusa em olhar pelo telescópio. Em nenhum outro lugar essa atitude é mais evidente do que nos muitos cientistas que se oferecem como "especialistas" voluntários nos programas de televisão sobre fenômenos paranormais, espantosamente à vontade e desinibidos

apesar de sua absoluta falta de conhecimentos sobre os dados experimentais existentes. Esses "especialistas" estampam um sorriso complacente enquanto afirmam que os fenômenos em discussão podem ser explicados pela ocorrência aleatória, por anomalias cerebrais etc., dependendo do assunto em pauta. Tendo em vista o predomínio supremo da crença segundo a qual a causalidade só pode ser encontrada na matéria, parece não haver a menor necessidade de que esses "especialistas" corroborem suas afirmações com dados concretos. Para convencer o seu público ingênuo de que todos esses fenômenos não passam de embromação, eles só precisam introduzir a possibilidade de que o mesmo resultado poderia ter sido obtido por algum outro meio.[4]

Juntamente com Ed May, certa vez participei de um debate com Daniel Dennett, notório crítico das pesquisas sobre percepção extrassensorial, em um evento realizado pela ABC News para um público interno de jornalistas e programadores. Debatemos por cerca de trinta minutos, e Dennett não parava de fazer observações zombeteiras e depreciativas sobre qualquer coisa que eu ou Ed disséssemos, mas sempre a propósito de generalidades. Finalmente, eu disse a ele: "Vamos examinar um experimento que nós dois conhecemos, e você me dirá o que há de errado com ele, e eu lhe responderei". Sem pensar duas vezes, ele se recostou em sua poltrona com a atitude mais deliberadamente condescendente que eu já vira, e então disse: "Você não está pensando que eu leio esse tipo de baboseira, está?" Depois de um momento de silêncio, uma risada começou a se formar, primeiro como uma risadinha meio reprimida, depois como um riso maroto e, por fim, como uma gargalhada sonora e prolongada. Então, de repente, caiu a ficha de Dennett, quando ele percebeu a bobagem que havia dito. Ele ficou vermelho, sentou-se e foi embora assim que teve a primeira oportunidade.

Como se costuma dizer na British Society for Psychical Research: "A oposição às pesquisas sobre as capacidades parapsíquicas geralmente diz respeito às suas implicações e não à qualidade de suas provas".[5]

O físico Douglas Hofstadter, da Indiana University, exprime perfeitamente bem o ponto de vista materialista. Falando a respeito de um estudo recente sobre a PES, conduzido por Daryl Bem, professor de psicologia na Cornell University, que Targ discute em profundidade, ele disse: "Se qualquer uma das afirmações [de Bem] fosse verdadeira, isso significaria que todos os fundamentos da ciência contemporânea desmoronariam, e nós teríamos de repensar tudo o que diz respeito à natureza do universo".[6] Esse é o cerne da objeção materialista. Não constitui, porém, o ponto de vista dos físicos como grupo, embora aos detratores muito agradasse que você acreditasse nisso.

O físico Olivier Costa de Beauregard observa que: "A física atual admite a existência dos chamados 'fenômenos paranormais'. [...] Todo o conceito de 'não localidade' na física contemporânea requer essa possibilidade".[7] O físico Henry Margenau concorda, afirmando que "estranhamente, não parece possível encontrar as leis ou os princípios científicos violados pela existência dos [fenômenos *psi*]. Podemos encontrar contradições entre [sua ocorrência] e nossa visão culturalmente aceita da realidade –, mas não – como muitos de nós temos acreditado – entre [sua ocorrência] e as leis científicas que foram desenvolvidas com tanto esforço".[8]

J. P. Schwartz, Henry Stapp e Olivier Costa de Beauregard, escrevendo em *Philosophical Transactions of the Royal Society of Biological Sciences*, nos dão uma boa ideia de qual será, segundo eles, o caminho que a ciência irá trilhar, e esse caminho não é, de modo algum, compatível com a concepção materialista que Hofstadter propõe:

> As pesquisas neuropsicológicas sobre as bases neuronais do comportamento geralmente postulam que, em última análise, os mecanismos cerebrais serão suficientes para explicar todos os fenômenos parapsicológicos descritos. Esse pressuposto decorre da ideia de que o cérebro é totalmente constituído de partículas e campos materiais, e que todos os mecanismos causais importantes para a neurociência podem, portanto, ser formulados exclusivamente com base nas propriedades desses elementos. Desse modo, os termos de conteúdo intrinsecamente mental e/ou experimental (por exemplo, "sentimento", "conhecimento" e "esforço") não pertencem ao conjunto dos fatores causais fundamentais. Essa restrição teórica é basicamente motivada por ideias sobre o mundo natural que já eram consideradas fundamentalmente incorretas há mais de três quartos de século.[9]

O físico da Princeton University e filósofo da ciência Thomas Kuhn, geralmente reconhecido como o principal filósofo e historiador da ciência no século XX, cunhou o termo *paradigma*, com o qual ele se referia ao arcabouço filosófico e teórico em cujo âmbito uma disciplina científica elabora suas teorias, leis e generalizações, e conduz os experimentos que testam essas teorias e formulações. Em essência, paradigma é a visão de mundo da disciplina; quando surge um consenso, obtém-se um paradigma, e então, nas palavras de Kuhn, essa disciplina se torna uma ciência.

Em seu livro clássico, *A Estrutura das Revoluções Científicas*, Kuhn explica que as pessoas atraídas pela ciência e que se tornam cientistas são membros de uma comunidade especial, dedicada a resolver certos problemas muito restritos e autodefinidos, *todos os quais se definem pela visão de mundo (ou paradigma) aceita pela corrente dominante*. Ele situa o poder dos paradigmas em seu caráter de "realizações científicas universalmente reconhecidas [em determinado campo] que, *por algum tempo*, oferecem *problemas e soluções* modelares a uma comunidade de praticantes" [itálicos meus].[10] Para os cientistas nele imersos, um paradigma é sua visão de mundo. Seus limites definem, para eles, tanto aquilo que o universo contém como — e isto é igualmente importante — *aquilo que ele não contém*. O paradigma explica como esse universo funciona. Kuhn, porém, reconheceu que os paradigmas podem e devem mudar, pois chegará um momento em que eles simplesmente não conseguirão explicar fenômenos observados. Com o tempo, acumulam-se anomalias que o paradigma é incapaz de dar conta, e essas inadequações obrigam-no a entrar em crise. Kuhn via esse processo de mudança como algo revolucionário — e não evolucionário —, e a respeito disso afirmou: "A sucessiva transição de um paradigma para outro, por meio de grandes transformações revolucionárias, é o padrão normal de desenvolvimento da ciência madura".[11]

Não há nada de teórico nessas afirmações feitas por Kuhn. Ele estava se referindo a algo que já havia acontecido. Afirma-se que *sir* William Thomson, admitido à aristocracia inglesa como barão Kelvin em 1892 e um dos mais importantes físicos do século XIX, teria dito em 1900, em um discurso à British Association for the Advancement of Science: "Não há mais nada de novo a ser descoberto pela física. Tudo o que resta a fazer são medições cada vez mais precisas". Cinco anos depois, porém, Albert Einstein publicou seu artigo sobre a relatividade especial; e as regras simples da mecânica newtoniana, usadas para descrever a força e o movimento por mais de dois séculos, foram rapidamente descartadas. Por quê? Porque a visão de mundo de Einstein descrevia melhor o universo observado.

Essa percepção da mudança de paradigma constitui a essência deste livro. Nele, Targ aborda detalhadamente as anomalias que foram se acumulando e que não encontram mais espaço no âmbito do velho paradigma materialista, cujo perfil é mais ou menos este:

- A mente nada mais é que o resultado de processos fisiológicos.
- Cada consciência é uma entidade individualmente distinta.
- Nenhuma comunicação é possível a não ser por meio dos sentidos fisiológicos definidos.
- A consciência vive exclusivamente dentro do *continuum* espaçotemporal.

Ao contrário dessas características, o paradigma emergente da consciência, que hoje descreve nosso mundo com muito mais precisão, pode ser assim delineado:

- Apenas alguns aspectos da mente são o resultado de processos fisiológicos.
- A consciência é causal, e a realidade física é sua manifestação.
- Todas as consciências, independentemente de sua manifestação física, fazem parte de uma rede de vida que elas não apenas informam e influenciam, mas também são por ela informadas e influenciadas.
- Alguns aspectos da consciência não estão limitados pelo *continuum* espaçotemporal.

No final, porém, você irá ler as provas de Targ, e tomar sua própria decisão, atribuindo os pesos que julgar adequados tanto aos fatos como às crenças. Se ficar do lado dos fatos, então a verdadeira importância do que Targ está dizendo ficará evidente para você. Planck também teve de enfrentar esses problemas e, na edição de 25 de janeiro de 1931 do jornal inglês *The Observer*, afirmou:

"Para mim, a consciência é fundamental. Considero a matéria como derivada da consciência. Não podemos ignorar a consciência. Todas as coisas sobre as quais falamos, tudo o que consideramos como existente, postula o primado da consciência."

Esta pesquisa, com todas as provas coletadas por Targ (e também há outras), sugere que todas as vidas são interconectadas e interdependentes. Há um aspecto da consciência humana que existe independentemente do tempo e do espaço e é susceptível ao controle volitivo; e há uma interconexão entre todas as formas de vida que precisa ser compreendida se o impulso universal que os seres humanos sentem pelo componente espiritual de sua vida deve amadurecer apropriadamente. Essa afirmação não é apenas um fato científico — é uma visão de mundo. Se você aceitá-la, fará escolhas de vida diferentes. Afinal, a prova de Targ é um começo, não um fim.

— Stephan A. Schwartz
Membro sênior do Samueli Institute
Outubro de 2011

Prefácio

Talvez você se surpreenda por eu colocar a palavra "comprovação" no subtítulo deste livro. Os cientistas geralmente definem *comprovação* como uma evidência esmagadora, tão forte que tanto sob o ângulo da lógica como sob o ângulo das probabilidades não seria razoável negar a argumentação comprobatória nela contida. A prova estabelece o conhecimento ou a verdade de uma conclusão — como a afirmativa de que a aspirina evita a ocorrência de ataques cardíacos, um caso em que a comprovação era tão vigorosa que o National Institutes of Health interrompeu os experimentos para impedir a morte dos sujeitos de controle não submetidos a esse tratamento.

O que apresento aqui não é uma prova matemática, mas sim evidências experimentais publicadas pelo Stanford Research Institute (SRI) e por laboratórios de todo o país. Com base nesses dados obtidos ao longo de décadas, creio que seria incoerente, do ponto de vista lógico e empírico, negar a existência de *algum tipo* de capacidade que permita ao ser humano ter consciência ou experiência direta de eventos distantes e bloqueados à percepção comum — uma experiência geralmente conhecida como PES (Percepção Extrassensorial). Digo isso apesar de reconhecer plenamente que todo conhecimento científico é provisório e nunca imune a revisões subsequentes, e que é provável que interpretemos equivocadamente a natureza fundamental da PES — assim como a natureza do espaço-tempo.

Em 1905, Albert Einstein comprovou que até mesmo as veneráveis leis do movimento de Newton eram incompletas e não imunes à mudança. Em 1921, o grande lógico Ludwig Wittgenstein concluiu seu lapidar *Tractatus Logico-Philosophicus* com a advertência de que "a solução para o enigma da vida no espaço e no tempo encontra-se *fora* do espaço e do tempo". E, em 1964, o físico teórico John Stewart Bell comprovou matematicamente que os resultados previstos pela mecânica quântica não podem ser explicados por *nenhuma* teoria que preserve nossas ideias habituais sobre localidade. Discuto essa conectividade não local mais adiante, na introdução. Por último, a professora de estatística Jessica Utts, da University of California Davis (UC Davis) iniciou sua minuciosa avaliação (patrocinada pela CIA em 1995) de nossas pesquisas sobre visão remota no SRI com estas palavras: "Usando os padrões aplicados a qualquer outra área da ciência, concluímos que o funcionamento paranormal não deixou lugar a dúvidas. Os resultados estatísticos dos estudos examinados estão muito além do que é esperado de forma aleatória. Efeitos de magnitude semelhante foram replicados em vários laboratórios de todo o mundo".

Se for possível que, por si sós, os fatos convençam um investigador cético a respeito da realidade da PES, acredito que este livro seja capaz de semelhante façanha.

O material aqui redigido é novo, com exceção do Capítulo 8, sobre cura a distância, que foi revisto e atualizado do meu livro anterior, *Limitless Mind*.* E, embora muitas das fotos e as apresentações de minha participação pessoal nos experimentos realizados no SRI já tenham sido publicadas, elas nunca foram organizadas conjuntamente, como eu o fiz aqui.

Como cofundador do programa de visão remota do SRI, considero este livro como o mais bem embasado e completo resumo que qualquer pessoa venha a escrever sobre a obra que realizamos naquela investigação pioneira. Minha intenção é oferecer um livro que seja fonte de informações para os pesquisadores futuros que tentarem descobrir como fomos tão bem-sucedidos nas primeiras décadas dessa pesquisa.

Espero que os leitores recebam este livro como uma obra nova e inspiradora. Uma vez que ele talvez seja meu último livro sobre o assunto, tentei torná-lo claro e convincente, despretensioso e abrangente, além de fazer uso de todos os melhores dados disponíveis.

— Russell Targ
Palo Alto, Califórnia
Outubro de 2011
www.espresearch.com

---

* *Mente sem Limites*, publicado pela Editora Cultrix, São Paulo, 2010.

Agradecimentos

Como estou agora terminando minha oitava década como ser senciente, lamento dizer que a maioria das pessoas às quais eu gostaria de deixar aqui meus agradecimentos por suas contribuições ao meu trabalho já me precedeu em seu caminho para um domínio novo e diferente. Espero que elas aprovem minha interpretação física e metafísica do mundo que me ajudaram a reunir.

Em primeiríssimo lugar, quero agradecer a meu pai, William Targ, um extraordinário diretor e editor – editor-chefe da G. P. Putnam's Sons e responsável pela publicação de O *Poderoso Chefão*, de Mario Puzo, e de outros autores como Simone de Beauvoir, MacKinlay Kantor e James T. Farrell. Ele interessou-se a vida toda pelas fronteiras do cognoscível – desde a mágica de palco até os ensinamentos de Helena Petrovna Blavatsky, a fundadora da Teosofia, cuja biografia ele publicou em 1980. Meu pai me apresentou a todas essas coisas e me estimulou a explorá-las do modo como me parecesse melhor. E ele estimulou meu interesse pela ficção científica, cujas obras me disponibilizou em sua grande e eclética biblioteca. Muitas vezes ele me levou a ver os mais famosos mágicos do mundo, inclusive Henry Blackstone, Sr., conhecido como o "Grande Blackstone", e ele nos comprava assentos nas primeiras filas para que eu me envolvesse totalmente nos mistérios que ocorriam no palco, apesar de minha frágil visão.

Minha primeira mestra espiritual, Mollie Walker Margliotti, era responsável pela sala de projetos da Columbia University, onde eu fiz pós-graduação em física em 1954. Ela me estimulava a procurar pelo *prana*, irrupções de energia vital que nos mantêm vivos, nos feixes de raios de sol que invadiam sua sala no décimo terceiro andar do Pupin Hall, edifício de física da universidade, mas nunca consegui ver nada. Ela também me levou – seu protegido de 20 anos de idade – para conhecer os luminares na Sociedade Teosófica de Nova York, onde me encontrei com Dora Kunz, a famosa agente de cura espiritual, cocriadora do Therapeutic Touch e presidente da sociedade. E depois, trinta anos mais tarde, Mollie procurou-me quando eu estava no hospital, recuperando-me de uma cirurgia de câncer. Ela concluíra havia pouco sua tese de doutorado sobre o grande lógico budista Nagarjuna, que escreveu na época de Cristo e é considerado, por muitas pessoas, como o segundo Buda. Ele criou um tipo de lógica de quatro valores, ou tetravalente, na qual as coisas em que acreditamos são, em sua maioria, reveladas como nem verdadeiras nem não verdadeiras, em frontal oposição a Aristóteles e em total acordo com a física moderna. O pensamento dele constitui a base do meu livro *The End of Suffering*.

Pouco depois de juntar-me ao Stanford Research Institute, em 1972, conheci Dean Brown, físico nuclear, pioneiro da computação, místico e grande conhecedor do sânscrito. Meu querido amigo Dean apresentou-me à magia antiga em *The Yoga Sutras of Patanjali*, que ele traduziu, e à transcendental e inigualável sabedoria a respeito do vazio, conhecido como *sunyata*, descrito no *Prajnaparamita* (ensinamentos do Buda). Dean introduziu-me em um mundo de misticismo e erudição que eu jamais teria conhecido sem ele.

Foi minha filha e colega de pesquisas, Elisabeth Targ, que me mostrou os iluminados ensinamentos de um mestre do *dharma* do século XIV, Longchen Rabjam, que conduz o leitor — inclusive conduziu a mim — diretamente para a experiência da *percepção atemporal* em seu livro, intitulado *The Precious Treasury of the Basic Space of Phenomena*. Essa foi minha primeira experiência de uma transmissão direta vinda de qualquer fonte. Lamento dizer que Longchen foi o último presente que recebi de Elisabeth. Ela era psiquiatra e pesquisadora talentosa, tendo publicado suas investigações pioneiras e bem-sucedidas sobre cura a distância de pacientes com AIDS no *The Western Journal of Medicine*, em 1999. Elisabeth nos deixou tragicamente em julho de 2002.

Minha experiência mais significativa de uma transmissão direta foi o fluxo de percepção amorosa que me foi propiciado por minha incomparável mestra Gangaji. Ela é uma renomada professora espiritual norte-americana na tradição de Ramana Maharshi, e exerceu influência crucial em minha vida por meio de sua forte ênfase na autoindagação, graças à qual finalmente realizou uma tarefa insuperável: ensinar um judeu nova-iorquino a acalmar-se — o tipo de calma descrito nos ensinamentos do *advaita vedanta*. Não devemos considerar Gangaji como alguém que necessariamente defenda ou concorde com qualquer uma das ideias espirituais ou metafísicas expressas neste livro, a não ser, talvez, com o pressuposto de que a autoindagação é uma boa ideia.

Este livro não teria sido escrito não fossem as conversas instigantes que tive recentemente com o dr. Leonard Levine, meu parceiro de estudos e meu melhor amigo dos tempos de ensino médio e faculdade, e hoje professor de ciência da computação na University of Wisconsin, Milwaukee. Depois de uma amizade de sessenta anos, reencontramo-nos por ocasião da lamentável morte de sua esposa, Marilyn Gordon Levine, que por acaso era minha coaniversariante. Em conversa comigo ao telefone, Leonard demonstrou surpresa pelo fato de que "depois de tantos anos, você ainda está envolvido com esse negócio de PES". Ele sugeriu que, se realmente havia algo de verdadeiro na PES, por que eu não escrevia um livro para os céticos? É o que tentei fazer aqui. Obrigado!

Também quero agradecer à minha amiga e colega dra. Jane Katra, com quem escrevi dois livros anteriores. Suas percepções aguçadas e iluminadoras e sua compreensão também estimularam minha abordagem de muitas ideias neste livro. E, igualmente, meu muito obrigado à professora Elizabeth Rauscher por sua grande contribuição à nossa formulação do modelo geométrico no espaço octodimensional que descreve uma métrica espaçotemporal em que os fenômenos paranormais podem ocorrer.

Além disso, quero agradecer à minha boa amiga e editora Phyllis Butler por ter editado meu manuscrito original de modo que eu pudesse submetê-lo à publicação, bem como a Sharron Dorr, minha incansável e meticulosa editora e *publisher* na Quest Books, por ter-me acompanhado ao longo da penosa tarefa de tornar este livro complicado em algo passível de publicação. Agradeço também ao editor de aquisições da Quest, Richard Smoley, por seu apoio na preparação deste livro e por tê-lo indicado para publicação.

Por último, é com profunda gratidão que deixo aqui meus agradecimentos ao apoio incansável e ao grande estímulo de minha amorosa e paciente esposa, Patricia Kathleen. Sou muito grato à sua generosidade bem-humorada de pôr de lado, de vez em quando, suas tintas a óleo e seus pincéis para me manter bem alimentado e amado ao longo dos muitos meses em que fiquei preso ao meu teclado para escrever e editar este livro.

*Não cometerei a estupidez, tão em voga, de
considerar como fraude tudo o que não consigo explicar.*
— C. G. Jung

Introdução

Por que Acredito na PES
e por que Você também Deveria Acreditar

Este é um livro sobre a realidade das capacidades paranormais. Essas capacidades — que todos nós temos — propiciam uma amplitude mental que pode mudar sua vida e sua visão da realidade. Os budistas e os hinduístas conhecem essa verdade desde antes da época de Cristo. As evidências científicas de sua existência são hoje esmagadoras, e a física moderna tem os meios e as ferramentas para lidar com ela. Essas capacidades têm muitos nomes: energia *Psi*, metafísica, clarividência e PES (percepção extrassensorial) — sendo o último o mais conhecido.

Este livro é para as pessoas que não acreditam em PES, bem como para aquelas que já estão familiarizadas com as experiências parapsíquicas. Não vou lhe pedir para aceitar nada de que não existam evidências cabais. Como cientista em atuação na área da física do *laser*, com quarenta anos de experiência em pesquisas parapsíquicas, estou convencido de que a maioria das pessoas pode aprender a passar de sua mentalidade comum, fundamentada no ego, para uma perspectiva muito mais interessante — uma perspectiva que não seja obstruída pelas barreiras convencionais do espaço e do tempo. Os budistas do século VIII entendiam essa capacidade meditativa como um movimento da *percepção condicionada* para a *percepção expandida* (*spacious*) ou *nua*. Quem não gostaria de tentar isso?

Neste livro, mostrarei a você o que fazer para dar alguns passos surpreendentes em direção a essa capacidade. Refiro-me àquilo que nós, no século XXI, chamamos de *visão remota*. Essa capacidade diz respeito a aprender como aquietar sua mente e separar as imagens visuais transmitidas pelo sinal paranormal do tagarelar descontrolado da mente. Descrevo os dados de laboratório, as aplicações militares e as experiências pessoais de muitos videntes remotos. Também incluo perspectivas que vão do budismo à física quântica. Contudo, não falarei sobre ter fé ou devoção; não peço a ninguém para que venha comer na mão do guru.

Minha firme conclusão, depois de décadas de pesquisa em PES, é a de que nós compreendemos muito mal a natureza física e psicológica do espaço-tempo interconectado em que vivemos. Quando me sento à minha mesa no Portola Valley e olho para a Baía de San Francisco, sinto-me verdadeiramente capaz de vivenciar toda a beleza e a amplitude do panorama que se descortina à minha frente. Infelizmente, porém, ao aprofundar meus pensamentos dou-me conta de que essa convicção não se baseia nem em uma percepção completa nem em uma compreensão correta daquilo que estou vendo. A percepção interiorizada da natureza diante de mim é criada, obstruída e obscurecida pelo ruído mental.

O ruído mental é a tagalerice contínua da nossa mente, junto com nosso desejo de nomear e concretizar tudo o que vemos ou vivenciamos. O grande paranormal Ingo Swann chama esse ruído de "sobreposição analítica" ou AOL (*analytical overlay*) e diz que ela abrange a memória, a imaginação e a análise — faculdades que usamos para falsear e reconfigurar nossas visões e experiências. A ideia é a de que damos a tudo o que vivenciamos todo o significado que cada experiência tem para nós. Partimos do pressuposto de que o mundo exterior não tem nenhum sentido inerente a si próprio. Essa ilusão é aquilo que os hinduístas e budistas chamam de *maya* ou *samsara* — e pode causar muito sofrimento desnecessário. Na verdade, é isso o que geralmente acontece. É essa percepção equivocada que me leva a querer escrever um livro sobre o questionamento da realidade e o exame de nosso potencial para a percepção não local no que tanto diz respeito ao tempo como ao espaço.

A visão remota não é um caminho espiritual. Contudo, quem vive em um mundo de grande amplitude e interconectado como o que estou descrevendo tende a ser mais aberto e compassivo do que o seria se vivesse em um estado mental isolado e insulado; se, portanto, vivesse fechado em si. Ao explorar o que os físicos chamam de universo *não local*, começamos a sentir que os budistas estão certos quando insistem em dizer que "separação é ilusão", que tudo está conectado. Neste mundo de mentes entrelaçadas ou expandidas, parece-me que a compaixão é uma conclusão natural. É uma ideia cujo tempo chegou, e ela nos ensina que quando uma pessoa sofre todos nós sofremos, e isso porque os dados nos mostram que nossa mente está quase sempre telepaticamente conectada a outra mente. E hoje há mais de 2 milhões de páginas do Google em inglês dedicadas ao tema "visão remota", o que significa que pelo menos algumas pessoas estão assimilando a ideia de que não se trata de uma coisa difícil.

Quando comecei a trabalhar no desenvolvimento do *laser*, cerca de cinquenta anos atrás, li um famoso texto de psicologia que mencionava brevemente as capacidades paranormais, os quais já eram um de meus grandes interesses. O livro intitulava-se *Human Behavior: An Inventory of Scientific Findings*. Com relação ao meu tema favorito, ele dizia:

> O estado das pesquisas em parapsicologia pode ser assim resumido: Um pequeno número de pesquisadores, cerca de trinta ou quarenta, que realizaram um grande número de estudos, estão convencidos de que existe alguma coisa que podemos chamar de percepção extrassensorial (telepatia, clarividência etc.). Contudo, quase todos os psicólogos, *a maior parte dos quais não se dedicou ao estudo do assunto*, não estão convencidos.[1] [itálicos meus]

Quando li esse estudo pela primeira vez, pensei tratar-se de algum tipo de piada irônica. Infelizmente, porém, ela ainda representa muito bem a visão de boa parte da comunidade científica contemporânea no que diz respeito às capacidades paranormais. Neste livro, espero remediar essa situação com dados estatísticos analíticos e observações de laboratório de primeira mão. Algumas pessoas gostam de ler sobre milagres. Outras preferem o método duplo-cego*, experimentos publicados que mostram pelo menos cinco desvios-padrão com relação à expectativa do acaso (significando que determinado evento ocorreria aleatoriamente com uma frequência inferior a um em um milhão). Apresento aqui uma exposição de minha experiência pessoal com *ambos* os tipos de evidên-

---

* Na origem do termo, pesquisa clínica comparativa em que um medicamento não é conhecido nem pelo pesquisador nem pelo paciente, eliminando-se, assim, quaisquer fatores subjetivos na apreciação dos resultados. (N.T.)

cia da PES, com base em duas décadas de pesquisas financiadas pelo governo no Stanford Research Institute (SRI). Fui cofundador desse programa em 1972, junto com o físico Harold Puthoff, também especializado no estudo do *laser*.

Acredito na PES porque, dia após dia, presenciei "milagres parapsíquicos" em nossas investigações subsidiadas pelo governo. Tenho como certo, para além de qualquer dúvida, que muitas pessoas podem aprender a perscrutar a distância e o futuro com grande precisão e confiabilidade. Isso é o que chamo de *consciência não obstruída* ou *visão remota* (VR). Em graus variados, todos nós temos essa capacidade parapsíquica que expande o nosso espaço perceptivo (*spacious*). Não acredito que a PES tenha origens metafísicas. Creio tratar-se apenas de um tipo de habilidade que intensificamos ao expandir nossa percepção ou consciência, levando-a a pensar em um âmbito não local. E essa capacidade se tornará menos misteriosa à medida que nós, em um número cada vez maior, aprendermos a nos tornar mais habilidosos em praticá-la.

Por exemplo, quando eu trabalhava para o programa da CIA em nosso laboratório em Menlo Park, na Califórnia, nossos clarividentes conseguiram encontrar um bombardeiro russo que havia caído na África, descrever com precisão o estado de saúde de reféns norte-americanos no Irã e localizar um general norte-americano que fora sequestrado na Itália. Também descrevemos fábricas de armamentos soviéticos na Sibéria e o teste de uma bomba atômica chinesa três dias antes que ela fosse detonada, além de termos realizado inúmeras outras tarefas surpreendentes — e em todas elas usamos a capacidade que nosso colega Ingo Swann chamou de *visão remota*.

Tenho formação em física experimental, psicologia e, quando jovem, fiz apresentações de mágica de palco. Na década de 1950, já estudante de pós-graduação em física na Columbia University, fui um dos pioneiros no desenvolvimento do *laser*. Contudo, um dos motivos pelos quais nunca concluí a pós-graduação foi o fato de passar muito tempo perambulando pelas lojas de produtos para truques mágicos na Forty-Second Street e estudando magia mental e PES — passatempos aos quais eu me dedicava com fervor. Desde essa época, publiquei mais de cem artigos técnicos sobre *laser*, aplicações do *laser* e pesquisas sobre percepção extrassensorial em alguns dos melhores periódicos científicos. Além disso, fui cientista sênior e gestor de projetos por mais de duas décadas na

Lockheed Missiles and Space Co. e na GTE Sylvania, onde me especializei em comunicações por *laser* e em medições de gradientes (ou cisalhamento) de vento com *lasers*, que nos permitiram ver o que nenhum homem jamais conseguira ver antes.

Como uma correção a meio curso entre esses dois laboratórios (Lockheed e GTE), fui cofundador do programa de pesquisas em PES, acima mencionado, no Stanford Research Institute. Esse programa de 20 milhões de dólares, que se estendeu por 23 anos e foi lançado durante a Guerra Fria, era mantido pela CIA, pela NASA, pela Defense Intelligence Agency [Agência de Inteligência de Defesa], pela Army and Air Force Intelligence [Inteligência do Exército e da Força Aérea] e por muitas outras agências governamentais. Desenvolvemos a técnica de percepção parapsíquica que chamamos de visão remota, e que se mostrou capaz de permitir que uma pessoa, depois de aquietar sua mente eliminando a tagarelice mental, consiga descrever e vivenciar com precisão lugares e eventos aos quais a distância ou o tempo bloqueiam o acesso pela percepção comum. Publicamos nossas extremamente significativas descobertas no campo dos fenômenos parapsíquicos nos periódicos *Nature*[2] e *The Proceedings of the Institute of Electronic and Electrical Engineers* (IEEE),[3] e no livro *Frontiers of Time: Retrocausation Experiment and Theory*, publicado pelo American Institute of Physics.[4] Nossa pesquisa foi replicada em vários países. E a visão remota é tão fácil de praticar que se tornou uma espécie de "indústria caseira". Centenas de pessoas a estão ensinando. Muitas delas são do Army Psychic Corps [Grupo Parapsíquico do Exército] que criamos em Fort Meade, em Maryland, na década de 1980. (Isso quase nada tem a ver com um filme recente, *Os Homens que Encaravam Cabras* — no qual uma cabra é morta por meios paranormais — ainda que, em um de nossos experimentos, um agente de cura tenha matado acidentalmente um rato hipertenso enquanto tentava diminuir sua pressão arterial por meios parapsíquicos em um hospital de San Francisco.)

Minha carreira com pesquisas sobre fenômenos paranormais teve dois outros acontecimentos de grande importância: primeiro, meu pequeno grupo de pesquisas criado depois do SRI, o Delphi Associates, ganhou US$ 120 mil por ter previsto, *durante nove semanas consecutivas*, o sentido e o número de mudanças de preço da prata no mercado de futuros — sem erro. Essa previsão bem-sucedida do preço naquela que ficou conhecida como "Prata de Dezembro" ("December Silver") foi parar na primeira página do *Wall Street Journal*[5] e resultou em um filme da série *NOVA* em 1983.[6] O outro grande sucesso foi o fato de o nosso laboratório no SRI ter sido o primeiro a identificar e nomear o sequestrador da herdeira Patricia Hearst, de San Francisco, que tinha sido levada de sua casa em Berkeley. Na delegacia de Berkeley, eu estava ao lado do comissário de polícia Pat Price, que era dotado de habilidades paranormais, quando ele apontou para o rosto de um homem que sua percepção extrassensorial lhe indicava ser o sequestrador de Hearst. Ele fez isso a partir da observação de um álbum de folhas soltas com centenas de fotos de criminosos procurados pela polícia. Em seguida, disse aos policiais onde poderiam encontrar o carro usado no sequestro. Quando o sequestrador e o carro foram confirmados no dia seguinte, eu sabia que acabara de presenciar um "milagre". Em todos esses casos — como descreverei ao longo deste livro — não há, em absoluto, a menor probabilidade de que essas coisas tenham acontecido porque estávamos em um dia de sorte!

Hoje, há quatro tipos de experimento de PES que, além de terem sido publicados e cuidadosamente examinados, são significativos, cada qual a seu modo, porque a probabilidade de terem ocorrido aleatoriamente é inferior a uma vez em um milhão. Ao longo deste livro, apresentarei os dados dessas investigações de acordo com o tipo em que cada um deles se encaixa:

1. *Visão Remota*: O professor e coordenador setorial de engenharia Robert Jahn, da Princeton University, e sua colaboradora Brenda Dunn examinaram duas décadas de experimentos sobre visão remota em que alunos de Princeton foram os sujeitos dos experimentos. No laboratório, pedia-se aos alunos para que descrevessem suas impressões mentais do que viam em um lugar distante e aleatoriamente escolhido, onde alguém estava se escondendo. Esses alunos que estudavam visão remota tinham de preencher um questionário com trinta itens para quantificar suas percepções nesse jogo de esconde-esconde parapsíquico. Suas descobertas — que se estendem por vários anos e formam um conjunto de 411 testes — mostraram que não é mais difícil ver alguma coisa a quilômetros de

distância usando a visão remota do que descrever uma pessoa que esteja ali na esquina. Além disso, não é mais difícil descrever um esconderijo escolhido ao acaso e que será selecionado daqui a uma hora, amanhã ou na próxima semana do que descrever um evento escondido que esteja ocorrendo no mesmo momento em que se faz o experimento. A física moderna descreveria esses fenômenos como *não locais*, no sentido de que se constata experimentalmente que eles são *independentes do espaço e do tempo*. A não localidade e o *entrelaçamento*, que foram descritos pela primeira vez por Erwin Schrödinger no fim da década de 1920, estão hoje entre os mais acalorados objetos de pesquisa da física moderna. Esse fenômeno intrigante é explicado com grande clareza e bom humor por Anton Zeilinger, um dos maiores pesquisadores experimentais de óptica quântica do mundo, em seu livro de 2010, *Dance of the Photons: From Einstein to Teleportation*. Zeilinger escreve:

O entrelaçamento descreve o fenômeno segundo o qual duas partículas podem estar tão estreitamente conectadas entre si que a medição de uma modifica instantaneamente o estado quântico da outra, independentemente de quão distantes elas possam estar uma da outra. [...] Essa não localidade é exatamente o que Albert Einstein chamava de "fantasmagórica"; parece misterioso que o ato de medir uma partícula seja capaz de influenciar instantaneamente a outra.[7]

Os resultados extremamente significativos do escrutínio realizado por Robert Jahn foram publicados no periódico *Proceedings of the Institute of Electrical and Electronics Engineers (IEEE)* em 1982,[8] como réplica aos nossos experimentos originais sobre visão remota no SRI, que o mesmo periódico havia publicado seis anos antes. Esses dados mostram uma probabilidade superior a um em um bilhão em comparação com a expectativa aleatória, o que é uma forte evidência da existência da mente não local.

2. *Influência Mental a Distância*: Nas décadas de 1970 e 1980, William Braud e Marilyn Schlitz realizaram dezenove experimentos bem-sucedidos com o que chamaram de Influência Mental a Distância sobre Sistemas Vivos

[DMILS, abreviatura para Distant Mental Influence on Living Systems].[9] Nesses experimentos, precursores de outros experimentos de cura a distância financiados pelo National Institutes of Health (NIH), os pesquisadores mostraram, de modo convincente, que os pensamentos de uma pessoa podem influenciar a fisiologia (frequência cardíaca, resistência da pele etc.) de uma pessoa distante, em outro laboratório. Braud conseguiu, por meios paranormais, acalmar ou estimular a fisiologia de uma pessoa a centenas de metros de distância. Marilyn Schlitz é hoje presidente do Institute of Noetic Sciences [Instituto de Ciências Noéticas], em Petaluma, na Califórnia. Braud, que atualmente leciona no Institute for Transpersonal Psychology (ITP) (Instituto de Psicologia Transpessoal), em Palo Alto, na Califórnia, publicou doze de seus experimentos formais extremamente significativos em um excelente livro intitulado *Distant Mental Influence*.[10]

3. *Ganzfeld*: Ao longo de um período de trinta anos, vários pesquisadores em cinco diferentes laboratórios nos Estados Unidos e em outros países realizaram experimentos telepáticos em que uma pessoa ficava em situação de total isolamento sensorial, chamada de *Ganzfeld* (palavra alemã que significa "[isolamento de] campo total"). Pedia-se a essa pessoa para que descrevesse suas impressões mentais sucessivas a respeito de um videoclipe interessante que estava sendo assistido *por um amigo* em outra parte do laboratório. Em uma metanálise publicada de 79 estudos que abrangiam centenas de testes individuais, a probabilidade de que os resultados dos experimentos fossem aleatórios era de apenas quase um em um bilhão, significando que o receptor isolado foi extremamente bem-sucedido em descrever o que seu amigo distante estava vendo.[11]

4. *Percepção de acontecimento futuro*: Recentemente, o professor Daryl Bem, da Cornell University, realizou uma série de nove experimentos de precognição. Nesse extraordinário estudo de cinco anos, ele mostrou que o futuro pode influenciar o passado de maneiras surpreendentes. Isto é, o elefante que você vê na televisão de manhã pode ser a causa que o levou a

ter sonhado com elefantes na noite *anterior*: o elefante que você viu sábado de manhã provocou o sonho que você teve sexta-feira. Chamamos esse fenômeno de *retrocausalidade*. Por exemplo, os estudantes que participam dos experimentos de Bem escolhem uma entre quatro imagens possíveis de pessoas, ainda que ela só lhes seja mostrada *depois* de eles terem feito a escolha consciente, e ainda que a imagem mostrada só tenha sido aleatoriamente selecionada depois que os estudantes fizeram sua escolha.

Em 2010, um artigo de 60 páginas em que Bem apresentou sua metanálise desses experimentos retrocausais foi aceito para publicação.[12] Essa metanálise mostra uma significância estatística de mais de seis desvios-padrão com relação à expectativa aleatória, o que corresponde à probabilidade de apenas mais de *um em um bilhão* de que o resultado tenha ocorrido ao acaso. Estou plenamente convencido por essa análise — como também está Jessica Utts, renomada professora de estatística da University of California, Davis. Em todos os seus experimentos, os mil alunos de Bem da Cornell que deles participaram fizeram escolhas livres, sempre guiados pelo material que iam ver ou vivenciar no futuro — *mas só depois de terem feito sua escolha*. Muitas pessoas acreditam que a precognição é o fenômeno dominante em todo o nosso funcionamento psíquico. Todos os experimentos de Bem foram realizados e publicados desde o aparecimento, em 1962, do maçante livro *Human Behavior: An Inventory of Scientific Findings* que mencionei anteriormente. A partir de seus recentes experimentos sobre precognição na Cornell University, e de minha previsão bem-sucedida dos mercados futuros da prata, parece que temos a capacidade de expandir o que percebemos por "agora" de modo a nele incluir quantas informações futuras nós quisermos.

Durante um experimento no SRI, o paranormal Pat Price não apareceu ao teste combinado. Nessa série de dez testes, estávamos tentando descrever as atividades cotidianas de Hal Puthoff enquanto ele viajava pela Colômbia, na América do Sul. Até então, Price vinha descrevendo igrejas, portos, mercados e vulcões. Como ele não receberia nenhum *feedback* até o retorno de Hal, eu não tinha nenhuma pista sobre o que ele estaria fazendo. Contudo, na ausência de Price e no espírito de "o *show* deve continuar", resolvi que eu mesmo me encarregaria da visão remota. Como até aquele momento eu só participara como entrevistador e facilitador desses testes, essa foi, de fato, minha primeira experiência com visão remota.

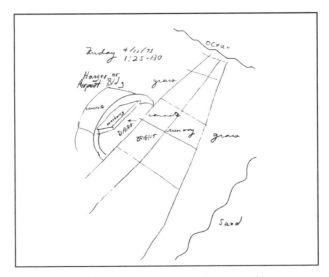

Figura 0.1. Esboço feito pelo físico Russell Targ, atuando como vidente remoto na ausência do paranormal Pat Price. Targ viu e descreveu corretamente "areia e grama à direita, o edifício de um aeroporto à esquerda e o mar no fim da pista de pouso e decolagem".

Figura 0.2. Esta foto mostra o alvo, que era um aeroporto em uma ilha de San Andres, Colômbia.

Fechei os olhos e, imediatamente, surgiu-me a imagem de um aeroporto em uma ilha. O esboço surpreendentemente preciso que então fiz é mostrado abaixo, na Figura 0.1. Na Figura 0.2. vê-se uma foto do aeroporto.

O que esse teste nos ensinou foi que até mesmo um cientista pode atuar como um paranormal quando o nível de necessidade for suficientemente alto. Não estou alardeando minha capacidade parapsíquica nessa demonstração. Se tenho qualquer habilidade desse tipo, ela é igual à de qualquer pessoa que se disponha a ficar sentada em uma cadeira e aquietar sua mente. Em geral, artistas e músicos são muito melhores para executar a visão remota do que os físicos e engenheiros, provavelmente porque esses últimos privilegiam a análise, enquanto os artistas estão habituados a usar o lado direito do cérebro, que é não analítico — o que facilita enormemente a habilidade *psi*, que é não analítica por natureza.

O termo *psi* deriva de Ψ (*psi*), vigésima terceira letra do alfabeto grego, e significa "psique" ou "alma". O sentido parapsicológico desse termo foi criado pelo biólogo Bertold P. Wiesner e apareceu impresso pela primeira vez em 1942, em um texto de Robert Thouless. Os parapsicólogos preferem *psi* a PES, pois a expressão *percepção extrassensorial* implica o uso de um sentido que normalmente não temos — um sentido *extra*, quando na verdade não há nada de *extra* no *psi*, e ainda que esse sentido seja frequentemente reprimido e, na verdade, transcenda nossas ideias habituais sobre as limitações impostas pelo tempo e pelo espaço. *Psi* é um dom que todos nós temos. Constitui uma oportunidade surpreendente e única de ganharmos acesso a uma vastidão que fico contente por compartilhar com todos os que se juntarem a mim nessa grandiosa aventura.

Eu tive um amigo brilhante, chamado Dan Kubert, já falecido, que era um grande polímata e professor aposentado de matemática de Harvard. Dan teve uma vida reclusa durante alguns anos por causa de problemas de saúde, mas me telefonava várias vezes por semana para bater papo. Há um ano, ele telefonou-me para conversar sobre uma nova prova do Último Teorema de Fermat — tema de um livro que nós dois havíamos lido. Eu disse que sentia muito, mas que não poderia falar com ele naquele dia porque eu estava terminando de ler um livro que seria discutido no meu clube do livro. Imediatamente, ele me disse: "Deve ser *Anna Karenina*" — um livro que nós nunca havíamos discutido. Perguntei a Dan por que havia mencionado esse livro, e ele respondeu que, ao me ouvir dizer que eu estava lendo um livro, ocorreu-lhe uma imagem mental muito clara da encantadora Vivien Leigh, exatamente como a atriz aparecia no filme *Anna Karenina*. De fato, era exatamente esse o livro que eu estava lendo. Dan era uma pessoa com surpreendentes capacidades paranormais em tudo o que dizia respeito a fatos da minha vida, tanto pública como privada. Atribuo isso a seu estilo de vida muito tranquilo e à sua capacidade de concentrar a atenção.

Estou contando esse fato porque acredito que cada um de nós tem o potencial para uma vasta percepção parapsíquica que preenche todo o espaço-tempo. Não é só a literatura hinduísta e budista dos últimos dois milênios que descreve a naturalidade e a disponibilidade dessas aptidões (veja o Capítulo 12), mas também um grande número de experimentos de laboratório aponta para o fato de que temos a oportunidade de conhecer tudo aquilo em que fixamos a nossa atenção. Na minha experiência e para a maioria dos outros pesquisadores, parece que *um indivíduo experiente no uso de suas faculdades paranormais pode responder a qualquer pergunta para a qual haja uma resposta*. Mal posso esperar para ver o que o futuro nos reserva quando tivermos aberto de par em par as portas de nossa percepção!

Quando afirmo que acredito na PES, não estou querendo dizer que acredito na existência de vida em outros planetas, algo que, embora seja uma probabilidade estatística, ainda carece de comprovação. Tampouco quero dizer que acredito no ideal da democracia social. Digo isso porque, nesse último caso — embora eu afirme o desejo e a necessidade de libertar as pessoas do medo, da pobreza e da injustiça, assim como o direito inalienável de todas as pessoas à alimentação, educação e assistência médica —, estou consciente de que muitas outras pessoas instruídas parecem pensar de outra maneira. Posso acreditar que elas estejam profundamente equivocadas, mas é muito difícil comprovar isso. Porém, acontece o contrário quando eu digo que *acredito na PES*, pois é como se eu estivesse tentando dizer que acredito nas equações de Maxwell (que relacionam o eletromagnetismo com a luz), na mecânica quântica ou nos *lasers* — coisas muito surpreendentes e difíceis de acreditar, mas ainda assim absolutamente verdadeiras e cientificamente comprováveis. Na verdade, as evidências experimentais favoráveis à PES depois de um século de pesquisas são tão vigorosas e esmagadoras, tão irrefutáveis, que as pessoas de bom senso não deveriam mais duvidar de sua realidade. Essas poderosas e inegáveis evidências em favor da percepção extrassensorial, constatadas em laboratórios em todo o mundo, é o tema deste livro.

Para mim, indagar sobre a realidade das capacidades paranormais e explorá-las constituem, fundamentalmente, o próximo passo essencial desta que é nossa maior oportunidade como espécie – a evolução da consciência.

Acredito que tenhamos concluído nosso desenvolvimento físico; nosso cérebro é suficientemente grande. Estou propondo que transcender nossa espécie é o próximo passo evolutivo que devemos dar. No começo, éramos animais que buscavam alimento; depois, avançamos e nos tornamos seres humanos moderadamente autoconscientes, tentando compreender a natureza; e agora, finalmente, estamos prontos para cumprir nosso destino como seres que têm percepção de sua própria consciência expandida e não local, e de que são capazes de transcender o espaço e o tempo e de aceitar o dom das capacidades parapsíquicas. O sofrimento, as guerras e a conturbada busca de sentido que estamos vivenciando como espécie são manifestações de nosso eu interior, que começa a compreender, mas ainda não apreende totalmente a nossa verdadeira natureza. Está tudo bem com o nosso *hardware*; o que precisa ser atualizada é a percepção que temos de nosso *software* psíquico – e devemos ser rápidos, tendo em vista o estado crítico em que se encontram as coisas do homem e do mundo. Quando fizermos isso iremos nos dar conta de que, na esfera da consciência, somos todos um só. Essa conscientização fará com que nosso desejo e nossos impulsos de compaixão pareçam muito mais naturais do que a deflagração de guerras e a rapinagem dos mais pobres.

Nas páginas seguintes, resumirei o que você encontrará no restante deste livro. Embora haja mais de cem pesquisadores ativos na Parapsychological Association, optei por concentrar-me basicamente nas pesquisas com cujos resultados eu tenho alguma ligação direta. Isso não significa fazer pouco caso das pesquisas alheias. No decurso dos anos, porém, o que me convenceu foram os milagres que presenciei pessoalmente no laboratório, e é sobre essas coisas que falarei aqui. Quando nós, cientistas, começamos a ver muitos milagres – semana após semana –, temos o hábito de amarrá-los com um laço, chamar o pacote de *dados* e publicar o que eles trouxeram ao nosso conhecimento. Começarei pela origem do programa do SRI em uma ilha barreira varrida pelo vento. E terminarei com a apresentação do melhor modelo de que disponho para a física subjacente às capacidades paranormais encontradas mundo afora.

O primeiro capítulo descreve como o programa de visão remota teve início no SRI. Precisou da visão e imaginação de Ingo Swann, o artista de Nova York cuja prodigiosa capacidade paranormal abarcava o sistema solar e ajudou a desenvolver nosso programa secreto na CIA durante duas décadas. No SRI, Swann nos ensinou a vivenciar nosso eu parapsíquico — nossa percepção não local. Hoje, ele mora em seu espaçoso estúdio na cidade de Nova York, cercado por suas extraordinárias e visionárias pinturas.

O Capítulo 2 descreve meu encontro, em um conclave da NASA na Ilha de St. Simons, com o pioneiro dos foguetes espaciais, Wernher von Braun, com o astronauta Edgar Mitchell e o diretor da NASA, Jim Fletcher. Eu havia sido convidado para falar sobre as pesquisas soviéticas em parapsicologia, e aproveitei a oportunidade para atrair o interesse desses luminares para que me ajudassem a iniciar um programa de pesquisas sobre a PES no SRI, onde trabalhava o meu amigo Hal Puthoff, embora ninguém houvesse até então criado um programa sobre a PES. Eu já havia construído uma máquina de ensinar PES, que levara para a ilha. Von Braun obteve excelentes resultados com essa máquina, e Mitchell encorajou o diretor Fletcher a nos dar algum dinheiro para começarmos o programa. Ofereci-me para ensinar os astronautas a entrar em contato paranormal com sua nave espacial. Mais adiante, no Capítulo 5, descrevo esse programa e digo como a máquina de ensinar PES, a ESP Trainer, transformou-se em um aplicativo gratuito de iPhone.

Embora tenha sido Ingo Swann quem nos ensinou a trabalhar com a visão remota, foi o inacreditável comissário de polícia paranormal Pat Price quem identificou o sequestrador de Patricia Hearst e, mais tarde, descreveu uma fábrica soviética de armas e leu arquivos da National Security Agency (SNA), a Agência de Segurança Nacional, de uma distância de 5 mil quilômetros. O Capítulo 3 descreve nosso trabalho com Price e seus feitos notáveis, que chamaram a atenção da CIA e a levaram a financiar nosso programa por duas décadas.

Minha querida amiga Hella Hammid, que tinha um grande coração, era ao mesmo tempo uma mulher do mundo e laboriosa fotógrafa da revista *Life*. No Capítulo 4, explico como ela se juntou ao nosso programa como "sujeito de controle" depois de ela ter garantido que nunca tivera nenhuma experiência anterior com visão paranormal. (A CIA queria ver o que pessoas inexperientes poderiam fazer com esse tipo de visão parapsíquica.) Por mais de uma década, Hella confirmou ser nossa vidente profissional mais confiável, e aprendi a ensinar visão remota graças à sua paciente ajuda.

Depois de seis anos de pesquisas e aplicações no SRI, a Army Intelligence [Inteligência do Exército] quis que criássemos um East Coast Psychic Army Corps, ou Grupo Parapsíquico do Exército da Costa Leste em Fort Meade, em Maryland. No Capítulo 6, falarei sobre os seis voluntários militares inexperientes aos quais ensinamos visão remota de lugares distantes. Trabalhamos semanalmente com cada voluntário, com uma probabilidade de sucesso superior a um em dez mil em comparação com a expectativa aleatória.

O vidente remoto mais bem-sucedido da Inteligência do Exército foi Joe McMoneagle. Ele escreveu vários livros em que descreve suas capacidades paranormais prodigiosas. O Capítulo 6 ilustra alguns dos grandes sucessos que obteve em nosso programa. Entre muitas outras coisas, Joe localizou um bombardeiro soviético que havia caído na África e descreveu a construção secreta, na Rússia, de um submarino nuclear da classe Typhoon, de 152 metros. Por sua contribuição à excelência nos serviços de inteligência, Joe foi condecorado pelo Exército com a medalha da Legião do Mérito.

É muito difícil *ler* qualquer coisa por vias parapsíquicas, e a dificuldade é ainda maior quando o alvo são números do mercado de ações. Porém, usando a "visão remota associativa" conseguimos ajudar um vidente remoto a prever mudanças no mercado de *commodities* por nove vezes consecutivas. O Capítulo 7 mostra como fizemos isso com uma probabilidade superior a um em um quarto de milhão, chegando a totalizar US$ 120 mil; também explicarei o procedimento usado, para que você possa aplicá-lo (ou tentar utilizá-lo, pelo menos).

William Braud foi pioneiro nas pesquisas de laboratório sobre influência mental a distância. E minha filha, Elisabeth Targ, chamou a atenção em âmbito nacional por suas pesquisas médicas bem-sucedidas com a cura a distância de seus pacientes com AIDS. O Capítulo 8 apresentará um grande número de influências mentais a distância, desde as curas compassivas conseguidas por Elisabeth até os experimentos russos com estrangulamento a distância!

Todos querem saber o que sobrevive à morte do corpo. No Capítulo 9, prepararei o terreno para, em seguida, apresentar duas "histórias de fantasmas" muito convincentes — experiências com as quais não tive envolvimento direto, mas de cuja veracidade estou convencido.

Como funciona tudo isso? O Capítulo 10 apresentará a opinião de um físico sobre as nossas capacidades paranormais latentes. As evidências sugerem que, na verdade, somos percepção não local e eterna, manifestando-se durante alguns anos como um corpo físico no espaço-tempo não local. Apresentarei um modelo matemático abrangente desse espaço-tempo não local que permite a ocorrência desse funcionamento parapsíquico e a conformidade desse funcionamento com todos os dados, sem que decorra disso nenhuma física estranha ou não existente. Essa conformidade se mantém verdadeira mesmo quando nossa percepção não local transcenda tanto o espaço como o tempo com igual facilidade.

Esse modelo deveria ser comparado com a teoria das cordas, modelo para a física subatômica que, no momento, "está por um fio", pois vem caindo em descrédito. A teoria das cordas prevê que as partículas elementares são unidimensionais em extensão, em vez de pontos de dimensão zero no espaço. Porém, como a ciência é fundamentalmente empírica, uma teoria científica precisa ser confirmada por evidências definitivas. E, depois de quarenta anos de investigações realizadas por milhares de físicos, até o momento nenhuma versão da teoria das cordas conseguiu fazer uma única previsão experimental verificável que não pudesse ser explicada por outra teoria mais simples. Por sua vez, a PES se fundamenta em mais de um século de pesquisas experimentais realizadas em laboratórios de todo o planeta. Por isso, em minha opinião, a teoria das cordas é mais extravagante e irrealista que a PES.

Venho ensinando a visão remota desde o começo do programa do SRI, há quase quarenta anos. Mal consigo acreditar no enorme sucesso em que esse programa de ensino se transformou no mundo inteiro — nosso público é formado tanto por italianas de Milão, que usam criações de grandes estilistas, até rabdomantes norte-americanos de macacão em Vermont. No Capítulo 11, apresentarei instruções simples sobre como você e um amigo podem entrar em contato com a parte parapsíquica de sua percepção. Vou ensinar a você como aquietar sua mente e separar os sinais parapsíquicos do ruído mental da memória e da imaginação. Você já tem essa capacidade — e eu vou ajudá-lo a desenvolvê-la.

Finalmente, no Capítulo 12 tratarei da questão da *consciência nua*, expressão usada no budismo e no hinduísmo para designar o estado contemplativo e meditativo mais propício à realização de experiências parapsíquicas. Os budistas e os hinduístas já conhecem há milênios as capacidades paranormais discutidas neste livro. Séculos atrás, eles descreveram o poder e a importância dessas capacidades como uma das partes da prática meditativa ou do caminho espiritual — mas nos advertiram a não nos apegarmos a elas. Nesse último capítulo, abordarei as implicações espirituais e científicas das capacidades paranormais, sem deixar de lado as implicações éticas das quais também devemos estar conscientes.

*O universo não é apenas mais estranho do que supomos;
ele é mais estranho do que podemos supor.*
— J. B. S. Haldane

1
Ingo Swann:

O Artista de Nova York cuja Visão Remota Abarcava o Sistema Solar

Por que acredito na PES? Dois dos motivos principais vêm das oportunidades que tive de trabalhar com Ingo Swann em nosso laboratório na Califórnia. O primeiro foi quando ele fez desenhos de um local criptográfico secreto na Virgínia, Estados Unidos, e o segundo ocorreu quando ele fez uma descrição assombrosa de um teste de bomba atômica na China, três dias antes de ele acontecer, tendo as coordenadas geográficas como seu único guia.

No terceiro trimestre de 1972, o dr. Hal Puthoff e eu iniciamos um programa de pesquisas parapsíquicas no Stanford Research Institute (SRI). Éramos físicos que haviam feito pesquisas com o *laser*, nascemos em Chicago na década de 1930, e trabalhamos como pesquisadores para várias agências do governo dos Estados Unidos durante muitos anos. Nosso grande parceiro e professor no programa do SRI foi Ingo Swann, que era um pintor visionário de Nova York, criativo e inspirador como poucos. Ele era também uma pessoa dotada de capacidades paranormais extraordinárias, cujas múltiplas investigações de caminhos perceptuais pouco trafegados lhe permitiram fazer contribuições importantes e reveladoras para a nossa compreensão das capacidades parapsíquicas.

Ingo atraiu a atenção de Hal no começo de 1972, graças a experimentos recém-publicados nos quais Ingo havia conseguido confiavelmente fazer subir e baixar a temperatura de termistores (sensores de calor de estado sólido) dentro de garrafas térmicas distantes. Esses experimentos foram realizados no City College de Nova York pela professora Gertrude Schmeidler, cuja pesquisa mais famosa demonstrava conclusivamente que as pessoas que acreditavam em PES pontuavam ligeiramente melhor nos testes de PES, mas que a pontuação dos céticos ficava ligeiramente (mas confiavelmente) abaixo do nível de acertos aleatórios. Ela criou os termos "carneiro" e "cabra" para, respectivamente, os crentes e os céticos que participaram dessa demonstração extremamente significativa e muito reproduzida desde essa ocasião.

A extraordinária capacidade parapsíquica de Ingo Swann permitiu que, em seu trabalho conosco no SRI, ele descrevesse mísseis MX distantes, em seus silos, um posto de escuta secreta da National Security Agency (NSA), a Agência de Segurança Nacional na Virgínia, um futuro teste de uma bomba atômica chinesa e os anéis de Júpiter, até então desconhecidos, que ele descobriu por meios paranormais. Foi Swann quem nos apresentou — a mim e a Hal, mas também ao mundo — ao que passaria a ser conhecido como visão remota. Quando eu me integrei ao SRI no terceiro trimestre de 1972 para iniciar um programa de pesquisas com Hal, ele já havia feito um notável experimento parapsíquico com Ingo. Nesse teste, Ingo conseguiu descrever e *perturbar* (influenciar), por meios parapsíquicos, a operação de um magnetômetro supercondutor quase perfeitamente blindado dentro de uma caixa-forte instalada no subsolo do Varian Physics Building da Stanford University. Swann, pelo que parece, foi capaz de aumentar e diminuir a frequência de amortecimento da onda senoidal associada ao campo magnético oscilante produzido por um eletroímã supercondutor que vinha operando com perfeita estabilidade havia mais de uma hora — até que Swann concentrou nele sua atenção, que mais parecia um *laser*! Em Stanford, ninguém achou graça — principalmente os pós-graduandos cujas teses dependiam da estabilidade do sistema, e a Marinha, que o financiava. Esse incidente deu origem ao primeiro de muitos inquéritos governamentais sobre nossas atividades, sobretudo no que dizia respeito à nossa capacidade de ver ou perturbar coisas a distância — coisas que supostamente estavam ocultas, eram secretas ou imperturbáveis — como os giroscópios supercondutores das naves espaciais, por exemplo, aquele empregado na Missão Gravity Probe B, da NASA.

Faz hoje quarenta anos que esse experimento incrível foi realizado, além dos outros mencionados anteriormente, e igualmente extraordinários. Acredito que a perturbação do magnetômetro tenha sido obra de Ingo, exatamente como descrevi. Contudo, como físico experimental em atuação há tantas décadas, já vi todos os tipos de coisas inexplicáveis e bizarras acontecerem; algumas delas chegaram, inclusive, a influenciar os programas espaciais de máximo controle de qualidade da NASA. Esse fenômeno é chamado de *efeito de alta patente*. É tão bem conhecido que, em minha experiência, já vi mais de um general esperar pelo fracasso ao perceber sua manifestação no laboratório! Pessoalmente, vi um *laser* ultraconfiável e de alta potência falhar diante de um general no dia em que foi entregue. É por isso que minha crença na visão remota e na PES não se baseia em um único teste memorável, mas em centenas de testes memoráveis que chamamos de *séries experimentais*, realizados ao longo de décadas. O avaliador de nosso trabalho na NASA, Ken Kress, com doutorado em física, fez um relato das atividades de Ingo na Stanford University e concluiu seu relatório à CIA com as seguintes palavras: "Essas variações nunca foram vistas antes ou depois da visita de Swann". Sem dúvida, ninguém publica um artigo científico com base em uma única observação, e não é de causar surpresa o fato de que Hal e Ingo não tenham sido convidados a voltar a Stanford e fazer novos experimentos.

Hoje, Ingo e eu estamos desfrutando nossa septuagésima sétima viagem ao redor do Sol. Essa viagem nos une pelo menos uma vez por ano, quando visito a cidade de Nova York a caminho do curso de visão remota que vou ministrar no Omega Institut, em Rhinebeck, no estado de Nova York. Para mim, é um grande prazer encontrá-lo perto de sua casa na rua Bowery, desfrutar uma taça de vinho e rememorar algumas das coisas incríveis que fizemos e vimos. Quando estou com Ingo em um café, às vezes penso na afirmação de Jesus: "Quando dois ou mais se reunirem em meu Nome", enquanto relembramos das coisas extraordinárias que fizemos no programa do SRI. Aquela foi, sem sombra de dúvida, uma época de milagres.

Agora, então, talvez seja o momento de todos expandirem sua percepção, como eu, Ingo e muitos outros aprendemos a fazer. Nosso corpo e nosso cérebro físico funcionam de maneira excelente. Acredito que finalmente chegou a hora de a espécie humana transcender a concepção comum das limitações de espaço e tempo. A percepção *não local* ou não obstruída não é limitada por essas restrições habituais. Podemos vivenciar a percepção não local quando passamos a compreender que ela é aquilo que realmente somos — nossa verdadeira natureza. Tempo para mais uma taça de vinho.

Em 1972, Hal e eu começamos a investigar a visão remota da maneira como qualquer físico o faria — por meio de experimentos controlados. Púnhamos um *laser* dentro de uma caixa e perguntávamos a Ingo se o aparelho estava ligado ou desligado. Pedíamos a ele para que descrevesse figuras ocultas em envelopes opacos, ou em uma sala distante. Ingo desempenhava de maneira excelente essas tarefas, mas achava que eram muito entediantes. Ele nos disse muitas vezes que, se não lhe déssemos alguma coisa mais interessante para fazer, ele voltaria para Nova York e retomaria sua vida de artista plástico. (Ingo é um artista visionário, dotado de um talento maravilhoso.) Ele dizia que, se quisesse ver o que havia dentro de um envelope, ele o *abriria* — e que, para ver algo na sala ao lado, bastaria abrir a porta. Tendo em vista que Ingo conseguia concentrar sua atenção em qualquer parte do mundo, ele nos disse mais de uma vez que "esses experimentos são uma banalização da minha capacidade!". Por isso, desenvolvemos testes mais desafiadores para ele. A Figura 1.1. traz uma foto contemporânea de Ingo.

Na efetiva sequência de eventos paranormais, podemos dizer que Ingo nos ensinou a praticar a visão remota, nós a ensinamos ao Exército e este a ensinou

Figura 1.1. O artista nova-iorquino Ingo Swann, dotado de extraordinária capacidade paranormal, ensinou a visão remota a nós e ao mundo.

ao mundo. (Na verdade, foi Ingo que cunhou a expressão *visão remota*.) Hoje, há mais de uma dezena de ex-militares, homens e mulheres, que ensinam visão remota nos Estados Unidos. Para trocar ideias sobre os avanços mais recentes da VR aplicada — investimentos no mercado de ações, procura de crianças desaparecidas, prospecção de tesouros etc. —, reunimo-nos uma vez por ano na International Remote Viewing Association [Associação Internacional de Visão Remota] (irva.org).

Projeto SCANATE

Como resposta ao pedido de Ingo por alguma coisa mais desafiadora do que visualizar o que há na sala ao lado, Hal pediu a um amigo da CIA para que lhe desse as coordenadas geográficas de algo interessante, para que Ingo pudesse vê-lo por meio da visão remota. A latitude e a longitude foram devidamente passadas a Hal por telefone — e ele, sem dúvida, não fazia nenhuma ideia de onde ficavam as coordenadas, nem com o que elas poderiam estar associadas. O Projeto SCANATE (Scanning by Coordinates)* tinha por base a crença de Ingo de que ele poderia descrever qualquer local distante, exclusivamente a partir de suas coordenadas!

Boa parte dos procedimentos e descobertas de laboratório que se seguem foram inicialmente descritos em *Mind Reach*, um livro que eu e Hal escrevemos em coautoria em 1977, para apresentar uma descrição popular de nossas primeiras pesquisas com visão remota.[1] Margaret Mead escreveu a introdução, assinalando que a percepção parapsíquica não era exatamente uma ideia nova para os antropólogos que estudam e vivem com povos "primitivos".

Para o primeiro teste do Projeto SCANATE, Hal e Ingo ficaram em nossa limpa e tranquila sala de trabalho e Hal passou os números das coordenadas geográficas para Ingo. Para começar o teste, Hal disse a Ingo: "Temos um alvo que precisa ser descrito". Hal escreveu "Projeto SCANATE, 29 de maio de 1973" em seu caderno de notas e ligou seu gravador. Foi esse o início dos nossos

---

* Escaneamento por Coordenadas. (N.T.)

testes de "demonstração de capacidade" e nosso primeiro escaneamento por coordenadas. Sobre esse episódio, Hal escreveu:

> Ingo fecha os olhos e começa a descrever o que está visualizando. Abrindo os olhos de vez em quando para desenhar um mapa, ele diz: "Parece haver ali algum tipo de morro ou de terreno ondulado. Há uma cidade ao norte. Consigo ver edifícios mais altos e um pouco de nevoeiro e fumaça. Parece ser um lugar estranho, algo como os gramados que normalmente encontramos nos arredores de uma base militar. Porém, tenho a sensação de que ali se encontram alguns abrigos subterrâneos. Talvez se trate de um reservatório oculto. Deve haver um mastro de bandeira, uma rodovia por perto e um rio no extremo leste. Há algo de estranho nesse lugar. Alguma coisa debaixo da terra. Mas não tenho certeza". Em seguida, Ingo desenha um mapa (veja a Figura 1.2).[2]

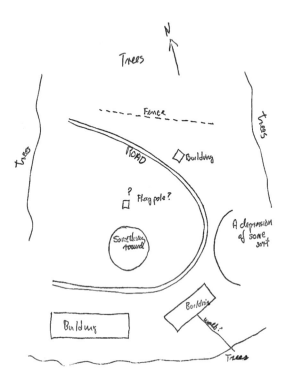

Figura 1.2. Desenho feito por Ingo Swann do local escolhido como alvo na Costa Leste, confirmado em cada detalhe. A recompensa foi o nosso primeiro contrato.

Em seguida, Hal afirma: "Três semanas depois, quando recebemos um telefonema de nosso desafiador, ficamos sabendo que não só a descrição e o desenho de Swann estavam corretos em todos os detalhes, mas que também outras indicações no mapa de Ingo não continham nenhum erro: as distâncias, o mastro de bandeira, os abrigos subterrâneos e as direções. O alvo, como soubemos depois, era um posto de escuta supersecreto da National Security Agency (NSA), a Agência de Segurança Nacional, na instalação da Marinha em Sugar Grove.

No Capítulo 3, descreverei como Pat Price conseguiu ver o mesmo alvo um dia depois de Ingo tê-lo feito. O mais notável é que as coordenadas passadas a Pat e a Ingo *não* eram as da instalação; na verdade, elas levavam aos alojamentos de férias dos agentes da CIA, no alto de uma colina a cerca de 400 metros do edifício da NSA. Pat não apenas havia visto a instalação, mas também conseguiu *ler as palavras em código escritas nas gavetas com os arquivos* desse lugar. Quando os dois agentes da CIA que vieram investigar perguntaram por que motivo ele havia descrito com tanta precisão o lugar "incorreto", Pat respondeu: "Quanto mais alguém está querendo esconder alguma coisa, mais ela brilha como um farol no espaço psíquico". (Isso deve deixar muita gente apavorada.)

Dez anos depois, tive a oportunidade de descrever esse trabalho na Academia de Ciências de Moscou. Xícaras de chá tremeram no auditório, quando eu disse às autoridades presentes que, com base nas nossas descobertas, parecia *não ser mais possível esconder o que quer que fosse.*

SCANATE no futuro

E foi assim que o Projeto SCANATE, criado por Ingo Swann, teve um começo brilhante. Durante os vinte anos de duração do nosso programa no SRI, Ingo e os oficiais da inteligência por ele treinados descreveram muitos alvos operacionais para nossos patrocinadores governamentais. Um dos mais espantosos foi uma visão detalhada e absolutamente correta que ele teve em 1975, revelando o teste de uma bomba atômica chinesa que terminou sendo um fracasso, e que foi identificada simplesmente a partir das coordenadas geográficas de latitude e longitude. Tudo o que os dois agentes da CIA disseram a Ingo em uma tarde de segunda-feira foi o seguinte: "Nós gostaríamos de saber o que vai acontecer nestas coordenadas geográficas na próxima quinta-feira". Observei Ingo enquanto ele desenhava sua visão psíquica com lápis coloridos, mostrando uma fila de caminhões a distância e uma exibição pirotécnica hemisférica do teste fracassado da bomba, que ele preconizara e desenhara na segunda-feira — *três dias antes do teste real*. O grande incêndio por ele descrito seria o resultado da combustão de urânio no ar, e não uma nuvem radioativa em forma de cogumelo. Recebemos o *feedback* do avaliador de nosso trabalho na sexta-feira seguinte e fizemos uma pequena celebração.

Ensinando visão remota

Ingo ensinou muitos oficiais dos serviços de inteligência do Exército a praticar a visão remota. Muitos deles, já aposentados, agora a ensinam ao público em geral, como eu mesmo faço. Ensino-a pela gratificação de ensinar algo que os alunos ficam realmente felizes em aprender. Como se trata de uma capacidade natural e fácil de aprender, é provável que várias escolas de visão remota possam ensinar essa técnica a você. Contudo, como nenhuma delas usa o método duplo-cego em seus testes, nem publica qualquer informação sobre seus protocolos, sou da opinião de que é impossível determinar se realmente ocorre alguma forma de *aprendizagem* além do mero aprendizado do *processo*. Essa questão é assunto de um diálogo amigável que atualmente venho mantendo com a International Remote Viewing Association (irva.org).

Acredito que atualmente não haja nenhum indício de que exista qualquer benefício em pagar milhares de dólares para frequentar uma dessas escolas de visão remota — em comparação com a leitura deste livro ou do livro maravilhoso de Ingo Swann, *Natural ESP*.[3] Mas posso estar errado. As afirmações que muitas dessas escolas fazem são confusas para o público, o que já fica claro no próprio nome delas, por exemplo, Controlled Remote Viewing (CRV®), Extended Remote Viewing (ERV®) e Technical Remote Viewing (TRV®). Joe McMoneagle, que foi um dos primeiros e, de longe, o mais bem-sucedido desses videntes remotos do Exército, também escreveu um livro excelente, *Remote Viewing Secrets*, em que ele elucida esses acrônimos.[4] Ele também apresenta uma abordagem muito clara e sensível do aprendizado da visão remota, com base em seus mais de trinta anos de experiência.

Alvos distantes

Intrigados com o que tínhamos visto em nossos laboratórios no SRI, criamos um projeto piloto com Ingo. As coordenadas nos foram oferecidas por outros pesquisadores do SRI e também por nossos colegas da CIA — que estavam supervisionando nossas investigações. Um dos primeiros resultados surgiu quando Hal leu para Ingo as coordenadas numéricas de um lugar no monte Hekla, um vulcão ativo na Islândia. Como sempre, Hal não sabia a que se referiam aquelas coordenadas. Contudo, alguns segundos depois de ouvi-las, Ingo apresentou sensações de vertigem, de náusea e de frio, descrevendo seu estado geral como o de alguém que estivesse a elevada altitude, pairando sobre uma fornalha ardente. Ingo disse: "Estou sobre o oceano. Acho que há um vulcão a sudoeste". Mais tarde ele nos disse, com evidente desagrado, que nunca mais deveríamos colocá-lo em situação tão perigosa.

Nosso último exemplo de um alvo terrestre do projeto SCANATE foi-nos passado por telefone por nosso contato na CIA, que ainda estava pondo nosso trabalho em dúvida. (Nesses experimentos cuidadosamente controlados, não se permitia o uso de nenhum mapa, e pedia-se a Ingo para responder imediatamente depois de ouvir a leitura das coordenadas.) As coordenadas eram as da ilha Kerguelen, da França, no limite sul do Oceano Índico. Um mapa da *National Geographic* mostrando a ilha é reproduzido na Figura 1.3. Na época de nosso teste, a ilha era uma estação meteorológica francesa e soviética, de mapeamento da atmosfera superior por meio de radar. As primeiras palavras de Ingo foram as seguintes:

Minha resposta inicial é que se trata de uma ilha... talvez [haja] uma montanha que se projeta para além da cobertura das nuvens. Há alguma coisa como uma antena de radar... um disco redondo. Há alguns edifícios dispostos com exatidão matemática. Vejo uma pequena pista de pouso a sudoeste. Faz muito frio.

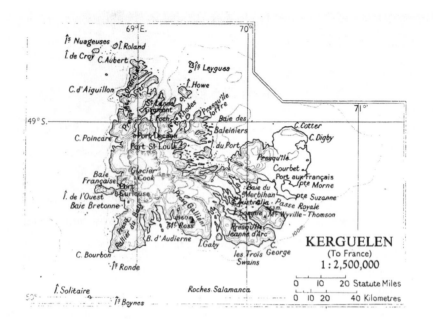

Figura 1.3. Mapa da ilha Kerguelen, segundo a *National Geographic*.

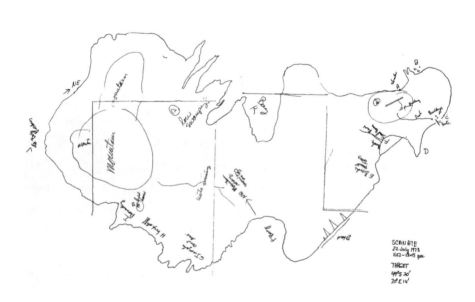

Figura 1.4. Impressões parapsíquicas de Ingo Swann ao terminar de ler as coordenadas geográficas da ilha Kerguelen.

Ingo então começou a desenhar o mapa reproduzido na Figura 1.4. O desenho mostra com precisão uma ilha com muitas baías e enseadas e uma grande montanha a oeste, exatamente onde Ingo a desenhou. As linhas do desenho indicam as sucessivas folhas de papel que ele foi pedindo à medida que seu desenho ficava cada vez maior. Levamos dois anos para confirmar a pista de pouso — e também descobrimos que ela ficava exatamente onde Ingo a havia colocado. A grande precisão do desenho de Ingo pôs fim à hipótese dos incrédulos, para os quais ele havia "memorizado o globo terrestre". Com base na sua descrição da instalação secreta da NSA, da pequena pista de pouso e das antenas de radar na ilha Kerguelen, achamos que poderíamos desconsiderar essa hipótese. Contudo, o verdadeiro teste seria pedir a Ingo para descrever alguma coisa que estivesse fora do planeta, onde não há mapas passíveis de memorização. Foi essa a natureza de nosso experimento seguinte.

Por volta de abril de 1973, estávamos realizando uma grande variedade de testes de visão remota, tanto com Ingo como com nosso recém-descoberto comissário de polícia com habilidades paranormais, Pat Price — que apresentarei no Capítulo 3. Ingo havia formulado em ideias claras que nossas capacidades de visão remota são limitadas apenas pelo grau com que somos capazes de controlar e eliminar o ruído mental que obscurece o sinal parapsíquico. Ele sentia que todos nós temos o potencial para a *percepção não obstruída*, e dedicara boa parte de seu tempo subsequente a ajudar pessoas a vivenciar essa percepção, como eu também havia feito.

Porém, para obter acesso a essa percepção, precisamos primeiro aprender a identificar e a tranquilizar nosso "ruído mental". Uma das causas fundamentais desse ruído é o desejo de dar nome às coisas que vivenciamos. Ingo foi o primeiro a elucidar, na linguagem contemporânea da relação entre *sinal e ruído*, o problema daquilo que ele chama de *sobreposição analítica* (*analytic overlay*) (AOL), a expressão que ele usa para indicar a tendência a dar nome e a tentar apreender nossas imagens parapsíquicas iniciais. Essas imagens fragmentárias iniciais são preciosas para nós, uma vez que geralmente são a coisa mais descritiva que um novo vidente remoto talvez veja. Contudo, quando surge a vontade de dar nome às imagens e, assim, de concretizá-las — o que acontece rapidamente —, ela interfere intensamente em nossa capacidade para aprofundar a experiência da visão remota. Juntamente com a memória, a análise e a imaginação, o ato de dar nome constitui as principais inibições ao funcionamento parapsíquico, especificamente elucidado pela primeira vez no século VIII por Padmasambhava, o mestre do *dharma* budista, em seu livro inspirador *Self-Liberation through Seeing with Naked Awareness*,[5] que discuto no Capítulo 12. O conceito foi redescoberto em 1943 pelo engenheiro elétrico francês René Warcollier, como ele mostra em *Mind to Mind*,[6] seu pequeno porém abrangente livro.

A sondagem de Júpiter por Swann

Durante a fase SCANATE de nossa pesquisa, ainda não conhecíamos os aspectos físicos subjacentes à visão remota, mas achamos que estávamos começando a entender seus aspectos psicológicos. Queríamos explorar os limites da visão remota, pois parecia não haver nenhuma fronteira terrestre que a bloqueasse. Essa vontade de explorar os limites foi a inspiração para a proposta de Ingo de explorar o planeta Júpiter. (A NASA acabara de lançar a nave espacial Pioneer 10.) Como Ingo escreveu em seu site *Supermind*:

> A Sondagem de Júpiter Probe foi um entre vários experimentos iniciais destinados a descobrir as dimensões e a extensão das capacidades humanas de sensoriamento remoto. Havia a sensação de que experimentos radicais deveriam ser feitos para determinar as dimensões dessas capacidades. Um desses experimentos radicais, a "Sondagem de Júpiter", foi realizada em 1973 no Radio Physics Laboratory do Stanford Research Institute.
>
> Os objetivos do experimento eram: (1) Tentar confirmar se o sensoriamento remoto de longa distância podia atingir distâncias realmente longas; (2) registrar o tempo necessário para que as impressões começassem a se formar; e (3) comparar as impressões com o *feedback* científico já publicado.
>
> *Feedback* esperado: Dados e análises técnicos extraídos de informações enviadas por telemetria à base terrestre a partir da sonda da NASA, informações que seriam publicadas em periódicos científicos: os "sobrevoos" orbitais da Pioneer 10 e da Pioneer 11 de 1973 e 1974, e as sondagens posteriores das Voyagers 1 e 2, de 1979, que confirmaram meus [de Ingo] desenhos de anéis ao redor do planeta.

Houve dois sujeitos de pesquisa na sondagem de Júpiter que participaram simultaneamente do experimento – eu mesmo (na Califórnia) e o sr. Harold Sherman (no Arkansas). O sr. Sherman era um famoso sensitivo que, no passado (em fins da década de 1930), havia participado de experimentos de visão remota de longa distância entre Nova York e o Ártico. Esses experimentos extraordinariamente bem-sucedidos foram realizados em associação com *sir* Hubert Wilkins, o conhecido explorador do Ártico [ver *Thoughts through Space*, por *sir* Hubert Wilkins e Harold M. Sherman, Creative Age Press, Nova York, 1942, reeditado pela Hampton Road Publishers em 2003]. Os dados brutos precisavam ser independentemente guardados para que ninguém pudesse dizer que haviam sido alterados depois dos fatos. Trinta cópias desses dados foram preparadas, incluindo afirmações acerca dos objetivos e da concepção do experimento. Fontes de *feedback*: As primeiras fontes de *feedback* científicas e tecnológicas começaram a ser disponibilizadas em setembro de 1973, quatro meses depois da realização do experimento. Novas fontes de *feedback* continuaram a ser acrescidas por etapas, ao longo da década de 1980.[7]

A seguir, apresento uma transcrição do registro oficial da Sondagem de Júpiter por Swann em 27 de abril de 1973:

6h03min25s (3 segundos mais rápido): "Há um planeta com listras".

6h04min13s: "Espero que seja Júpiter. Creio que ele deve ter um manto de hidrogênio extremamente largo. Se uma sonda espacial fez contato com esse lugar, ela talvez estivesse a cerca de 129 mil quilômetros a 193 mil quilômetros da superfície do planeta".

6h06min: "Portanto, estou me aproximando pela tangente, de onde posso ver que se trata de uma 'meia-lua', em outras palavras, metade iluminada/metade escura. Se eu me movo para o lado iluminado, há um predomínio evidente da cor amarela à direita".

(Hal: "Em que direção você teve de se mover?")

6h06min20s: "Bem no alto da atmosfera há cristais... eles brilham. Talvez as listras sejam como faixas de cristais, talvez semelhantes aos anéis de Saturno, embora não muito diferentes deles. Muito próximas da atmosfera. Aposto como elas podem refletir sinais de radioprospecção. Isso seria possível se tivéssemos uma nuvem de cristais que fosse tomada de assalto por ondas de rádio?"

(Hal: "Sim".)

6h08min00s: "Agora vou descer através delas. Parece ser muito bom ali (risos). Eu disse isso antes, não? No interior dessas camadas de nuvens, dessas camadas de cristais, elas parecem bonitas vistas de fora. De dentro, parecem nuvens de gás ondulantes — luzes amarelas misteriosas, arco-íris".

Os dados indicam que Ingo havia identificado um anel ao redor de Júpiter, um desenho do qual (veja a Figura 1.5) aparece nos dados originais e é também verbalmente identificado. O conhecimento científico convencional sustentava que Júpiter não tinha anéis. A existência do anel foi descoberta e confirmada no começo de 1979, seis anos depois da Sondagem de Júpiter ter ocorrido. Como escreveu a revista *Time*:

> A cerca de 278 mil quilômetros do torvelinho das nuvens do topo de Júpiter, o robô [da sonda Voyager] sobreviveu à intensa radiação, examinou profundamente o manto de nuvens do planeta, varrido por tempestades, e conseguiu imagens fantásticas das maiores luas jupiterianas, mas o melhor ainda estava por vir — para grande surpresa de todos, ele revelou a presença de um anel tênue e plano ao redor do grande planeta. Disse o astrônomo Bradford Smith, da University of Arizona: "Estamos aqui de queixo caído, sem nenhuma vontade de arredar pé".[8]

De fato, Júpiter é circundado por uma série de anéis! Diferentemente dos anéis de Saturno, que são claramente visíveis da Terra, mesmo quando usamos pequenos telescópios, os anéis de Júpiter são muito difíceis de ver. Na verdade, tão difíceis que só foram descobertos quando confirmados pela sonda Voyager 1 em 1979.[9]

A solução para o problema de dar nome: memória *versus* PES

Outras pessoas já chamaram a atenção para o "problema de dar nome", que já mencionei anteriormente como uma das principais inibições ao funcionamento parapsíquico. J. B. Rhine foi o pai da parapsicologia moderna. Em 1927, ele criou na Duke University um departamento para investigar os fenômenos

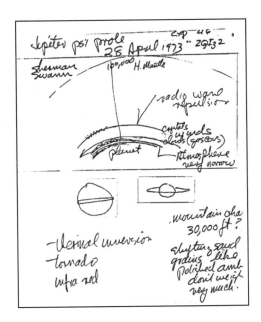

Figura 1.5. Desenho de Ingo Swann em que se vê um anel ao redor de Júpiter, observado em sua sondagem parapsíquica de 1973. O anel foi confirmado pela NASA seis anos depois.

Figura 1.6. Ilustração da NASA para os anéis de Júpiter.

paranormais. Em um esforço para quantificar o funcionamento paranormal, ele recorreu a cartas de baralho especialmente criadas para esse fim, as chamadas "cartas de baralho Zener ou PES", mostradas na Figura 1.7. Com cinco símbolos diferentes, cada um deles repetido cinco vezes em um maço de 25 cartas, sabia-se matematicamente quais as probabilidades de acerto para cada uma delas em uma rodada com o baralho. (Essa era uma alternativa mais matemática a um experimento de desenho de imagem, no qual uma pessoa olha para uma figura e pede que um participante copie a imagem mental captada por via telepática.)

Figura 1.7. Cartas para PES, usadas por J. B. Rhine em experimentos de adivinhação com baralho na década de 1930 (uso restrito a estas).

Um fato importante — conhecido por René Warcollier na década de 1940 e pelos budistas há 1.200 anos, mas que Rhine aparentemente desconhecia na década de 1930 — é que *é muito mais difícil identificar um símbolo que você já conhece pelo nome do que descrever alguma coisa que você nunca viu.*

Em testes cuidadosos aplicados ao longo de mais de uma década, Rhine descobriu que os alunos que permaneciam visualmente separados das cartas conseguiam, mesmo assim, nomear corretamente muito mais cartas de um maço de 25 cartas embaralhadas do que as cinco cartas corretas que poderiam ser escolhidas corretamente ao acaso. Pouco importava se o experimentador olhasse ou não para as cartas. Se ninguém soubesse qual era a carta que devia ser adivinhada, a capacidade a ser testada no experimento era chamada de *clarividência*. Se a carta fosse do conhecimento do experimentador, o nome seria *clarividência mista* e *telepatia*, ou *PES geral*. Os dois tipos funcionavam igualmente bem para Rhine. Os alunos trabalhando em um laboratório tranquilo e acolhedor, com experimentadores amistosos e encorajadores, frequentemente obtinham pontuações muito acima do que poderia ser explicado pelo acaso, e o faziam por semanas a fio. Esses resultados estatísticos extremamente significativos estimulavam os pesquisadores, levando-os a acreditar que estavam diante de um fenômeno real.

Com o passar do tempo, porém, as pontuações desses talentosos alunos que estavam treinando suas habilidades parapsíquicas começaram a decair para níveis aleatórios. Esse declínio não invalidava seus dados anteriores, que eram extremamente significativos, mas era muito decepcionante para os pesquisadores. Eles chamavam esse problema estrutural de "efeito de declínio". Era como se os pesquisadores tivessem encontrado uma maneira muito criativa de demonstrar a PES no laboratório e, depois disso, deixasse de existir! Hoje sabemos que há dois fatores responsáveis pelo efeito de declínio: o primeiro é o tédio que se instala quando as pessoas em geral — e, naquele caso, os estudantes — se habituam a realizar qualquer tarefa muitas e muitas vezes. O segundo fator, mais sutil, tem a ver com o ruído mental.

Com base em suas experiências pessoais, Ingo Swann conseguiu perceber que as fontes de ruído que interferiam no funcionamento paranormal incluíam a memória e, também, o ato de dar nome, a imaginação e a análise — um conjunto de fatores que, como eu já disse, ele chamava de *sobreposição analítica*. Se você já conhece as cartas que vão lhe pedir para adivinhar, poderá então formar uma perfeita imagem mental de cada uma delas. A imagem mental proveniente da sua memória será geralmente mais vigorosa e estável do que a imagem diáfana que lhe será fornecida pela PES. Seria ótimo se as imagens parapsíquicas genuínas trouxessem uma etiqueta em que se pudesse ler: "Esta imagem foi trazida a você pela PES"; infelizmente, porém, não é esse o caso. Só a *prática* pode nos ensinar a distinguir as imagens de origem parapsíquica das que têm o ruído mental como origem (veja o Capítulo 11).

O motivo dessa digressão está no fato de que é muito mais fácil descrever uma imagem de uma revista, escolhida dentre uma *infinidade* de imagens possíveis, do que descrever um dos cinco símbolos que já existem na sua memória visual. Daí a minha conclusão de que, ao lado do tédio, o que causou o efeito de declínio durante os experimentos que Rhine fez com cartas de baralho na década de 1930 foi a sobreposição analítica. Em nossos próprios experimentos de visão remota controlada, realizados ao longo de uma década no SRI, *nunca observamos nenhum indício de declínio.* Eis aí um verdadeiro progresso, se me permitem dizer.

Outro experimento com Ingo Swann aconteceu em 1987, quando ele demonstrou que pertence a uma categoria de videntes remotos que é exlusivamente dele. No SRI, com o físico dr. Edwin May, que pertencia à equipe do programa de pesquisas sobre paranormalidade lá desenvolvido, Ingo teve a ideia de que poderia se livrar dos efeitos desastrosos do ruído mental sobre a percepção parapsíquica, isto é, o ruído causado pelo conhecimento do conjunto de alvos do qual um alvo específico será selecionado. Depois de escolher os dois alvos mais entediantes possíveis, Ingo disse que tentaria aprender a diferenciar dois tipos de papel quadriculado por meios parapsíquicos: papel com coordenadas polares, com círculos, e papel quadriculado, com coordenadas retangulares, com quadrados (Figura 1.8). Ingo estava em sua casa em Nova York, bem longe de Ed em seu laboratório em Menlo Park, na Califórnia.

Como eu disse, só havia dois tipos de alvo. Ed começaria o experimento com um telefonema para Ingo, em Nova York. A assistente de Ed, em outro

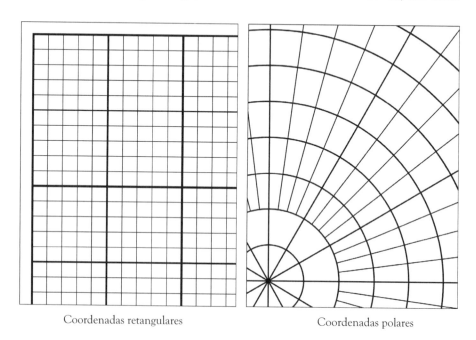

Coordenadas retangulares　　　　　　　Coordenadas polares

Figura 1.8. Dois tipos de papel de gráfico usados no experimento no qual Ingo Swann tentou superar o ruído mental.

recinto fechado, operaria um gerador eletrônico de números aleatórios, que geraria um número ímpar ou um número par. Se fosse ímpar, ela olharia para o papel de gráfico com coordenadas polares. Se fosse par, ela olharia para o papel quadriculado com coordenadas retangulares. Feita sua escolha, ela faria soar uma pequena campainha de mesa e Ed então diria a Ingo, por telefone, que o alvo fora escolhido. Nesse experimento extremamente tedioso, Ingo obteve 38 respostas corretas em cinquenta tentativas, correspondendo a 76%, em que só se esperava que só 50% fossem aleatórias. Outra maneira de dizer isso, que talvez transmita melhor a dificuldade da tarefa, é assinalar que, em cinquenta adivinhações de coordenadas polares *versus* coordenadas retangulares, apenas 12 das respostas obtidas por Ingo foram incorretas. As probabilidades contra esses resultados mostram que, embora a sobreposição analítica seja um problema sério, é possível superá-la com talento e prática. Um resultado desses — repetindo, de 38 respostas corretas em um teste binário de cinquenta tentativas — é significativo com uma probabilidade melhor do que 10^{-4}, ou mais do que 10 mil para um a probabilidade de que tal índice de acertos seja o que se espera aleatoriamente, se se tratasse do acaso, este só permitiria um acerto em dez mil tentativas. Sem dúvida, a PES funciona — mesmo com os alvos mais difíceis possíveis.[10]

Até mesmo os eruditos de espírito ousado e instinto apurado podem ser prejudicados em sua interpretação dos fatos por causa de preconceitos filosóficos.
— Albert Einstein

2

Convencendo a NASA e a CIA
a Apoiar Pesquisas sobre PES
no Stanford Research Institute (SRI)

O primeiro apoio governamental às nossas pesquisas em PES teve suas origens em maio de 1972 — em um píer varrido pelo vento na ilha de St. Simons, na costa da Geórgia. Eu havia acabado de falar para uma centena de futuristas no Forum For Speculative Technology [Simpósio de Tecnologia Especulativa] da NASA. Minha palestra fora a respeito de pesquisas e experimentos soviéticos em PES que eu havia feito com uma máquina eletrônica para ensinar percepção extrassensorial. Depois de minha apresentação, caminhei até o píer à beira d'água com o astronauta Edgar Mitchell, o pioneiro dos foguetes espaciais Wernher von Braun, o diretor da NASA James Fletcher, o autor de livros de ficção científica Arthur C. Clarke, e George Pezdirtz, organizador do simpósio e administrador de novos projetos da NASA. (Penso neles como meu "grupo do píer".) Participei desse simpósio porque estava procurando uma maneira de abandonar meu emprego de pesquisas sobre o *laser* na GTE Sylvania, onde eu havia trabalhado nos últimos dez anos. Eu pretendia iniciar um programa sobre PES no SRI, que ficava perto daquele local. O resultado de minha palestra foi excelente, e a NASA prometeu me apoiar.

Veja o leitor, porém, a estranha cadeia de eventos que levou ao aperto de mãos final: em abril de 1972, apresentei um *workshop* de fim de semana para demonstrar minha nova máquina de ensinar PES no Esalen Institute, na bela região de Big Sur, na Califórnia. Ali conheci seu carismático fundador, Mike Murphy — de quem sou amigo até hoje. Um mês depois de eu ter apresentado meu *workshop*, Mike telefonou para perguntar se eu poderia substituí-lo e ministrar uma palestra sobre pesquisas a respeito de habilidades paranormais. Ele não podia estar presente no dia marcado para sua palestra na Grace Cathedral de San Francisco. Por conta do meu *workshop* no Esalen Institute, Mike disse ter percebido que eu estava bastante familiarizado com o assunto sobre o qual ele fora convidado a falar. Aceitei e apresentei minha própria versão da palestra dele sobre pesquisas a respeito de paranormalidade nos Estados Unidos e na União Soviética. (Isso ocorreu pouco depois da publicação do clássico *Psychic Discoveries Behind the Iron Curtain* [*Experiências Psíquicas Além da Cortina de Ferro*],[1] de Sheila Ostrander e Lynn Schroeder.) O destino, porém, tinha outra ideia, e o administrador adjunto da NASA Art Reetz, que estava em San Francisco para tratar de negócios da NASA, compareceu inesperadamente à minha palestra na famosa catedral. Ele gostou da minha apresentação e achou que ela poderia interessar a seu colega da NASA George Pezdirtz, que estava organizando uma conferência sobre tecnologia especulativa a qual seria realizada na semana seguinte na ilha de St. Simons. Pezdirtz, que coordenava a organização de novos programas da NASA, também viria a ser um de meus grandes amigos e um de nossos maiores patrocinadores na comunidade de pesquisas para o governo durante toda a década seguinte. Se Reetz não tivesse aparecido de repente na Grace Cathedral naquela noite de abril, é possível que o programa de pesquisas em PES no SRI nunca tivesse existido! E eu certamente não teria conhecido todos aqueles luminares da NASA naquele saudável cenário à beira-mar.

Na ilha de St. Simons, fiquei algum tempo no saguão da sala de conferências, respondendo a perguntas sobre pesquisas em PES enquanto a maior parte do grupo se retirava em busca de mais agasalhos para depois passear confortavelmente pelo píer naquela noite açoitada por uma gélida brisa marinha. Mais tarde, quando cheguei ao píer, eu ainda estava usando uma camisa de mangas curtas. Fiquei por ali, tentando me lembrar de um método para fazer minha meditação kundalini a fim de reunir calor suficiente para impedir meu corpo de congelar. Lutando para não tremer, expliquei os conceitos das pesquisas em *psi* contemporâneas — a PES — àqueles homens que, eu sabia, tinham condições de decidir todo o meu futuro como pesquisador de fenômenos paranormais.

Como afirmei há pouco, fui bem-sucedido. Naquele momento, passei a fazer parte do "grupo do píer".

Essa experiência de encontrar apoio para minhas pesquisas em PES mostrou-me que as pessoas que ocupam altos postos nessas organizações (o administrador da NASA, o subsecretário de Defesa, o diretor de Inteligência da CIA, o comandante-geral da Inteligência do Exército etc.) sabem, com base em sua experiência de vida, que os fenômenos *psi* são reais, e estão dispostos a admitir isso — desde que o façam reservadamente. O astronauta Edgar Mitchell tinha realizado experimentos de adivinhação de cartas no espaço, e passara por uma experiência espiritual transformadora ao observar a Terra a partir da Lua. Werner von Braun nos falou sobre sua querida avó sensitiva, que sabia de antemão quando alguém estava com problemas e precisava de ajuda. Von Braun também foi muito bem-sucedido em lidar com a máquina de ensinar PES que eu havia levado para a conferência. Fletcher estava preocupado com a possibilidade de que os russos estivessem à nossa frente na pesquisa parapsíquica — um temor parcialmente baseado no material que ele encontrara no clássico *Experiências Psíquicas Além da Cortina de Ferro*, de Sheila Ostrander e Lynn Schroeder, e também em três relatórios sobre pesquisas psicotrônicas soviéticas que tinham sido havia pouco publicados pela Defense Intelligence Agency (DIA). As "pesquisas psicotrônicas" dizem respeito ao interesse soviético pela capacidade humana de absorver informações por meios paranormais e de transmitir intencionalidade capaz de influenciar o comportamento ou os sentimentos de uma pessoa distante. Os soviéticos estavam particularmente interessados em concentrar sua atenção em líderes ocidentais, positiva ou negativamente. Contrariando as nossas expectativas, apenas o escritor de ficção científica Arthur C. Clarke mostrava-se cético, apesar do imenso sucesso de seu livro *O Fim da Infância* — que é inteiramente voltado para os fenômenos paranormais.[2] Finalmente, com a grande assistência de Mitchell e, depois, com a ajuda contínua do dr. Pezdirtz na NASA, o físico Hal Puthoff e eu recebemos a oferta de um contrato para darmos início a um programa de pesquisas — se conseguíssemos encontrar um local para desenvolvê-lo.

De acordo com minhas expectativas iniciais, esse local veio a ser o Stanford Research Institute, em Menlo Park, na Califórnia, onde Hal já trabalhava. Hal e eu, juntamente com Pezdirtz, Mitchell e Willis Harman — um conhecido ex--professor de engenharia elétrica de Stanford, que atualmente dirige a Future Technology Division [Divisão de Tecnologia Futura] do SRI — não demos trégua a Charles Anderson, presidente do SRI sempre aberto a novas ideias. Em seu amplo escritório com paredes revestidas de carvalho, Mitchell e Pezdirtz puseram na mesa a carta da NASA — argumentando que aquele era o momento certo de começar um programa de pesquisas sobre PES e recebendo ajuda financeira da NASA. Hal e eu prometemos a Anderson que tentaríamos firmemente manter a máxima discrição possível. Anderson deu seu OK. (Às vezes, um pouco de exagero não faz mal a ninguém.)

O programa da NASA que surgiu disso tudo era em parte uma investigação sobre a possibilidade de as pessoas conseguirem, de fato, aumentar seu número de acertos pelo uso da PES graças à minha máquina de treinar essa capacidade. A outra parte do programa consistia em verificar se conseguiríamos reproduzir trabalhos anteriores, demonstrando que as medições das ondas cerebrais de uma pessoa podiam ser modificadas pelos pensamentos e experiências de outra pessoa, distante da primeira. Finalmente, em nosso programa com duração de um ano, mostramos que uma aprendizagem significativa realmente ocorria em algumas pessoas que haviam praticado com a máquina de ensinar PES. E reproduzimos descobertas feitas uma década antes, comprovando que os eletroencefalogramas (isto é, as ondas cerebrais) de alguns sujeitos da pesquisa podiam ser significativamente alterados quando eles concentravam sua atenção em um amigo distante que estava sendo estimulado por um incômodo piscar de luzes gerado aleatoriamente.[3] Nosso programa da NASA foi chamado de Desenvolvimento de Técnicas para o Aperfeiçoamento da Comunicação Homem/Máquina.

Infelizmente, não conseguimos manter a promessa feita ao dr. Anderson de evitar a publicidade. No primeiro ano, nosso programa foi responsável por 1% da renda do SRI e 95% de sua publicidade — em grande parte por causa de nossas pesquisas com Uri Geller, o sensitivo israelense.

Fazendo amigos na CIA

Dois anos depois, em 1974, Hal e eu tivemos a oportunidade de instruir funcionários de alto nível da CIA a respeito de nossas pesquisas sobre visão remota com o artista Ingo Swann e o policial Pat Price. Dia após dia, durante dois anos em nosso laboratório no SRI, eu pedia a um desses dois grandes videntes remotos para que descrevesse suas impressões mentais da aparência que tinha o lugar oculto em que estava o meu parceiro Hal — em um de sessenta lugares-alvo aleatoriamente escolhidos na área da Baía de San Francisco, todos a cerca de meia hora de carro de nosso laboratório. Os resultados experimentais dessas tentativas, cuidadosamente avaliados pelo método duplo-cego, foram extremamente significativos do ponto de vista estatístico, com a probabilidade de acerto sendo de um em cem mil. Eu era sempre o entrevistador, porque não dirijo devido à minha acentuada deficiência visual. (Talvez esse seja um dos motivos pelos quais desde criança me interessei pela percepção parapsíquica e pela mágica de palco.)

Muitos de nossos contatos com a CIA vieram de nossas "encarnações" profissionais anteriores como físicos da área de estudos sobre o *laser*, período em que criamos várias espécies de *hardware* exóticos para a agência. Enquanto estive no GTE Sylvania, o gerente de marketing apresentou-me ao dr. Christopher (Kit) Green, que se tornou o chefe de divisão da Life Science Division (LSD). Em 1974, Kit conseguiu que eu e Hal fôssemos recebidos por oficiais da inteligência na mesma sala em que o malfadado caso da Baía dos Porcos tivera seu começo igualmente infeliz no fim da década de 1950. Nessa apresentação — realizada em uma sala de conferências hermeticamente fechada —, ficamos surpresos com o grande número de agentes da CIA que nos falaram sobre as intuições parapsíquicas que eles ou suas avós sensitivas já haviam tido. Alguns contaram histórias de ocorrências de PES que salvaram suas vidas. Entre os agentes de operações que formavam nossa plateia naquele dia, havia o consenso de que estávamos "perdendo tempo com observações de igrejas e piscinas em Palo Alto" quando poderíamos estar "olhando para lugares de interesse operacional da União Soviética".

Esse encontro bem-sucedido nos levou, a mim e a Hal, a uma apresentação formal de nossas descobertas em PES para o diretor adjunto de inteligência (DDI) da CIA. Na época, esse cargo era exercido por John McMahon, um ousado e corajoso advogado e oficial de inteligência que era famoso por não ser muito tolerante com gente tola. Eu e Hal, porém, éramos filhos únicos autoconfiantes e entusiasmados que estavam acostumados a lidar com clientes difíceis e a impor nossas ideias. Assim, John ouviu nosso relato e percebeu de imediato a importância potencial de nossos dados sobre a visão remota – desde que tudo aquilo fosse verdade. Nós não teríamos chegado tão longe se a agência não nos conhecesse por causa do nosso trabalho anterior de pesquisas sobre o *laser*. Depois da apresentação, McMahon nos disse que havia um lugar específico na União Soviética que ele gostaria que tentássemos localizar. Era uma espécie de teste de "demonstração de capacidade". Se conseguíssemos informações úteis sobre esse lugar, ele financiaria nossa pesquisa. O problema é que passaríamos metade do nosso tempo tentando entender a visão remota e publicando nossas descobertas, e a outra metade seria dedicada às tarefas operacionais da CIA, sobre as quais não poderíamos dizer nada. A coisa mais sigilosa do nosso programa seria o nome da agência que o estava patrocinando. Convivemos com esse pacto por duas décadas, e todos agiram conforme o combinado.

O que podemos dizer hoje?

Em 1995, a Diretoria de Ciência e Tecnologia da CIA contratou o American Institutes for Research, juntamente com uma estatística e um crítico sem credenciais de acesso*, para fazer uma revisão dos vinte anos de pesquisa secreta sobre visão remota do SRI e da Science Applications International Corporation (SAIC). Jessica Utts, uma renomada professora de estatística da University of California, Davis, escreveu o seguinte em sua contribuição ao relatório da CIA a respeito do trabalho sobre visão remota realizado no SRI:

> Usando os padrões aplicados a qualquer outra área da ciência, concluímos que o funcionamento paranormal não deixou lugar a dúvidas. Os resultados estatísticos dos estudos examinados estão muito além do que é esperado de forma aleatória Os argumentos segundo os quais esses resultados poderiam ter origem em falhas metodológicas nos experimentos são categoricamente refutados. Efeitos de magnitude semelhante foram replicados em vários laboratórios de todo o

---

* *Security clearance*. Nas empresas e instituições onde se produzem conhecimentos ou produtos de grande importância econômica e estratégica, é comum criarem-se dificuldades de acesso a pessoas de determinados setores, a menos que elas tenham recebido uma autorização ou credencial de acesso. (N.T.)

mundo. Tal coerência não pode ser explicada por alegações de falhas ou fraude. A magnitude do funcionamento parapsíquico que ficou demonstrada parece situar-se no âmbito daquilo que os cientistas sociais chamam de pequeno e médio efeito. Isso significa que tais ocorrências são suficientemente confiáveis para serem replicadas em experimentos adequadamente conduzidos, com testes suficientes para obter os resultados estatísticos de longo prazo que são necessários para a replicabilidade.[4]

Como nos disse a dra. Utts, "Os dados do SRI são mais vigorosos do que as evidências experimentais da FDA* que mostram que a aspirina previne ataques cardíacos".

Contudo, para que a história das pesquisas sobre PES fosse contada, seria preciso abolir o regime de confidencialidade que a envolvia. Meu problema tinha sido que a maior parte dos nossos relatórios à CIA trazia o carimbo de "NÃO SUJEITO A LIBERAÇÃO PÚBLICA AUTOMÁTICA". Eu ficava mortificado quando via esse carimbo, pois ele significava que os relatórios não seriam abertos ao público em menos de vinte anos, um procedimento comum, na época, quando se tratava de material confidencial. Na verdade, os relatórios *nunca* viriam a público — o que se pretendia era fechar nossos "milagres" a sete chaves para sempre! Assim, em maio de 1995, depois de dezesseis meses de trabalho e com a ajuda de dois deputados, dois advogados (um dos quais era meu filho Nicholas) e do senador Clayborne Pell, finalmente consegui que a maior parte dos meus documentos de pesquisa no SRI, até então em poder da CIA, perdessem o caráter sigiloso e me fossem devolvidos. Facilitei a abertura ao público desses documentos por meio de uma petição à CIA com base na Freedom of Information Act (FOIA), Lei de Liberdade de Informação, na qual eu pedia que as informações fossem liberadas ou que a agência explicasse a um juiz por que não os liberava. Depois de uma longa troca de correspondência, recebi uma carta formal de liberação. Foi isso que me permitiu relatar algumas das nossas mais extraordinárias aventuras com Pat Price e a CIA. Na Figura 2.1,

---

* *Food and Drug Administration*. Agência governamental norte-americana que trata do controle das indústrias de alimentos e medicamentos naquele país. (N.T.)

Central Intelligence Agency

Washington, D.C. 20505

Sr. Russell Targ
Rua Harriet, 1010
Palo Alto, Califórnia 94301

Referência P94-1192

Prezado sr. Targ

    O objetivo desta é responder à sua missiva de 20 de setembro de 1994, na qual, com base na Lei de Liberdade de Informação e na Lei de Privacidade, o senhor questiona nossa falta de resposta a seu pedido, feito em 10 de maio de 1994, de que lhe enviemos relatórios com o título aproximado de "Técnicas para o Aumento da Percepção, Stanford Research Institute, Relatório Final, 1973, 1974, 1975". O senhor afirmou que "[os] autores são Harold E. Puthoff e Russell Targ" e que "haveria pelo menos dois relatórios de 1973/4 e 1974/5".
    Sua solitação foi apresentada ao devido membro da Comissão de Liberação de Informações, o sr. Anthony R. Frasketi, responsável pelo setor de informações do Conselho Diretivo de Ciência e Tecnologia. De acordo com a autoridade delegada pelos parágrafos 1900.51 (a) e 1901.17 (c) do Capítulo XIX, Título 32 do Código de Regulamentações Federais, o sr. Frasketi determinou a realização de uma busca completa nos sistemas de registros que poderiam conter documentos relativos à sua solicitação. Em resultado dessas buscas, três documentos pertinentes foram localizados. Após exame dos documentos, a saber, relatórios datados de 31 de outubro de 1974, 1º de dezembro de 1975, e um sem data, o sr. Frasketi determinou que eles podem ser totalmente liberados. Além disso, tendo em vista a sua solicitação e nos termos das regulamentações do título 32 do Código de Regulamentações Federais da CIA, parágrafo 1900.51 (b), a Comissão de Liberação da Agência, reunida em comissão com todos os seus membros, confirmou essa determinação.
    Segue anexada uma cópia dos três documentos cuja liberação foi aprovada. Gratos por sua paciência enquanto sua solicitação esteve em exame.

                                            Cordialmente,

                                            Edmund Cohen
                                              Chairman
                      Comissão de Liberação de Informações

Anexos

Figura 2.1. Carta enviada pela CIA a Russell Targ, dando-lhe permissão para revelar resultados até então sigilosos do programa de visão remota do SRI.

mostro a carta que recebi da CIA permitindo que hoje eu esteja aqui relatando essas aventuras sem nenhum receio de ser preso.

No programa de TV *Nightline* de 28 de novembro de 1995, Robert Gates — ex-diretor da CIA e atual secretário de Defesa — declarou que os programas governamentais de visão remota do SRI e Fort Meade haviam sido encerrados para sempre "porque o Muro de Berlim já não existe, o comunismo fracassou e os Estados Unidos não têm mais inimigos que exijam um programa experimental dessa natureza". Ele avaliou que "a comunidade de inteligência investiu cerca de US$ 20 milhões ao longo do período de 23 anos durante os quais foi preciso lidar com a ameaça". Também presente a esse programa esteve o dr. Edwin May, meu amigo e colega no programa do SRI. Ele fez um relato de nossas impressões com base em nossos 23 anos de pesquisas e aplicações.

No próximo capítulo, descreverei a resposta que Pat Price, dotado de extraordinária capacidade de visão remota, deu, em 1973, a John McMahon, diretor da CIA, que havia pedido informações sobre um local na União Soviética — uma resposta tão excelente que levou a uma investigação no Congresso e ao financiamento do nosso programa ao longo de toda uma década!

Todos os homens consideram os limites do seu próprio campo de visão como os limites do mundo.
— Arthur Schopenhauer

3
Pat Price

O Incrível Policial com Habilidades Paranormais

Com o financiamento da CIA, tivemos a oportunidade de começar efetivamente nossas pesquisas sobre PES. Para atender às exigências de John McMahon que descrevi no capítulo anterior, Hal Puthoff e eu começamos o Projeto SCANATE (escaneamento com coordenadas geográficas) no SRI, junto com o pintor Ingo Swann e Pat Price, um policial aposentado. A CIA chamava esses testes de tentativas de "demonstração de capacidade". Usando as coordenadas que eles nos transmitiam, nossos dois sensitivos conseguiram ver a parte interna e descrever corretamente um alvo criptográfico secreto da NSA na Virgínia. Foi um teste gratuito para que a CIA determinasse se voltaria a conversar conosco sobre o que quer que fosse. Ingo Swann fez um desenho minucioso desse lugar distante, como já afirmei, e Pat conseguiu nomear corretamente o lugar e ler *palavras em código* dos arquivos da Agência de Segurança Nacional e da CIA, conforme o confirmaram essas duas agências. Conseguir ler alguma coisa já é uma grande proeza em nossos experimentos de visão remota. Até onde tenho conhecimento, a capacidade de Pat não tem precedentes.

Quando Price iniciou sua narrativa naquele dia, ele disse que estava parapsiquicamente "voando para o alvo a cerca 460 metros dali" e descreveu muitos elementos semelhantes aos de Ingo. Contudo, Price foi além e disse que "parece um antigo silo de mísseis — grandes portões de enrolar, de aço, abertos na encosta de uma colina, bem ocultos, com grandes compartimentos subterrâneos a cerca de trinta metros da superfície [...] algo como um centro de comando".

Ele conseguiu até mesmo ler corretamente vários rótulos secretos, em código, que estavam sobre uma escrivaninha e um arquivo – "CUEBALL" (BOLA DA VEZ), 8-BALL (BOLA-8), RACKUP (PONTOS MARCADOS) etc. – inclusive o nome que a NSA dera àquele lugar, que era "HAYFORK ou HAYSTACK" (FORCADO ou MONTE DE FENO). É claro que nenhum de nós sabia ao certo se essas coisas estavam corretas ou não. Mas tudo foi confirmado quando recebemos a visita de oficiais da CIA e da Agência de Segurança Nacional.

Pat Price, que mencionamos no Capítulo 2, foi um presente inesperado ao nosso programa no SRI. Certo dia de junho de 1973, Pat ligou para Hal Puthoff para dizer que ele já vinha acompanhando nossas pesquisas havia algum tempo (não sabemos como). Pat achava que ele já vinha desenvolvendo o mesmo tipo de trabalho parapsíquico havia anos, usando, com sucesso, a visualização remota para prender marginais quando ainda era policial em Burbank, na Califórnia. Ele nos contou que ficava junto com o despachante na delegacia e, quando ouvia a notícia de um crime, fazia uma varredura parapsíquica da cidade e em seguida mandava uma viatura para o local onde tinha visto um homem assustado escondendo-se!

Logo levamos Price para participar de nossos experimentos de laboratório. Depois que começamos a trabalhar com ele, percebemos que, na verdade, esse homem excepcional levava sua vida como uma pessoa sensitiva perfeitamente integrada. Com o passar dos anos, também trabalhamos com muitos outros indivíduos talentosos, mas nunca mais encontramos ninguém que, como Pat, demonstrasse a mesma e contínua percepção parapsíquica do mundo à sua volta.

Descrição parapsíquica da fábrica de armamentos soviéticos

Em julho de 1974, Price descreveu e desenhou em escala uma fábrica de armamentos em uma base militar soviética em Semipalatinsk, na Sibéria, e o fez com detalhes notavelmente precisos; sua descrição incluía um enorme guindaste de pórtico de oito rodas e uma esfera de aço oculta, de cerca de dezoito metros de diâmetro, que ainda estava em construção. Tudo o que ele desenhou foi confirmado por fotos de satélite — o guindaste, imediatamente, e a esfera de aço três anos depois.

Meu testemunho desse trabalho milagroso de Pat é um dos motivos pelos quais eu acredito na PES. Para acrescentar detalhes a partir de dados registrados em meu caderno de notas: naquele dia de julho de 1947, sentei-me ao lado de Pat em nosso pequeno compartimento eletricamente blindado por telas de cobre, e entreguei a ele a folha de papel com as coordenadas geográficas que eu havia recebido de Ken Kress, agente da CIA — que esperava por nós na caixa--forte do subsolo do nosso edifício. É desnecessário dizer que nem Pat nem eu tínhamos a menor ideia de qual era o alvo do teste. Naquela ocasião, nem mesmo a CIA tinha conhecimento do que estava se passando ali.

Pat reclinou-se na sua velha cadeira de carvalho, limpou os óculos de aro dourado e fechou os olhos. Depois de alguns momentos, começou a descrever suas imagens mentais. Ele disse: "Estou deitado à luz do sol, no topo de um edifício de três andares em algum tipo de complexo de pesquisa e desenvolvimento. O sol parece agradável". Enquanto permanecia parapsiquicamente deitado ali, ele disse: "Uma espécie de guindaste de pórtico gigantesco rolou sobre o meu corpo. Ele se movimenta para trás e para a frente. [...] É a primeira vez que vejo um guindaste desse tamanho. [...] Ele corre sobre um trilho, e tem rodas em ambos os lados de sua estrutura. Tem quatro rodas de cada lado da estrutura. Preciso desenhar isso".

Em seguida, Pat pediu uma régua para fazer o desenho de toda a instalação, com cilindros de gás, edifícios, trilhos e tubulações. Então ele fez um desenho detalhado do guindaste de pórtico, mostrado à esquerda da Figura 3.1. Um desenho do guindaste real, feito a partir de uma foto de todo o complexo, tirada em maio de 1974, é mostrado à direita. Em termos comparativos, enquanto algumas partes do esboço geral de Pat estavam corretas, outras pareciam não estar. Pat não concordava, dizendo ter reproduzido fielmente o que havia visto. Como depois viemos a saber, algumas coisas que ele desenhou em julho de 1974, e que não estavam na foto do satélite, *haviam, de fato, sido alteradas nos dois meses* posteriores à foto tirada em maio. A exatidão do desenho de Pat é o tipo de coisa em que eu, como físico, jamais teria acreditado se eu mesmo não tivesse estado ao lado dele enquanto ele desenhava.

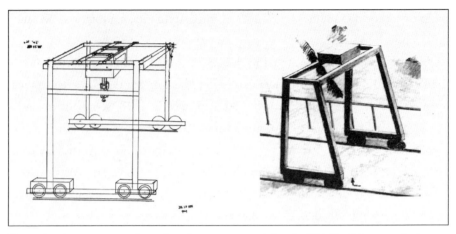

Figura 3.1. Acima, à esquerda, o desenho em que, em julho de 1974, Pat Price reproduziu suas impressões parapsíquicas de um guindaste de pórtico no complexo soviético de pesquisa e desenvolvimento em Semipalatinsk, mostrando extraordinária semelhança com o guindaste real, à direita, ampliação de um desenho feito pela CIA a partir de uma foto tirada por satélite em maio de 1974. Observe-se, por exemplo, que os dois guindastes têm oito rodas. (Para o desenho de todo o complexo, veja a Figura 3.2.)

Figura 3.2. Desenho feito por um artista da CIA em maio de 1974, com base em uma foto de satélite do local-alvo de Semipalatinsk. Esses desenhos foram feitos pela CIA para ocultar a precisão dos detalhes de uma foto de satélite daquela época.

Price também desenhou muitos outros itens do local, inclusive o grupo de cilindros de gás comprimido mostrados na foto do satélite (veja a Figura 3.2) e na parte superior de seu desenho na Figura 3.3. Outras coisas que ele desenhou apareceram em fotos de satélite mais antigas, que nos foram mostradas só alguns meses depois.

Depois que Pat concluiu seu desenho do guindaste, nós dois descemos para nos reunir com o agente em sua caixa-forte e ver o que ele achava do trabalho de Pat. O agente desenrolou a grande foto de satélite de 1974, com a instalação que acabamos de mostrar, na Figura 3.2, e disse: "Parece que você está procurando no lugar certo. Agora, será que você pode nos dizer o que eles estão fazendo no edifício abaixo do guindaste de pórtico? Isso é o que nós realmente gostaríamos de saber".

No dia seguinte, eu e Pat voltamos para nosso pequeno compartimento revestido de cobre. Pat começou a concentrar a atenção no *interior* do edifício em cujo teto ele estivera deitado no dia anterior. Então, uma das coisas mais interessantes que ele viu estava totalmente ausente no desenho da CIA, porque ficava dentro do edifício e, desse modo, não era do conhecimento de nosso governo por ocasião desse experimento de 1974. Ele descreveu um grande compartimento interno e disse: "Há muita atividade ali. Eles estão tentando construir uma gigantesca esfera de aço. Parece que ela terá cerca de dezoito metros de diâmetro. Eles a estão construindo com 'gomos' e tentam soldá-los. Mas não está dando certo porque o metal é muito espesso". Ele disse que os gomos pareciam as divisões de uma laranja (veja a Figura 3.3).

A esfera acabou se revelando um recipiente destinado a abrigar uma arma que emitia feixes de partículas e que seria usada para abater satélites norte-americanos que estivessem tirando fotos. *Contudo, sua existência só foi descoberta três anos depois*, em 1977, quando os Estados Unidos usaram exatamente esses satélites para sondar novamente o local. Os dados confirmaram que Price havia previsto o tamanho da esfera e dos "gomos" com uma margem de acerto de 96%. Em sua visão remota de 1974, Price dissera que os soviéticos estavam tendo problemas para soldar todos os componentes juntos, porque as peças de metal aquecido se arqueavam, e que ele estava certo de que os soviéticos estavam tentando descobrir algum material de soldagem de temperatura inferior. Até

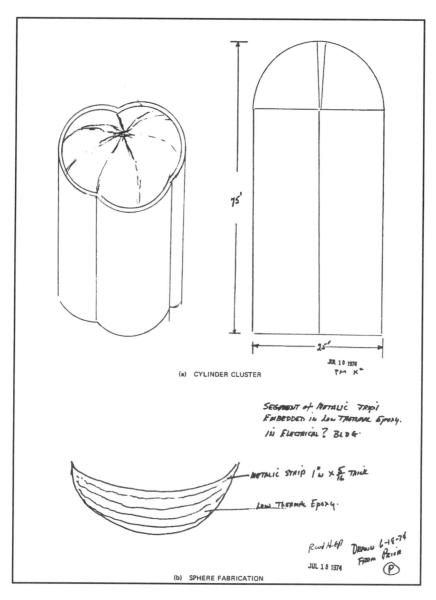

Figura 3.3. Desenho de Pat Price de imagem vista na segunda experiência de visão remota que teve em julho de 1974, mostrando o local-alvo na região soviética de Semipalatinsk. Os detalhes incluem um cacho de cilindros de gás, mostrado na parte superior desta figura, e na foto de satélite tirada em maio de 1974 (veja a Figura 3.2). Os "gomos" de aço de cerca de dezoito metros, usados para a construção da esfera, são mostrados na parte inferior da figura.

mesmo esse detalhe técnico foi confirmado três anos depois, em 1977, quando a atividade de fabricação da esfera em Semipalatinsk foi descrita na revista *Aviation Week*, levando-nos a constatar, de fato, quão precisas haviam sido as visões de Price:

> PRESSÃO SOVIÉTICA POR ARMAS DE EMISSÃO DE FEIXES. [...] Os Estados Unidos usaram satélites de reconhecimento fotográfico de alta resolução para observar técnicos soviéticos escavando sólidas formações de granito. Em um edifício nas imediações, gigantescos gomos de aço, extremamente espessos, estavam sendo fabricados. Esses segmentos de aço eram as partes de uma grande esfera, com tamanho estimado de dezoito metros (57,8 pés) de diâmetro. As autoridades norte-americanas acreditam que as esferas sejam necessárias para captar e armazenar energia proveniente de combustão nuclear explosiva ou de geradores de pulsos. De início, alguns físicos norte-americanos acreditavam que não havia nenhum método que os soviéticos pudessem usar para soldar os gomos de aço das esferas e, desse modo, criar um recipiente forte o bastante para suportar as pressões que provavelmente ocorreriam em um processo de fissão nuclear explosiva, especialmente quando o aço que deve ser soldado é extremamente espesso.[1]

Embora essa confirmação tenha nos deixado felizes em 1977, infelizmente Pat Price falecera em 1975, exatamente um ano depois de sua visão remota da instalação soviética. Portanto, do ponto de vista do experimento, ele obteve sua percepção das esferas de dezoito metros e dos "gomos" sem que tivesse recebido nenhum *feedback*, que geralmente é um elemento importante para a visão remota. Isso mostra que a extraordinária percepção de Price ocorria graças a *uma experiência direta do local*. Ele não estava lendo a mente de um patrocinador, porque ninguém nos Estados Unidos sabia o que quer que fosse sobre "esferas" ou "gomos" naquela ocasião. Pat tampouco poderia estar olhando de maneira premonitória para seu *feedback* a partir do futuro, uma vez que sua morte ocorreu antes que os detalhes por ele vistos fossem independentemente confirmados. E, de fato, nenhum ocidental jamais viu os "gomos". Portanto, até onde eu saiba, não há nenhuma fonte a partir da qual Pat pudesse ter obtido suas informações, a não ser no centro soviético para testes nucleares de Semipalatinsk (a menos, é claro, que ele olhasse 35 anos no futuro e lesse este livro por meios precognitivos). Minha experiência de ficar ao lado de Pat enquanto ele desenhava os "gomos" e, mais tarde, de vê-los confirmados, é uma razão adicional que fortalece minha crença na PES.

Esse experimento de 1974 foi um sucesso tão colossal que fomos pessoalmente convidados pelo House Committee on Intelligence Oversight [Comitê de Inteligência do Senado] a fazer uma investigação formal para determinar se tinha havido uma violação da segurança nacional. Hal e eu fomos a Washington, D.C., para sermos interrogados. Contamos com o apoio de nossos supervisores contratuais – o físico Ken Kress e o médico Kit Green, chefe de divisão da LSD (Life Science Division) na CIA. Também estavam presentes nosso inabalável defensor Jack Verona, o diretor adjunto de pesquisa da Defense Intelligence Agency (DIA), o senador Clairborne Pell e o deputado Charles Rose, que tinham grande interesse pelo nosso trabalho. Sem dúvida, não se constatou nenhuma violação de segurança, e nossas pesquisas sobre o funcionamento paranormal foram bancadas pelo governo por mais vinte anos. O Comitê de Inteligência do Senado nos disse para darmos continuidade imediata ao nosso trabalho. Para comemorar, fomos convidados para um almoço em um restaurante no subsolo da Casa Branca. No cardápio, feijão-fradinho, couve e um delicioso assado de porco que nos foi servido por um senador.

O milagre de visão remota operado por Price foi descrito, em 1975, no relatório secreto final, "Perceptual Augmentation Techniques", que eu e Puthoff enviamos aos nossos patrocinadores governamentais em Washington. Apresento esse relatório a seguir:

A descrição excepcionalmente precisa do guindaste de vários andares foi recebida como um indicador de provável localização de alvo e, portanto, o sujeito do experimento (Price) foi indicado como responsável pela equipe que coletou novos dados para serem avaliados. Estes últimos continham tanto dados físicos adicionais, que foram independentemente verificados por outras fontes de patrocínio, fornecendo, assim, uma calibração adicional, como também, inicialmente, dados não verificáveis de interesse operacional corrente. Várias horas de transcrições em fitas cassete e um caderno de notas repleto de desenhos foram produzidos em um período de duas semanas. Uma descrição e uma avaliação dos dados encontram-se em um relatório separado. Os resultados continham ruído juntamente com sinal, mas ainda assim eram claramente distintos de resultados aleatórios gerados por sujeitos de controle, em comparação com experimentos realizados pelo COTR (Contracting Office Technical Representative).[2]

(Espero que esse resumo ultraconservador não nos faça parecer tolos!)

Até o fim da década, quando viemos a conhecer Joe McMoneagle, Pat foi o clarividente mais notável que jamais conhecemos, e ele continua sendo o único que conseguia ler palavras impressas a distância por meios paranormais. Era um homem íntegro, alegre e equilibrado. Certa vez, durante esse período, uma jovem secretária que estava datilografando as descrições de Pat de lugares distantes perguntou-lhe se ele seria capaz de "segui-la parapsiquicamente até o banheiro feminino". Ele disse: "Se consigo concentrar minha mente em qualquer lugar do planeta, por que motivo eu iria querer segui-la até o banheiro?" Esse era Pat!

Figura 3.4. Foto de 1974 em que apareço (à esquerda) ao lado do policial aposentado Pat Price, quando nos preparávamos para decolar em um planador a fim de investigar as capacidades paranormais de Pat em pleno ar.

O sequestro de Patricia Hearst

Na noite de segunda-feira, 4 de fevereiro de 1974, um grupo de terroristas norte-americanos sequestrou Patricia Hearst — jovem de 19 anos e herdeira de um jornal —, em seu apartamento perto da University of California, em Berkeley, onde estudava. Os sequestradores identificaram-se como membros do Exército Simbionês de Libertação (ESL).

Eram anarquistas radicais cujo lema frequentemente repetido era "MORTE AO INSETO FASCISTA QUE SE ALIMENTA DA VIDA DO POVO". A rica e conservadora família Hearst era um alvo perfeito para eles. Enquanto a imprensa tentava encontrar a palavra "Symbia" [Símbia] no mapa, o Departamento de Polícia de Berkeley se empenhava em encontrar a filha de uma das figuras mais proeminentes da cidade de San Francisco — a saber, o editor do *San Francisco Examiner* e presidente do sindicato nacional Hearst de jornais.

O Departamento de Polícia de Berkeley nos procurou no SRI para ver se conseguiríamos ajudar nesse caso, o mais perturbador de todos os que já haviam envolvido pessoas de grande influência e notoriedade. Hal, Pat e eu seguimos, então, de carro para o norte em direção a Berkeley a fim descobrir o que Pat poderia fazer para ajudar. Como depois se veio a confirmar, Pat identificou e *nomeou* o sequestrador de Patricia Hearst em um espesso álbum cheio de folhas soltas com centenas de fotos de criminosos procurados pela polícia. Ao lado de uma grande mesa de carvalho no distrito policial, ele foi virando as páginas desse livro até que colocou um dedo sobre o rosto de um homem e declarou: "Este é o cabeça do grupo". O homem por ele apontado era Donald DeFreeze, que realmente foi identificado como líder do grupo no decorrer daquela semana.

O detetive encarregado do caso então perguntou a Pat se ele tinha alguma ideia de onde eles poderiam estar naquele momento, usando uma frase famosa dos filmes policiais: "Para onde eles foram?". Apontando para o norte, Pat respondeu, "Seguiram por esta direção", e acrescentou que também via uma caminhonete branca perto de um restaurante. "Esse restaurante fica na beira de uma rodovia, ao lado de dois grandes tanques de gasolina brancos perto de um viaduto", disse Pat.

Um dos detetives disse: "Conheço esse lugar. Fica na estrada que leva a Vallejo, onde moro".

Os detetives então enviaram uma viatura e, dez minutos depois, recebemos por rádio uma mensagem em que eles nos diziam ter encontrado o carro do sequestro 24 quilômetros ao norte de onde estávamos. O chão do carro ainda estava cheio de cartuchos soltos — todos do mesmo calibre das cápsulas que, no começo daquele dia, tínhamos visto no chão do quarto do apartamento de

Hearst em Berkeley. Portanto, não havia nenhuma dúvida de que eles haviam encontrado o carro certo. Essa experiência no distrito policial onde Price identificou o sequestrador e em seguida localizou o carro usado para o sequestro, e tudo isso bem na minha frente, é um dos motivos mais fortes pelos quais eu acredito na PES. Como eu poderia não acreditar? E quanto a você?

Pelo nosso empenho nos vários dias em que trabalhamos com esses profissionais, recebemos uma carta de agradecimentos e elogios do Departamento de Polícia de Berkeley. Porém, como esse Departamento, o delegado do município de Alameda e o FBI não cooperaram entre si, todo o nosso trabalho foi em vão. Cada agência queria créditos exclusivos por ter encontrado a herdeira. (Algo bem parecido com os fatos escandalosos que antecederam o 11 de Setembro de 2001, quando a CIA e a NSA se recusaram a compartilhar informações vitais sobre terrorismo com o FBI, que, de outra maneira, poderia ter capturado até dois dos sequestradores que se encontravam nos Estados Unidos a caminho de destruir o World Trade Center em Nova York.)

Por pura dedicação à ciência, mais ou menos na mesma época, nós, no SRI, trabalhávamos com Price, onde fizemos nove experimentos formais de visão remota, usando o método duplo-cego, durante os quais, todos os dias, se pedia a Price para que descrevesse um lugar oculto, aleatoriamente escolhido, onde Hal Puthoff estava escondido. De um conjunto de sessenta localizações possíveis, Price, entre nove tentativas, acertou sete vezes logo na primeira tentativa. A probabilidade de que esse resultado fosse aleatório era de uma em cem mil! É como se Hal tivesse sido sequestrado nove vezes por terroristas e Pat tivesse conseguido encontrá-lo, logo na primeira vez que o procurasse, em sete das nove vezes.

Evidências estatísticas convincentes
para corroborar os eventos *psi*

Até o momento, descrevi várias percepções parapsíquicas extraordinárias: a visão de Swann do posto de escuta da NSA na Virgínia e seu desenho de uma ilha no Oceano Índico, bem como a descrição que Price fez da fábrica soviética de armamentos na Sibéria e sua localização do carro em que Patricia Hearst havia sido sequestrada. Descreverei agora novos experimentos que fizemos para confirmar a confiabilidade das descrições de Price. As descobertas extremamente importantes do ponto de vista estatístico que esses experimentos nos revelaram foram publicadas na revista *Nature*[3] e em *Proceedings of the Institute of Electrical and Electronics Engineers*.[4]

No protocolo experimental que estabelecemos no SRI, nosso diretor de laboratório e vice-presidente do SRI, Bart Cox, supervisionou todos os nossos primeiros experimentos. Sua equipe havia reunido em uma caixa sessenta fichas de arquivo, e em cada uma constava um lugar-alvo em algum ponto da área da Baía de San Francisco a mais ou menos meia hora de carro do SRI. Essas fichas ficavam no cofre de Cox. Depois que o sujeito da visão remota se encontrava devidamente confinado comigo, Cox usava uma calculadora eletrônica com um mecanismo gerador de números aleatórios para escolher um dos lugares-alvo. Em seguida, ele se dirigia para o lugar-alvo, geralmente com Hal Puthoff.

Como não dirijo, era eu que quase sempre ficava com os sujeitos do experimento de visão remota em nosso compartimento eletricamente blindado, trabalhando com eles como entrevistador ou facilitador a fim de criar uma descrição do local que estava sendo visitado pelos viajantes. Eu me via como uma espécie de agente de viagens parapsíquico, cujo trabalho consistia em ajudar o vidente remoto a descrever suas imagens mentais do lugar onde Hal e Cox se encontravam. Depois que o vidente remoto tivesse descrito o alvo e que os viajantes tivessem retornado, todos nós íamos para o local em busca de *feedback*, de modo que o vidente tomasse conhecimento de quais partes de sua imagem mental haviam correspondido exatamente ao alvo.

Em um dos primeiros estudos formais, sentei-me com Price dentro da gaiola de Faraday eletricamente blindada, no segundo andar do Radio Physics Building do SRI. Enquanto isso, Hal e Bart foram para o escritório desse último no térreo e escolheram uma ficha de um conjunto de alvos de que eu não tinha conhecimento. (Como vimos depois, o alvo era um complexo de piscinas no Rinconada Park, em Palo Alto, cerca de oito quilômetros ao sul do SRI.)

Depois que os trinta minutos previstos haviam se esgotado, eu disse a Price que os viajantes provavelmente haviam chegado a seu destino. Como sempre, ele limpou os óculos com um lenço de linho branco, inclinou-se para trás na sua cadeira e fechou os olhos. Price começou então a descrever uma piscina circular de mais ou menos 30,5 metros de diâmetro. (Na verdade, a grande piscina do Rinconada Park tem 33,5 metros de diâmetro.) Ao lado dela, ele também viu uma piscina menor, retangular, de aproximadamente 18 metros por 24 metros. (Essa segunda piscina tem 23 por 30,5 metros.) Prosseguindo, ele descreveu um edifício de concreto — que correspondia ao vestiário de lajes de concreto do complexo de piscinas do Rinconada Park.

O desenho que Pat fez desse lugar é mostrado na Figura 3.5. Sua notável precisão foi um dos pontos altos do seu trabalho. Contudo, essa ilustração também mostra um dos problemas com que eventualmente precisamos lidar nos experimentos de visão remota. Tendo descrito o lugar-alvo com grande precisão física, Prince então me disse que, a julgar pelo que via, o alvo parecia ser uma "estação de purificação de água". Em seguida, desenhou alguns tanques de armazenamento de água inexistentes e colocou mecanismos giratórios em seu desenho das piscinas.

Portanto, apesar da precisão técnica de Pat, ele parecia ter-se enganado sobre a natureza geral do lugar, tendo em vista que, na verdade, tratava-se de um conjunto de piscinas públicas e não de uma estação de tratamento de água. Foi desse modo que entendi a situação ao longo de vinte anos. Contudo, em 16 de março de 1994, recebi o Relatório Anual da cidade de Palo Alto, que comemorava seu centenário. Na página 22 do relatório, fiquei abismado ao ler que "em 1913, um novo sistema de abastecimento e tratamento de água fora construído no local atualmente ocupado pelo Rinconada Park". A foto da Figura 3.6 mostra esses dois reservatórios de água exatamente no lugar em que Price os havia desenhado! O Rinconada Park só havia substituído a estação de tratamento de água em 1922.

Durante anos, acreditamos que Price simplesmente tinha cometido um erro ao desenhar uma estação de tratamento de água e dois reservatórios. Na verdade, ele havia feito seu olhar retroceder sessenta anos no tempo e nos mostrara o que havia ali antes da construção do complexo de piscinas! Esse resultado espantoso demonstrou que a mente não local não só é capaz de viajar através do mundo tridimensional, mas também consegue transpor as barreiras da quarta dimensão — o *tempo*. E também aprendemos que, na localização de alvos por

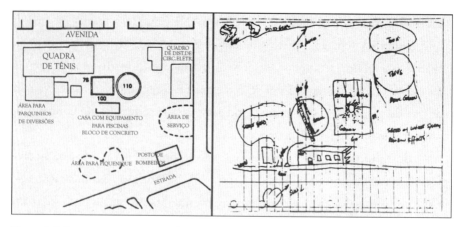

Figura 3.5. Impressão parapsíquica de Pat Price do Rinconada Park, em Palo Alto, 1974. O desenho dele (em papel quadriculado) é mostrado à direita. O mapa da cidade está à esquerda.

Figura 3.6. Os reservatórios de água na parte superior do desenho de Pat Price estavam, de fato, no lugar em que ele os indicara, *mas não nos últimos 52 anos!*

visão remota, é preciso especificar não somente o lugar-alvo a ser observado, mas também o referencial temporal associado a esse lugar-alvo.

Fizemos nove testes como este que acabei de descrever. Eles foram então formalmente avaliados pelo dr. Arthur Hastings, um experiente avaliador de conteúdo semântico que também era professor de psicologia — e que não pertencia à equipe do SRI — e atualmente é coordenador setorial do Institute of Transpersonal Psychology em Palo Alto. Ele recebeu todas as nove transcrições de Price com os desenhos, quando houvesse. Por sua vez, Hastings foi a cada um dos lugares-alvo e classificou as transcrições, atribuindo "1" para a transcrição e o desenho que "batiam" melhor com o lugar-alvo e "9" para a pior correspondência. Por exemplo, se Hastings estivesse de pé em um estaleiro cheio de pequenos barcos, ele atribuiria "1" a Price se sua transcrição mencionasse um estaleiro cheio de pequenos barcos, e assim por diante. Para que Hastings pudesse estabelecer a correspondência com os alvos corretos, ele contava exclusivamente com as narrativas apresentadas nas transcrições de Price. Contudo, pelo fato de as transcrições de Price serem muito detalhadas, a tarefa de Hastings não era difícil. Portanto, ele conseguia estabelecer uma correspondência às cegas para todas as transcrições — avaliando sete entre nove delas com "1", indicando assim alto grau de precisão na correspondência. Além disso, Price havia especificado o nome do estaleiro de barcos, o Baylands Nature Preserve, e a Hoover Tower no *campus* da Stanford University.

Devo dizer que, na verdade, Pat tinha visto remotamente a Marina Redwood City meia hora *antes* de os viajantes estarem nas imediações daquele destino aquático, que ficava 24 quilômetros ao norte do SRI na Baía de San Francisco. Na verdade, bem pouco tempo depois de Cox e Puthoff terem deixado o Radio Physics Laboratory e se dirigido para seu carro, Price havia se voltado para mim, no laboratório, e dito: "Não precisamos esperar por eles para saber que rumo tomarão. Posso dizer a você agora mesmo onde é que eles vão estar. Depois, poderemos tomar um café"! Eu lhe disse que, se quisesse, poderia fazer essa tentativa. A resposta de Price foi: "Eles foram naquela direção", e apontou para o norte, o que estava certo. "Eles estão de pé em algum tipo de estaleiro ou marina [...] grande número de pequenos barcos. Alguns têm os mastros abaixados e as velas enroladas. Sinto o cheiro da brisa marinha. [...]" Uma hora depois, estávamos todos de pé, no cais, observando exatamente o que Price havia descrito precognitivamente.

As chances de identificar corretamente sete entre nove locais com alto grau de precisão por meio de visão remota (onde cada alvo é usado uma única vez) são de três em 100 mil. Apresento a distribuição das classificações na Tabela 1. Isto é, você precisaria fazer um experimento como esses 100 mil vezes para obter uma correspondência tão boa quanto a que tivemos com Pat Price.

Local-Alvo	Distância (km)	Classificação da Transcrição Associada
Hoover Tower, Stanford University	3,4	1
Baylands Nature Preserve, Palo Alto	6,4	1
Radiotelescópio, Portola Valley	6,4	1
Marina, Redwood City	6,8	1
Pedágio da Ponte de Fremont	14,5	6
Cinema ao Ar Livre, Palo Alto	5,1	1
Praça das Artes e Ofícios, Menlo Park	1,9	1
Igreja Católica, Portola Valley	8,5	3
Complexo de Piscinas, Palo Alto	3,4	1
Soma total das classificações		16 ($p = 2,9 \times 10^{-5}$)

Tabela 1. Distribuição das classificações atribuídas às transcrições associadas a cada local-alvo para o exímio vidente remoto Pat Price.

Ao morrer, em 1975, Pat Price tinha 57 anos. Dois anos depois, o almirante Stansfield Turner, então diretor da CIA, deu uma entrevista sobre seu encontro com um extraordinário policial dotado de habilidades paranormais que, ao que tudo indica, era Pat Price. O almirante assim se manifestou ao *Chicago Tribune*:

WASHINGTON: Em 1975, a CIA financiou um programa para desenvolver um novo tipo de agente que poderia ser verdadeiramente chamado de "fantasma", revelou o diretor Stansfield Turner.

O diretor da CIA afirmou que a agência havia descoberto um homem que podia "ver" o que estava acontecendo em qualquer parte do mundo por meio de seus poderes psíquicos.

Turner disse que os cientistas da CIA precisavam apenas mostrar a esse homem a imagem de determinado lugar para que ele descrevesse qualquer atividade que estivesse ocorrendo ali naquele momento.

O lacônico diretor da CIA não revelou quão preciso era aquele "fantasma", mas disse que a agência interrompeu o projeto em 1975.

"Ele morreu", disse Turner, "e desde então nunca mais ouvimos falar dele."[5]

No próximo capítulo descreverei nossas aventuras com Hella Hammid, que eu introduzi no programa como sujeito de controle porque ela nos garantiu que era amadora, sem nenhuma experiência anterior com visão remota. No entanto, em uma série experimental de testes de visão remota como os que acabei de descrever, ficou evidente que ela conseguia obter uma significância estatística ainda maior que a de Price. Ela também desempenhou uma série espantosa de eventos precognitivos.

O mundo de nossa experiência dos sentidos é compreensível.
Mas o fato de ele ser compreensível é um milagre.
— Albert Einstein

Nenhum aspecto da física foi comprometido pela escrita deste livro.
— Russell Targ

4
Hella Hammid:

A Fotógrafa da Revista *Life* que se Tornou nossa Sensitiva mais Confiável

Como pesquisador de fenômenos *psi*, tive a boa sorte de poder contar com uma culta e encantadora mulher como minha cúmplice sensitiva. O grande sucesso do SRI com Pat Price e Ingo Swann levou nossos patrocinadores governamentais a nos pedir para encontrar alguém que não fosse um sensitivo experiente. Eles queriam um "sujeito de controle". "O que uma pessoa comum pode fazer?", perguntaram eles.

Escolhi a fotógrafa Hella Hammid, cujas paixões eram o vidro azul-cobalto, a beleza no mundo e seu famoso suflê de creme de ovos. Como ela havia passado a maior parte da vida olhando para o mundo através do visor de sua câmera Leica, para ela o fato de tornar-se uma consumada vidente remota era uma extensão totalmente apropriada da orientação visual de sua existência. Hella era uma amiga de longa data de Nova York, e ela me garantiu que não tinha nenhuma experiência *psi* anterior, embora o desafio a deixasse muito estimulada. E foi assim que, em 1974, Hella veio trabalhar conosco no SRI, onde atuaria como "controle". E apesar — ou, quem sabe, por causa — disso, ela se tornou nossa mais confiável vidente remota por quase uma década. Hella saiu do programa quando eu também saí, em 1982, e retomou sua carreira de fotógrafa extremamente bem-sucedida em Los Angeles.

Hella nasceu em Frankfurt em 1921 e veio da França para os Estados Unidos em 1938, junto com inúmeros outros judeus que estavam fugindo dos nazistas. Desde a década de 1950, foi fotógrafa retratista e colaborou regularmente com a revista *Life*. Depois, na década de 1970, ela começou sua carreira conosco, como uma *superstar* parapsíquica. Ela achava esse rótulo engraçadíssimo porque, tanto naquela época como hoje, nem ela nem nós fazíamos a menor ideia de como os fenômenos *psi* funcionavam.

As pessoas gostavam muito de Hella no SRI porque seu calor humano e sua graça impregnavam todo o laboratório. Hella morreu em Los Angeles, na noite de 1º de maio de 1992 – o terceiro dia dos distúrbios de rua provocados pela agressão feita por policiais ao taxista Rodney King, pelos quais sua casa passou incólume. Sinto falta dela, e ela não sai dos meus pensamentos enquanto prossigo com os trabalhos que costumávamos fazer juntos. Ela era encantadora e muito perspicaz, como o leitor pode imaginar ao vê-la na Figura 4.1, em uma foto de 1980 em que ela aparece ao lado de Ingo Swann.

Figura 4.1. A fotógrafa Hella Hammid (à direita) e o artista Ingo Swann.

Como eu disse, Pat Price e Ingo Swann já tinham experiência com o universo parapsíquico muito antes de irem para o SRI, mas Hella e eu tivemos de descobrir tudo sozinhos, desde o primeiro momento. Pat e Ingo haviam sido sensitivos desde a infância e não precisavam de nenhuma instrução; eram eles que nos instruíam.

No teste inicial da primeira série formal com Hella, lembro-me de estar sentado no chão do nosso laboratório quando minha amiga, bem acomodada em um sofá, de repente me perguntou: "E agora, o que é que eu faço?". Como de costume, meu parceiro Hal Puthoff já havia se dirigido para um lugar-alvo desconhecido, e nossa tarefa seria descobrir onde ele se escondera. Ou, para ser mais exato, qual seria o aspecto desse lugar. Naquele momento, eu não soube exatamente o que dizer a Hella para fazer, mas agora consigo descrever o processo.

Essa foi a primeira visão remota de Hella. Eu lhe disse para fechar os olhos e relaxar. Depois, lembrei a ela que "Hal está agora em algum lugar interessante da área da Baía". Claro que eu não tinha a menor ideia do lugar para onde Hal tinha se dirigido. Pedi a Hella: "Diga-me algo sobre suas sensações acerca do lugar em que Hal está neste momento".

Ela disse: "Estou vendo muito movimento. Alguma coisa está se movendo muito rapidamente". E ela fez o pequeno esboço com o número um, como se pode ver na Figura 4.2 a seguir.

Respondi: "Muito bem", como sempre faço quando vejo um primeiro esboço. Uma pequena dose de *feedback* positivo não faz mal a ninguém.

Depois, fizemos um breve intervalo para permitir que imagens totalmente novas surgissem na consciência dela. Então, pedi-lhe para olhar novamente e tentar descobrir se algo novo havia aparecido na sua tela mental. Sua segunda observação parapsíquica revelava, como ela disse, "uma espécie de vala suspensa no ar. Mas está cheia de buracos, o que impede que se ponha água nela".

Achei que isso parecia promissor. Depois de mais um pequeno intervalo, perguntei a Hella: "Se você se colocar de pé no lugar onde Hal está, o que consegue ver?".

Depois de uma longa pausa, ela disse: "Vejo quadrados dentro de quadrados dentro de quadrados".

Pedi-lhe para desenhar isso. A sessão toda levou cerca de quinze minutos. Mais tarde, o avaliador não teve nenhum problema para identificar o desenho de Hella, com quadrados aninhados, com as molduras metálicas sucessivas da passagem elevada, ou passarela de pedestres onde Hal ficara andando para a frente e para trás durante nossa sessão, observando os carros que passavam pela rodovia com oito pistas logo abaixo.

Desde que deixei o programa do SRI, estive com centenas de aspirantes à atividade de vidente remoto, todos os quais queriam saber: "E agora, o que é que eu faço?". Hoje, porém, sei como responder a perguntas desse tipo. Um

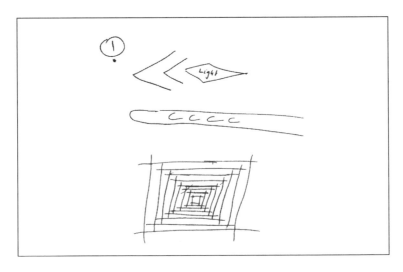

Figura 4.2. Desenho de Hella Hammid de sua primeira visão remota em uma série de nove. Ela descreveu "uma espécie de vala suspensa no ar" e viu "quadrados dentro de quadrados dentro de quadrados".

Figura 4.3. A passarela de pedestres, o local-alvo por onde Hal Puthoff estava caminhando quando Hella fez seu esboço.

shibboleth é um tipo de senha linguística [mas também um princípio, comportamento ou opinião] que geralmente contém informações secretas, do conhecimento exclusivo dos membros de determinado grupo ou clã. No mesmo sentido, embora haja muitas maneiras de iniciar uma sessão de visão remota, parece-me que algumas palavras específicas funcionam muito melhor do que outras. Por exemplo, nunca peço a uma pessoa para *dar nome* a um alvo ou objeto. Essa tarefa é impossível para videntes remotos inexperientes. Eles não conseguem analisar ou nomear nada corretamente em seus experimentos de visão remota. Em vez disso, o melhor a fazer é pedir que eles digam a você o que estão *vivenciando – o que veem em sua tela mental*. Se você pedir a videntes inexperientes para que descrevam ou lhe digam algo sobre um lugar distante onde alguém está escondido, dificilmente eles saberão como começar. Porém, se você lhes pedir para descrever as imagens surpreendentes que pipocam subitamente em sua percepção interior, eles saberão onde buscar a informação. Peço aos videntes remotos que me digam o que estão vivenciando em relação ao lugar em que se esconde a pessoa que se separou de nós. Em geral, eu peço: "Tenho um local-alvo, ou um objeto, que precisa de uma descrição". A ideia é que o vidente remoto *já saiba* a resposta. Tudo o que o entrevistador está tentando fazer é obter uma informação que, oriunda do subconsciente da pessoa que experimenta a visão remota, será então transferida para o papel ou o gravador.

Hella ensinou-me muito daquilo que compreendi sobre o processo de ensinar visão remota. Durante seus nove testes em que a visão remota lhe permitiu observar alvos geográficos distantes, ela alcançou uma significância estatística de quase um em um milhão de que suas impressões poderiam ter ocorrido aleatoriamente, um sucesso ainda maior do que aquele obtido por Price em uma série semelhante. Nesses nove testes feitos com o método duplo-cego e tendo como alvo lugares ao ar livre, Hella obteve cinco acertos na primeira tentativa e quatro na segunda. Os resultados de Hella e Pat foram publicados na edição de março de 1976 do periódico *Proceedings of the IEEE*, estimulando replicações bem-sucedidas na Princeton University e em universidades na Rússia, na Holanda e na Escócia. No total, por volta de 1982, quando computamos as replicações bem-sucedidas para registrá-las em meu livro *The Mind Race: Understanding and Using Psychic Abilities*, já havia 15 delas.

Só para pôr esses números em perspectiva, podemos lembrar que Joltin' Joe DiMaggio conseguiu menos de uma "rebatida de base" (*base hit*) em cada três rebatidas (relação entre o número de batidas e o número de jogadas em que, em seus anos de atuação profissional, DiMaggio atingiu a primeira base sem falta do contendor: 0,325). O fato de ele não ter conseguido acertar um lance em duas de três rebatidas não compromete sua maestria de grande rebatedor. Até mesmo no caso de Joe, precisamos verificar os dados estatísticos. Da mesma maneira, poderíamos dizer que Pat Price conseguiu um *home run** em sete das nove vezes em que foi ao bastão em nosso experimento e errou nas duas outras vezes. Hella Hammid foi bem-sucedida em cinco das nove vezes em que foi ao bastão, e fez uma rebatida tripla nas outras quatro vezes! Eis o motivo pelo qual sua significância estatística é um pouco maior que a de Pat. Mas eu ficaria muito feliz se pudesse contar com qualquer um deles na minha equipe.

A Tabela 2 mostra a distribuição das pontuações obtidas por Hella nas nove séries de tentativas. Seus cinco acertos na primeira tentativa e os quatro na segunda lhe deram um total de 13 pontos. Price, por sua vez, conseguiu sete acertos logo na primeira tentativa, juntamente com um na sexta e um na terceira, totalizando 16 pontos. Nesse jogo, a pontuação perfeita seria de nove, indicando nove acertos na primeira tentativa.

Local-Alvo	Distância (km)	Classificação da Transcrição Associada
Igreja Metodista, Palo Alto	1,9	1
Auditório Ness, Menlo Park	0,2	1
Gira-gira, Palo Alto	3,4	1
Garagem de estacionamento, vista da montanha	8,1	2
Pátio Internacional do SRI, Menlo Park	0,2	1
Bicicletário, Menlo Park	0,1	2
Passagem para pedestres sobre linha férrea, Palo Alto	1,3	2
Pumpkin patch**, Menlo Park	1,3	1
Passarela de pedestres, Palo Alto	5,0	2
Soma total das classificações		13 ($p = 1,8 \times 10^{-6}$)

Tabela 2. Distribuição de classificações associadas a cada local-alvo escolhido para Hella Hammid.

---

* Rebatida tão forte que faz com que a bola saia do campo; em sua essência, porém, o *home run* acontece quando o rebatedor consegue percorrer as quatro bases de uma só vez em lance único. (N.T.)

** *Pumpkin patch* é uma espécie de fazenda onde se vendem abóboras para o *Halloween*. (N.T.)

Fizemos vários estudos formais sucessivos nos quais Hella descreveu com precisão objetos domésticos de tamanho médio, escondidos em caixas de madeira, pequenos objetos exóticos escondidos em latas de alumínio para filme, e até mesmo alvos microscópicos do tamanho de um microponto, como aqueles usados por espiões para ocultar mensagens em cartas. Todas essas visões foram cuidadosamente avaliadas e constatou-se que também eram significativas do ponto de vista estatístico. No fim das contas, portanto, nosso sujeito de controle tornou-se nosso vidente remoto do SRI com maior número de publicações a respeito de suas capacidades.

Hella era uma vidente remota cuidadosa, no sentido de que não acrescentava às suas descrições nada além do que realmente via parapsiquicamente. Pat Price, ao contrário, chegava a extremos em seu fornecimento de descrições extremamente detalhadas de lugares-alvo. Em geral, suas descrições eram corretas, mas às vezes eram totalmente equivocadas, o que explica por que Hella obteve um resultado estatístico ligeiramente melhor do que Pat em nossos experimentos formais ou em locais externos (isto é, com pessoas atuando como "sinalizadores" [beacon persons]). Contudo, não diríamos que um vidente remoto tinha mais capacidades paranormais do que o outro. Em vez disso, diríamos que eles possuíam estilos diferentes. Se um terrorista tivesse colocado uma bomba em algum ponto da cidade, eu provavelmente chamaria Pat para tentar encontrá-la. Se eu tivesse perdido minhas chaves em algum lugar da casa, chamaria Hella para dizer atrás de qual peça do mobiliário elas haviam caído.

Objetos em latas de alumínio para filmes

Em nossa pesquisa sobre a extensão e o alcance da visão remota, pedíamos a Hella que descrevesse o aspecto de alguns pequenos objetos escondidos. Queríamos saber se era possível descrever a cor e a forma de um objeto dentro de uma lata de alumínio para filmes de 35 mm. Uma vez que não há luz no interior de tais latas, estávamos interessados na percepção de um objeto colorido no qual a cor não estivesse visível. Uma vez mais, nesses experimentos usamos o método duplo-cego. Eu não conhecia o conteúdo de nenhuma das dez latas usadas como alvos. Em nosso experimento, duas vezes ao dia durante cinco dias, Hal

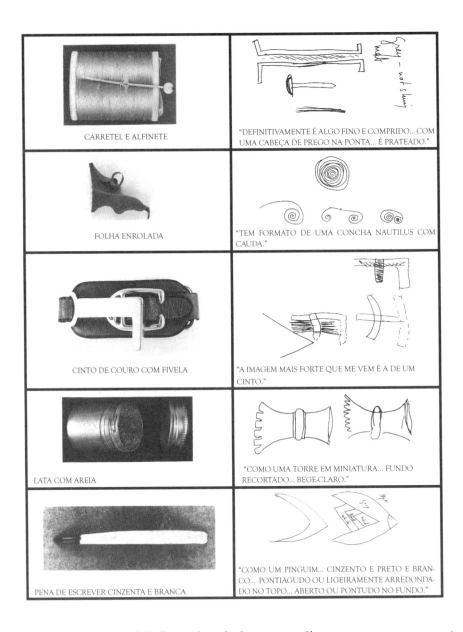

Figura 4.4. Experimento de Hella com latas de alumínio para filme, com quatro acertos na primeira tentativa. Os objetos-alvo em recipientes de metal estão do lado esquerdo. As legendas abaixo de seus desenhos à direita são seus primeiros comentários sobre suas impressões parapsíquicas.

escolhia aleatoriamente uma lata lacrada e levava-a para o parque pela rua que partia de nosso laboratório. Enquanto isso, em um laboratório sem janelas no segundo andar eu fazia perguntas a Hella a respeito de suas impressões parapsíquicas sobre o conteúdo da lata naquela ocasião específica — ou sobre *o que ela veria no futuro*, dali a meia hora, quando abrisse a lata no laboratório. (É importante observar que Hella sempre estivera familiarizada com essas latas de alumínio para filmes, que eram objetos amistosos para ela.)

Quando o alvo usado foi um carretel com linha e um alfinete com cabeça, Hella fez o desenho mostrado na parte superior da Figura 4.4 e descreveu "um prego com cabeça, longo, fino e prateado". Quando o objeto usado foi uma folha retorcida, ela desenhou espirais e mencionou algo em "forma de concha de náutilo". Quando usamos um "cinto" com fivela, ela achou surpreendente que fosse possível colocar um "cinto" dentro de uma lata para filmes. Várias dessas tentativas foram filmadas ao vivo pela BBC, para seu documentário *The Case of E.S.P.*, que incluía um grande segmento sobre nossas pesquisas. (Em retrospecto, acho que uma lata cheia de areia — um dos alvos — era uma opção medíocre para um teste de visão remota, uma vez que não tem nenhuma forma além da lata no interior da qual se encontra. Sem dúvida, porém, quem escolhia os alvos não era eu.) A Figura 4.4 mostra as primeiras cinco latas e seu conteúdo. Na avaliação às cegas, Hella teve quatro acertos logo na primeira tentativa e um acerto na segunda. Com esse experimento, aprendemos que um vidente remoto pode ver parapsiquicamente um objeto do tamanho de um *alfinete* a uma distância de quatrocentos metros — mesmo que ele esteja dentro de uma lata à prova de luz e eletricamente blindada.

Experimentos de precognição

Em física, consideramos que se um fenômeno não é proibido pelas equações e princípios conhecidos, então seu aparecimento é obrigatório. Isto é, supomos que, mais cedo ou mais tarde, todas as coisas que não estejam fora do domínio das possibilidades acabarão por ocorrer. Por conseguinte, como Hal e eu às vezes constatamos que nossos videntes remotos estavam descrevendo alvos com precisão *antes* que eles fossem escolhidos, concluímos que esse elemento precognitivo da visão remota deveria ser formalmente investigado. Estávamos todos perfeitamente conscientes de que a primeira experiência da maioria das pessoas com fenômenos paranormais provém de seus sonhos precognitivos.

Além disso, considero a precognição como um importante componente dos fenômenos paranormais. Tenho com frequência esse tipo surpreendentemente preciso de sonhos. Contudo, tendo em vista que o público deste livro inclui o cético que não acredita na PES, qualquer descrição dos meus sonhos pessoalmente estimulantes não terá mais importância do que minha última viagem com LSD. Descrevo meus sonhos em minha autobiografia, *Do You See What I See: Memoirs of a Blind Biker*. No presente livro, portanto, vamos nos ater aos dados objetivos.

Nos experimentos formais de precognição que fizemos com Hella no SRI, nós a instruímos a descrever o lugar onde Hal estava escondido meia hora *antes* de tal lugar ser aleatoriamente escolhido. Na Tabela 3 mais adiante, mostro a ordem em que realizamos cada fase de nossos experimentos com ela. Hal e eu estávamos vivendo em uma espécie de bolha parapsíquica naqueles primeiros anos do nosso programa no SRI. O que quero dizer é que quase todos os testes de visão remota que fazíamos tinha um resultado satisfatório. Quando apresentamos pela primeira vez nossos resultados de visão remota à Parapsychological Association (PA) na reunião anual em Santa Barbara, em 1975, as pessoas pensaram que estivéssemos mentindo a respeito de nossos dados. Ninguém, no ambiente de pesquisa parapsicológica acadêmica do tipo da que vínhamos fazendo, jamais havia visto tamanha consistência de resultados altamente significativos: primeiro, estávamos trabalhando com videntes remotos altamente talentosos, e não com alunos de psicologia. Além disso, pedíamos a eles que realizassem uma tarefa que correspondia às formas mais prontamente manifestas de funcionamento parapsíquico em comparação com o que acontece na adivinhação de cartas de baralho. Por último, mantínhamos uma excelente relação com nossos videntes remotos. Eles achavam que faziam parte de nosso grupo de pesquisa, o qual estaria revelando os segredos do universo, em vez de serem tratados como ratos paranormais correndo por labirintos – como os sujeitos dos experimentos de PES geralmente se sentem diante de uma atitude muito comum dos experimentadores: "O que vamos fazer para que esses vigaristas não nos trapaceiem?'". Na reunião de 1992 da Parapsychological Association, assisti à apresentação de um trabalho que examinava exatamente esse tema.

No que diz respeito à nossa bolha parapsíquica, em 1975 havíamos acabado de submeter um extenso texto seria aceito à apreciação do *Proceedings of the Institute of Electrical and Electronic Engineers* (IEEE). Depois de longas negociações, parecia que nosso texto para publicação nesse periódico científico altamente prestigioso. Para alcançar esse objetivo, tudo o que precisávamos fazer era mostrar ao editor do periódico, dr. Robert Lucky (não estou brincando!), um cientista sênior do Bell Laboratories, como fazer uma pequena série de demonstrações de visão remota com engenheiros elétricos em seu laboratório de Murray Hill. Hal e eu descrevemos para ele o nosso protocolo em detalhes e visitamos seu laboratório para tentar despertar o entusiasmo da equipe de engenheiros. Para reproduzir nosso experimento, ele escolheu um vidente remoto e um entrevistador do seu departamento de pesquisa. Depois, ele saiu para se esconder em todos os cinco dias, no horário de almoço, em que a equipe vidente/entrevistador tentava descrever onde ele estava e o que estava fazendo. No fim daquela semana, a equipe escolheu aleatoriamente e com cuidado suas cinco transcrições e colocou cada uma em um envelope. (Como se tratava de engenheiros elétricos, eles eram plenamente capazes de randomizar envelopes.) Em seguida, durante o fim de semana, Lucky visitava cada um dos lugares onde havia almoçado e tentava encontrar correspondências entre as transcrições dos videntes remotos e os lugares que havia revisitado. Depois de muito esforço mental, ele terminou o trabalho e entregou o conjunto das correspondências que tentara encontrar. Ficou agradavelmente surpreso ao descobrir que *todas combinavam corretamente* — a probabilidade de que os acertos fossem aleatórios é menor do que um em cem. Esse é um dado estatístico realmente assombroso obtido com apenas cinco tentativas, semelhante à ocorrência, em um lançamento de moedas, de uma sequência de oito caras ou coroas consecutivamente obtidas. Ficamos ainda mais satisfeitos quando ele nos telefonou para dizer que havíamos superado o último obstáculo à publicação de nosso trabalho. Havíamos até removido o obstáculo de um revisor cético que, na época, era diretor de pesquisa da Hewlett Packard. Na primeira página de nosso texto, ele havia escrito uma observação que continua famosa até hoje: "Esse é o tipo de coisa na qual eu não acreditaria nem que fosse verdadeira".

Mas, voltando ao experimento de precognição de Hella: Hal e eu queríamos reduzir a quantidade de tempo que teríamos de despender e, ao mesmo tempo, incluir uma série de demonstrações de precognição estatisticamente significativa. Para um experimento atingir uma significância estatística mínima, é preciso que ele obtenha uma probabilidade de ocorrência pelo menos uma em vinte vezes maior do que poderia ser explicada como ocorrências aleatórias (0,05). Portanto, calculamos que se *todas* as transcrições de Hella fossem acertos obtidos logo na primeira tentativa, só teríamos de realizar quatro tentativas. O cálculo simples diz que qualquer um de quatro alvos vezes qualquer um de três vezes qualquer um de dois representa as 24 combinações possíveis. E 1 dividido por 24 (ou seja, 1 dividido pelo fatorial de 4) é igual a 0,04, que é menor do que a linha de demarcação 0,05 que limita o menor valor para a significância, ou seja, para um resultado significativo. Isto é, a probabilidade de que as quatro tentativas — sem recolocação das transcrições para o cálculo de cada nova tentativa — deem resultados corretos é igual a 1 em fatorial de 4 vezes, isto é, um dividido pelo fatorial de 4 (1 / 4!) = 0,04. O que poderia ser mais simples do que isso? Nosso pressuposto de que *todas as tentativas* estariam corretas é o que quero dizer quando me refiro ao fato de estarmos em uma bolha psíquica. Nenhum cientista sensato faria uma série dessas. A seguir, a Tabela 3 descreve nosso protocolo para o experimento de precognição.

Em nossos experimentos de visão remota precognitiva, a diversão começava quando Hal, o experimentador externo, voltava para o laboratório para se encontrar com o vidente remoto e o entrevistador — nesse caso, Hella e eu — que esperávamos ansiosamente por seu retorno. Hella já havia apresentado e gravado sua descrição do local do esconderijo de Hal meia hora *antes* de ele tê-lo escolhido. Recebíamos então o *feedback* que queríamos quando Hal voltava conosco até o local onde havia se escondido naquele dia.

Não vou deixar vocês esperando — todas as quatro tentativas foram bem-sucedidas, com acertos obtidos já na primeira tentativa. E devo dizer, novamente, que não foi uma tarefa difícil. Com esse resultado extraordinário, sentimos — depois de um longo e profundo exame de consciência — que seria

Cronograma	Atividade do experimentador e do sujeito do experimento
10h00	O experimentador externo sai com dez envelopes (contendo lugares-alvo) e com um gerador de números aleatórios; de carro, inicia um percurso de meia hora.
10h10	Os experimentadores que permanecem com o sujeito do experimento no laboratório obtêm dele uma descrição do lugar onde o experimentador externo estará entre 10h45 e 11h00.
10h25	É concluída a resposta do sujeito, momento em que se encerra a parte laboratorial do experimento.
10h30	O experimentador externo obtém um número aleatório por meio de um gerador de números aleatórios, apanha o envelope respectivo e segue para o local-alvo nele indicado.
10h45	O experimentador externo permanece no lugar-alvo durante quinze minutos (10h45-11h00).

Tabela 3. Protocolo Experimental para Experimentos de Visão Remota Precognitiva com Hella Hammid

perfeitamente apropriado incluir essa significativa (embora pequena) demonstração em nossas justificativas para publicação e por respeito ao IEEE. Apresento a seguir os comentários precognitivos de Hella a respeito da localização futura de Hal:

1. No Iate Clube de Palo Alto, um lugar sujo, desagradável e há muito tempo sem manutenção, Hella identificou em sua gravação (que levamos conosco ao local) "algum tipo de alcatrão congelado ou, talvez, uma área de lava condensada que exsudou e preencheu algum tipo de fronteira".
2. No jardim cercado do Stanford Hospital, ela disse: "Vejo algum tipo de jardim formal. Muito bem cuidado, por trás de uma dupla colunata".
3. Em um local para balanços no parque de diversões de Menlo Park, Hella registrou: "Vejo um triângulo de ferro negro sobre o qual Hal caminhou de alguma maneira. Ouço um rangido rítmico, que guincha uma vez por segundo, como um êmbolo enferrujado que precisa de lubrificação".
4. Quando usamos como alvo a Prefeitura de Palo Alto, ela descreveu "uma estrutura muito alta, localizada em meio às ruas da cidade e recoberta por vidro semelhante à Tiffany".

Quero enfatizar que cada palavra do resumo acima foi oralmente expressa por Hella *meia hora antes* de Hal ter escolhido seu alvo. Por razões que não compreendemos, essas quatro transcrições revelam uma precisão e uma coerência excepcionais. É como se Hella tivesse feito um esforço especial nesses testes, embora nossa interação tenha sido tão amigável e cordial como sempre. Com os resultados desse experimento, juntamente com os dados da pesquisa de Robert Jahn,[1] de Princeton, e outros, Hal e eu nos convencemos de que não há nenhum dado de nenhuma fonte que indique ser mais difícil descrever alvos *futuros* do que descrever alvos contemporâneos. Na verdade, os alvos futuros parecem um tanto mais fáceis! Esse é um dos motivos pelos quais chamamos a visão remota de capacidade *não local* (independente do espaço e do tempo). Discuto as bases físicas dessa hipótese no Capítulo 10.

SCANATE com coordenadas binárias

Depois de quase uma década de trabalho, as descrições de Hella tornaram-se cada vez mais escassas e precisas. Elas demonstravam o oposto de um efeito de declínio. Certo dia, fizemos um experimento no qual dissemos a ela que, em vez de colocar uma pessoa no lugar-alvo, usaríamos suas coordenadas geográficas. O entrevistador era o dr. Ed May, um físico que já trabalhava conosco havia muito tempo, e que passou a ela a localização do alvo em forma binária — com cada número para latitude e para longitude expressos em 1s e em 0s, em vez dos graus, minutos e segundos habituais. O que Hella viu foi uma ficha de arquivo que mostrava algo mais ou menos assim: 10010100110-N e 11001001101-O. Hella comentou: "Eis um padrão de aspecto interessante". Em seguida, fechou os olhos, deu um profundo suspiro (o que sempre era um sinal de boa informação *psi* para ela) e disse: "Vejo algum tipo de estrutura redonda". Ela riu e continuou: "Parece um expansor de energia em forma de umbigo. Dele saem quatro raios". Quando ouvimos a gravação em áudio depois do experimento, ficou claro que toda essa troca de informações iniciais demorou menos de cinco minutos.

Depois, Hella pediu um pouco de argila para fazer um modelo do que havia visto parapsiquicamente. Ela sentiu que esse novo material lhe ofereceria um

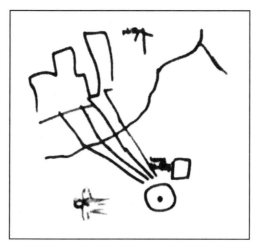

Figura 4.5. O desenho de Hella. Ela descreveu um "expansor de energia em forma de umbigo que emitia raios intensamente iluminados".

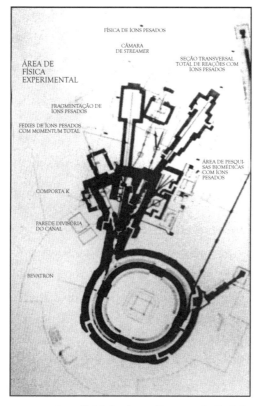

Figura 4.6. Diagrama esquemático oficial do alvo, o Bevatron de Berkeley, mostrando o acelerador circular e os tubos para os feixes de partículas.

Figura 4.7. Modelo em argila do alvo, o Bevatron de Berkeley, feito por Hella, mostrando o expansor de energia em forma de umbigo, os tubos para os feixes de partículas e o edifício-alvo.

modo suplementar de dar expressão ao que estava vivenciando. O alvo era o Bevatron de Berkeley da University of California — um acelerador de partículas constituído por um tubo oco e circular que é, de fato, um "expansor de energia" e tem quatro tubos por onde são direcionados os feixes de partículas que levam aos laboratórios experimentais, ou edifícios-alvo. As figuras 4.5 e 4.6 mostram a notável semelhança entre o desenho de Hella e as formas dos tubos para os feixes e do acelerador situado a 80,5 quilômetros de distância. A Figura 4.7 mostra o modelo em argila que ela esculpiu a partir das surpreendentes imagens que apareceram em sua percepção interior.

Com Hella, era comum vermos esse tipo de conexão quase mágica entre a função e a forma do lugar. Neste momento, ao escrever este relato trinta anos depois de o fato ter acontecido, fico um pouco preocupado com a excepcional semelhança funcional entre o modelo de argila, o desenho de Hella e o diagrama esquemático das instalações, feito pela universidade. Poder-se-ia imaginar que ela estava vivenciando parapsiquicamente seu processo de realimentação do diagrama esquemático, em vez de estar tendo uma visão remota do gigantesco emaranhado de tubos de concreto e aço que formam a máquina real, mas, ainda assim, sua PES é extraordinária.

No fim de uma década de estudo desse tipo de visão remota, comecei a pensar em Hella como nosso oráculo, que frequentemente dizia palavras às quais não atribuía nenhum significado particular. Certo dia, quando o alvo era o Acelerador Linear de Stanford, ela disse que estava vendo "tubos ou cilindros de metal polido. [...] Isso tem algo a ver com uma trajetória". Uma descrição dessas é totalmente apropriada como representação de um acelerador de elétrons. Tendo o inglês como seu terceiro idioma, eu jamais ouvira Hella dizer a palavra *trajectory* em nossos mais de quinze anos de amizade.

Hoje sabemos que um importante componente do sucesso de nossos experimentos com visão remota provém da relação entre o vidente remoto e o entrevistador — que atuam em conjunto como um grupo unificado coletor de informações. O papel do vidente remoto é o de receber informações e atuar como canal para elas. O papel do entrevistador é o de exercer um controle analítico — do meu ponto de vista, como já afirmei aqui, ele é uma espécie de agente de viagens parapsíquico. Meu primeiro trabalho consiste em ajudar o vidente remoto a silenciar a incessante "tagarelice mental" — ruído mental ou "mente de macaco", como dizem os budistas. Essa divisão de trabalho entre vidente e entrevistador reflete as duas modalidades básicas de funcionamento cerebral da maneira como as entendemos: respectivamente, o estilo de pensamento *não analítico*, que predomina no reconhecimento de padrões espaciais e em outro tipo de pensamento processual holístico que, conforme se imagina, é predominante no funcionamento *psi*, em contraste com o estilo cognitivo *analítico*, que caracteriza os processos de raciocínio verbal e outros processos de raciocínio orientados para metas. Só os videntes remotos muito experientes parecem ter a capacidade de lidar simultaneamente com esses dois estilos cognitivos. Esse funcionamento não analítico ou artístico é às vezes considerado como um indicador da atividade do "hemisfério direito" do cérebro. (Porém, não para nós, canhotos.)

Os exemplos descritos neste capítulo, em conjunto com os experimentos de precognição descritos anteriormente, oferecem fortes evidências de que cada um deles se situa no centro de um imenso sistema coordenado pessoal, como uma teia de aranha, na qual podemos ver em todas as direções e nos lembrar tanto do passado como do futuro, pois os fios do tempo continuam nos forçando a manifestar o futuro que, na verdade, iremos vivenciar. À medida que aprendemos a participar dessa percepção expandida do espaço e do tempo, do passado e do futuro, criamos a oportunidade de experimentar a transcendência descrita pelos místicos de todo o mundo.

O primeiro experimento conhecido de visão remota

Até onde sei, a primeira descrição de um experimento bem controlado de visão remota foi feita por Heródoto, no Livro Primeiro dos relatos desse historiador grego. O experimento que ele descreve — provavelmente o primeiro experimento controlado de qualquer tipo — foi realizado por Creso, rei da Lídia, em 550 a.C. Creso estava interessado em avaliar a precisão da meia dúzia de oráculos que haviam surgido na Grécia e regiões vizinhas, em decorrência do sucesso do Oráculo de Delfos. Graças a Heródoto, temos um relato detalhado do que então aconteceu.

Os rudimentos de informações acadêmicas que apresento a seguir foram estimulados por uma memorável visita que fiz a Delfos em 1982, quando visitei e conheci os Templos de Atena e de Apolo, locais onde ficava a pitonisa, e que são aqui mostrados na Figura 4.8. Aliás, você ainda pode visitar as ruínas inspiradoras do oráculo — até mesmo os templos devastados de Delfos oferecem uma experiência inesquecível.

Voltando, porém, ao rei ameaçado: Creso teve a sabedoria de perceber que corria perigo devido à atitude belicosa dos persas, que se tornavam mais poderosos a cada dia. Heródoto nos diz:

Com isso em mente, Creso resolveu testar imediatamente os vários oráculos da Grécia e um da Lídia. [...] Os mensageiros enviados com esse objetivo receberam as seguintes instruções: deviam contar os dias desde sua partida de Sardes e, calculando a partir desse dia, no centésimo dia, consultar os oráculos

Figura 4.8. Local do Oráculo de Delfos, mostrando o Templo de Atena (de pé) e as ruínas do Templo de Apolo, à esquerda. Depois de quase mil anos de funcionamento contínuo, o complexo dos templos foi destruído pelo imperador Constantino no século IV porque esses locais não eram cristãos.

e perguntar-lhes o que Creso, rei da Lídia, estava fazendo naquele momento. As respostas que lhes fossem dadas deviam ser-lhe trazidas por escrito.[2]

Naqueles tempos, havia o costume de que até mesmo as pitonisas que faziam profecias no Oráculo de Delfos, na Grécia antiga, deviam ter um entrevistador. Ao sentar-se em seu tripé no Templo de Apolo, o sacerdote faria a ela perguntas sobre as informações buscadas pelo consulente, quer esse fosse um mercador ou um rei desejoso de conhecer o futuro, como descreve o historiador C. W. Parke, de Oxford.[3] As divagações da pitonisa seriam então ordenadas e escritas em hexâmetros, que era a forma esperada pelo consulente — tudo muito semelhante ao que fazíamos no SRI, ao escrever um relatório sobre visão remota para a CIA.

Portanto, assim que os mensageiros do rei Creso entraram no santuário de Delfos e fizeram suas perguntas ao sacerdote, elas foram respondidas pela pitonisa (por meio do sacerdote) em hexâmetros, como apresento a seguir em tradução livre:

Posso contar os grãos de areia e medir os mares [que os mensageiros haviam cruzado para chegar ali];
Tenho ouvidos para o que diz o silencioso e sei o que o mudo está falando [os mensageiros não haviam dito nada à pitonisa].
Vejam! Meus sentidos foram atingidos pelo cheiro de uma tartaruga.
Que neste momento está sendo cozida em um caldeirão junto com a carne de um cordeiro –
É de bronze o recipiente sob eles, e é esse também o metal que os recobre.[4]

Os mensageiros lídios escreveram essas palavras enquanto a pitonisa descrevia sua visão. Em seguida, partiram de volta para Sardes. Heródoto prossegue:

Quando os mensageiros voltaram com as respostas que tinham obtido, Creso desenrolou os pergaminhos e leu o que estava escrito em cada um. Mal havia terminado a leitura, o rei declarou que o oráculo de Delfos era o único verdadeiro. Isso porque, depois da partida dos emissários, ele se pôs a pensar em qual seria a coisa mais impossível de adivinhar que um rei estivesse fazendo, e então, à espera do dia indicado, fez o que havia decidido. Pegou uma tartaruga e um cordeiro e, cortando-os em pedaços com as próprias mãos, cozinhou-os juntos num caldeirão de bronze cuja tampa fora feita do mesmo metal.

Creso ficou impressionadíssimo com esse resultado. Seu agradecimento aos deuses e ao Oráculo deu-se em forma de um enorme sacrifício de 117 grandes lingotes de ouro sobre os quais mandou colocar um leão igualmente de ouro.[5]

Segundo o historiador Parke, de Oxford, esses 117 lingotes de ouro pesavam cerca de 259 kg, e ele nos assegura de que Heródoto realmente viu esses presentes. Avalio que seu valor atual, em dólares norte-americanos de 2010, seja superior a US$ 10 milhões. Parke afirma que "os estudiosos modernos tendem às vezes a adotar uma posição cética acerca desses tesouros. Contudo, a veracidade e a precisão deles segundo Heródoto não podem ser seriamente questionadas".[6]

Creso então retornou ao oráculo para perguntar sobre uma guerra que parecia iminente entre seu país e a Pérsia. Foi nessa ocasião que ele recebeu uma resposta famosa por sua ambiguidade: "Um grande reino será perdido". Creso não se deu conta de que esse reino seria o dele.

Não há lugar para o dogma na ciência. O cientista é livre para fazer qualquer pergunta, procurar qualquer comprovação, corrigir qualquer erro. No passado, sempre que a ciência foi usada para instituir um novo dogmatismo, esse dogmatismo mostrou-se incompatível com o progresso da ciência e, no final, o dogma capitulou ou a ciência e a liberdade pereceram juntas.
— J. Robert Oppenheimer

5

O Programa da NASA para uma Máquina de Ensinar PES e Realizar a Comunicação a Distância por meio de Ondas Cerebrais

Finalmente, entre março e junho de 1974 – e já não era sem tempo – recebemos um contrato da NASA, chamado de "Desenvolvimento de Técnicas para Aperfeiçoar a Comunicação Homem/Máquina".[1] A CIA vinha nos dando verbas intermitentes para fazermos alguns trabalhos, mas as quantias nem chegavam perto de algo que o SRI considerava um verdadeiro programa. Também tínhamos financiamentos importantes, porém pequenos, de fundações privadas como a Werner Erhard's EST Foundation e o Institute of Noetic Sciences, além de uma doação que nos foi feita por Richard Bach – depois de ele ter tido uma experiência bem-sucedida de visão remota de uma grande e complexa igreja enquanto estava no nosso laboratório no SRI. O programa da NASA, porém, foi o primeiro que a administração do SRI considerou como um verdadeiro apoio.

Esse programa em duas partes baseava-se fundamentalmente na máquina de quatro opções para ensinar PES que eu havia desenvolvido e que oferecia *feedback*, reforço e a opção de se recusar a responder, ou PASSAR. Era semelhante à máquina que eu havia mostrado a Wernher von Braun e a administradores da NASA dois anos antes, na ilha de St. Simons. A outra proposta de pesquisa que eu havia descrito na época tinha por base um artigo publicado no periódico *Science* em 1965. Esse trabalho apresentava um extraordinário experimento com eletroencefalogramas, mostrando que, quando *flashes* de luz atingiam os olhos de um gêmeo idêntico, o irmão dele, em um aposento distante e eletricamente blindado, apresentava uma mudança sincronizada em suas ondas cerebrais. O artigo tinha um título instigante: "Extrasensory Electro-encephalographic Induction between Identical Twins" [Indução Eletroencefalográfica Extrassensorial entre Gêmeos Idênticos].[2]

Em nosso programa da NASA com a máquina de ensinar PES, nossos participantes aprendiam a reconhecer uma "sensibilidade parapsíquica singular" sempre que obtinham uma resposta *correta*, que era indicada pelo soar de uma simpática campainha e pela iluminação do botão sob o dedo das pessoas em questão. Se elas pressionassem o botão *errado*, algum o botão *correto* se acenderia e nenhuma campainha soaria. Trabalhando com 147 sujeitos de pesquisa durante um ano no SRI, descobrimos que oito dessas pessoas demonstraram uma aprendizagem estatisticamente significativa. Seis entre essas oito eram extremamente significativas, pois para *cada* uma delas a probabilidade de que esse aprendizado fosse ao acaso era de cem para um. A probabilidade de encontrar esse alto nível de melhoramento a partir de 147 aprendizes é de três em mil. (Só esperaríamos que, aleatoriamente, teríamos apenas um ou dois no nível de significância de 0,01.) Concluímos que *as capacidades de PES poderiam ser aperfeiçoadas por meio de realimentação e reforço*, exatamente como havíamos esperado e proposto.

O treinador de PES oferecia realimentação multissensorial, reforço e uma oportunidade de PASSAR, atendendo a todas as exigências necessárias ao aprendizado dessa habilidade. Desse modo, por meio da prática, nossa máquina de ensinar PES melhorava a capacidade de os participantes reconhecerem suas impressões intuitivas. Deixem-me explicar: quatro quadrados coloridos são apresentados ao usuário. Para cada tentativa, um quadrado (um botão de pressão) era selecionado aleatoriamente pelo treinador de PES. A tarefa consiste em escolher o quadrado correto. O treinador permite que a pessoa se conscientize da sensação que lhe advém quando ela escolhe parapsiquicamente o quadrado correto, oferecendo-lhe *feedback* e reforço auditivo e visual. Quando um usuário não tem essa sensação especial, nós o incentivamos a pressionar o botão PASSAR. *Este não é, portanto, um teste de "escolha forçada"*, apesar do fato de a máquina de ensinar PES oferecer apenas quatro alvos possíveis.

Uma descoberta estimulante foi a de que nenhum dos 147 voluntários mostrou um declínio sistemático em sua pontuação. Isto é, nenhum mostrou um declínio significativo, como geralmente acontece nos experimentos de adivinhação de cartas de baralho. Seria de se esperar quatro aumentos e quatro quedas aleatórias, quando na verdade encontramos oito aumentos significativos e nenhuma queda significativa. É por isso que alegamos ter havido aprendizagem. Atribuímos isso à inclusão do botão PASSAR, que eximia os participantes da obrigatoriedade de adivinhar quando não tinham essa sensibilidade especial. Achamos que a mera inclusão do botão PASSAR constitui um grande avanço nos testes de PES, e ele continua sendo usado até hoje.

Todos os participantes trabalharam sozinhos com o treinador de PES. Havia um gravador de dados eletricamente conectado em um aposento adjacente que mantinha um registro impresso em fita de papel de cada botão que era acionado pelos participantes. A máquina de ensinar PES e sua impressora são mostradas na Figura 5.1. Foram planejadas e construídas para o programa da NASA por nosso bom amigo e colega investigador Tim Scully em sua empresa, a Mendocino MicroComputers.

Na década de 1970, Ingo Swann trabalhou algum tempo com a máquina, embora ele não fizesse parte do protocolo oficial de aprendizagem, pois queríamos trabalhar com sujeitos inexperientes. Não obstante, Ingo fez uma série de 500 testes, obtendo 167 acertos, quando se podia esperar que somente 125 deles

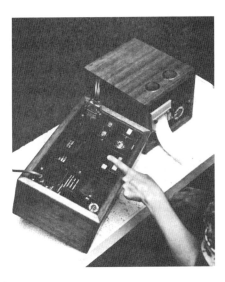

Figura 5.1. A máquina de ensinar PES usada em nosso programa de um ano na NASA. Duas das cinco luzes de encorajamento estão acesas na parte superior da máquina. A impressora à direita (geralmente em outro aposento) registra todos os dados em uma fita conínua de papel.

fossem aleatórios. Essa pontuação teve um significativo desvio da expectativa aleatória, com uma probabilidade de 1,6 × 10^{-5} (um em cem mil). Isso é muito bom, até mesmo para um mestre em habilidades paranormais.

Minha filha Elisabeth, que desde criança havia participado de muitos estudos de PES comigo, foi uma das primeiras pessoas a experimentar a máquina de ensinar PES, tendo usado uma de suas primeiras versões. Quando você pressionava qualquer botão, entre quatro luzes coloridas acendia-se a *correta*. (Isto é, se você pressionasse, digamos, o botão associado à luz verde, e a resposta correta fosse o amarelo, esta cor, e não o verde, iria se acender.) Uma pontuação de 6 em 24 era esperada ao acaso. As mensagens de estímulo eram: *Um Bom Começo*, para 6 entre 24; *Presença da Capacidade PES*, para 8; *Excelente*, para 10; *Útil em Las Vegas*, para 12, e *Sensitivo, Médium, Oráculo*, para 14. Algumas pessoas aprendiam a aumentar suas pontuações por meio da prática, ainda que a máquina estivesse fazendo suas escolhas aleatoriamente. Elisabeth, aos 10 anos de idade, foi uma das mais bem-sucedidas desde o começo, quase sempre obtendo as pontuações mais altas.

Em 1971, antes do programa da NASA, resolvi apresentar minha máquina de ensinar PES ao grande público. Criei uma versão comercialmente consistente, operada por moedas, e entreguei sua fabricação a um jovem engenheiro chamado Nolan Bushnell, que, dois anos depois, daria início à Atari Corporation, de US$ 2 milhões, para produzir seus próprios jogos eletrônicos. A Figura 5.2 mostra Elisabeth, aos 10 anos de idade, com o jogo PES em uma pizzaria de Palo Alto. (O *San Francisco Chronicle* fez uma matéria sobre nós em 1971, com o título de "ESP IN A PIZZA PARLOR" [PES EM UMA PIZZARIA].[3] As três instalações em Palo Alto foram muito bem-sucedidas; contudo, não consegui distribuir nacionalmente a máquina. Diziam-me que os distribuidores de Chicago "não sabiam o que era 'esp'".

Hoje, você pode ter sua própria máquina ESP sem nenhum custo no seu iPhone. Tornei esse jogo de quatro escolhas disponível como um aplicativo grátis para o iPhone. Chama-se ESP Trainer. Depois de um ano, já tivemos mais de 10 mil *downloads* da loja da Apple's iTunes. E tenho recebido muitos e-mails de pessoas que me falam de suas pontuações muito altas com o ESP Trainer para o iPhone.

Figura 5.2. A foto tirada pelo *San Francisco Chronicle*, em 1971, mostra Elisabeth Targ operando a primeira máquina comercial de testes de PES.

Influência mental a distância

Será que os pensamentos de uma pessoa podem influenciar as ondas cerebrais ou outro aspecto fisiológico de uma pessoa distante? Foi essa a pergunta que fiz na segunda parte de nosso programa na NASA — a parte que lidaria com medições da atividade cerebral por meio da eletroencefalografia. No decorrer de minha vida, às vezes senti-me totalmente convencido de que estava em contato telepático com outra pessoa. Atualmente, um dos meus livros preferidos é *On Being Certain: Believing You Are Right Even When You Are Not*,[4] de Robert Burton. O livro aborda a grande variedade de maneiras pelas quais iludimos a nós mesmos, desde percepções equivocadas, preconceituosas e oportunistas até lembranças falsas ou distorcidas. Com tudo isso em mente, a impressão que guardo dos dias em que eu atuava como "mágico" na faculdade ainda é a de que eu conseguia fazer uma pessoa na sala sentir medo, mostrar constrangimento ou rir em decorrência de meus pensamentos não manifestos. Como cientista, porém, eu sempre quis determinar se essas coisas eram realmente verdadeiras. Eu estava reagindo a esse antigo interesse segundo o método de hipnose de Svengali, em que o mágico diz ao sujeito de seu experimento: "Relaxe e feche os olhos. Minha mente detém o controle absoluto de cada pensamento seu!".

Em um encontro patrocinado pelo Parapsychology Research Group na área da Baía, na década de 1960, testemunhei o famoso parapsicólogo tcheco Milan Ryzl dar exatamente uma ordem desse tipo a uma senhora que se oferecera como voluntária para um experimento telepático. (Os hipnotizadores modernos não usam mais essa abordagem mestre-escravo.) Não obstante, o experimento foi muito bem-sucedido. Ela descreveu perfeitamente a figura que ele havia desenhado antes de vir para o encontro, e que ele então nos mostrou.

O dr. Ryzl, que havia sido engenheiro químico, alcançou a fama nos círculos de parapsicologia pelos seus supreendentemente bem-sucedidos experimentos de clarividência na década de 1960, nos quais ele comunicou parapsiquicamente quinze números (dígitos decimais) a um sensitivo talentoso.[5] Sua pesquisa tinha como objetivo obter a *perfeita* precisão ao enviar uma mensagem. Para alcançar esse objetivo, Ryzl pedia a um assistente para que escolhesse aleatoriamente cinco números de três dígitos cada. Os quinze dígitos eram então codificados em forma binária (1s e 0s) e traduzidos em uma sequência de cinquenta cartões verdes e brancos, que eram colocados em envelopes opacos e lacrados. Pavel Stepanek, um sujeito que, hipnotizado, apresentava um desempenho *psi* excepcional, trabalhava com Ryzl nesse experimento — que é um dos mais surpreendentes nos anais da pesquisa *psi*. Por meio do uso de uma técnica de codificação redundante, que requeria quase 20 mil chamadas parapsíquicas para os cartões verdes ou brancos (1 ou 0), todos os quinze dígitos do número foram transmitidos *sem erro* (probabilidade de 10^{-15}).

Como resultado de minha apresentação em 1972, que durou um dia inteiro, convenci a NASA a me autorizar a fazer um experimento de influência mental — tomando como modelo os testes bem-sucedidos publicados no periódico *Science* alguns anos antes, nos quais se submetia gêmeos idênticos a *flashes* de luz que, ao incidirem nos olhos de um gêmeo idêntico, provocavam uma mudança sincrônica nos olhos de seu irmão, que não estava no mesmo aposento. Há uma extensa literatura que estuda as surpreendentes conexões parapsíquicas que ocorrem entre gêmeos idênticos. Uma excelente referência é *Twin Telepathy*, do pesquisador inglês Guy Playfair.[6] Naquela época, a NASA e eu sabíamos que os russos estavam interessados em vários experimentos de "controle do pensamento". Por isso, não foi muito difícil convencer a NASA sobre a importância do experimento que propus. Na próxima seção, apresentarei alguns experimentos soviéticos notáveis que ocupavam nossos pensamentos naquela época.

A pergunta básica é esta: "Embora os pensamentos sejam certamente eficazes, serão eles materiais?". Em uma demonstração telepática, posso dizer a você que estou visualizando alguma coisa e pedir-lhe que me diga o que me vem à mente. (Você já tem uma imagem mental, certo?) Se eu tiver uma casquinha cônica de sorvete em mente, você talvez tenha a impressão visual de algo cônico. Talvez você até sinta a "sensação" de sorvete. Uma maneira de descrever esse evento seria dizer que meus pensamentos (imagens mentais) dispararam a ideia de sorvete na sua percepção. A resposta budista, que considero convincente, é a de que os pensamentos não são nem materiais nem não materiais. Isto é, a questão relativa à materialidade dos pensamentos é incorretamente colocada. Contudo, não há dúvida (na minha mente) de que os pensamentos de uma pessoa podem provocar a ocorrência de imagens e sensações na percepção de outra pessoa. Minha pesquisa mostrou que essa causalidade telepática é tão real quanto aquela descrita pela equação "a força é igual à massa multiplicada pela aceleração" na física newtoniana. (A força aparece como a causa da aceleração.)

Em física, sabemos que a luz não pode ser descrita simplesmente como uma onda ou uma partícula. Um budista diria que ela não é nem uma onda nem uma "não onda". O físico Niels Bohr, em uma declaração famosa, afirmou que a luz é as duas coisas, uma onda e uma partícula, conforme ele a descreve em sua teoria da complementaridade, que é uma ideia básica da teoria quântica. De maneira semelhante, eu diria que mente e matéria desfrutam uma relação complementar, assim como fazem as partículas e as ondas. Não existe o fim do materialismo, pois toda a separação entre mente e corpo é um equívoco. Deveríamos falar de complementaridade de consciência.

Experimentos soviéticos com o pensamento

Em geral, a hipnose é praticada em um encontro cara a cara no qual o hipnotizador fala diretamente com o paciente ou o sujeito do experimento. No entanto, as pesquisas com a hipnose indicam que quase todas as pessoas podem aprender a levar outra a entrar em transe, e que esse efeito pode aparentemente ser induzido a distância. A hipnose a distância tem sido estudada em laboratórios russos desde os primórdios do século XX. Nas décadas de 1920 e 1930, Leonid L. Vasiliev, fisiologista e professor russo da Universidade de Leningrado*, conduziu centenas de experimentos sobre hipnose com o apoio direto de Josef Stalin. Vasiliev pesquisava as induções hipnóticas obtidas sem palavras e, frequentemente, as realizava a uma grande distância do indivíduo hipnotizado. Esses sujeitos eram quase sempre isolados em um compartimento eletricamente blindado que ele havia construído com chumbo e lacrado com mercúrio (algo que hoje nós não consideraríamos uma boa ideia). Sua cuidadosa pesquisa realizada ao longo de décadas, juntamente com alguns experimentos telepáticos feitos por J. B. Rhine na Duke University, na década de 1930, estão entre os melhores dados de laboratório de que dispomos para evidenciar *puras conexões mente a mente*, que não envolvem precognição nem clarividência.[7] O fascinante livro de Vasiliev, *Experiments in Mental Suggestion*, publicado pela primeira vez na Inglaterra em 1963 e reeditado pela Hampton Roads em 2002, resume quarenta anos de estudos sobre hipnose realizados por ele e seus colegas no Instituto de Leningrado para Pesquisas sobre o Cérebro.[8]

As pesquisas soviéticas oficiais sobre o fenômeno *psi* neste século trabalharam predominantemente com a indução à dor e a manipulação comportamental a distância. Um dos experimentos mais famosos de Vasiliev foi realizado entre Leningrado e Sevastopol — com uma distância de *mais de 1.600 quilômetros* entre o experimentador Vasiliev e seu sujeito de pesquisa, intensamente sugestionável à hipnose, uma mulher que ele conseguia confiavelmente fazer dormir e acordar telepaticamente.

As pesquisas de Vasiliev deram aos parapsicólogos ocidentais suas primeiras evidências de que nem a distância nem a blindagem eletromagnética comprometiam a precisão ou a confiabilidade do funcionamento parapsíquico. As pesquisas sobre PES e a "imposição biológica" a distância, financiadas pelo governo soviético, foram retomadas a sério em 1965, e frequentemente envolvia a presença de dois sensitivos experientes que conseguiam se comunicar muito bem entre si telepaticamente e ao longo de grandes distâncias.

---

* Atual São Petersburgo. (N.T.)

Estrangulamento a distância

O ator russo Karl Nikolaev e seu amigo, o biofísico Yuri Kamensky, eram famosos por sua aparente capacidade de transmitir, por telepatia, imagens visuais entre si, geralmente em apresentações em teatros de Moscou. Minha boa amiga, a parapsicóloga e escritora russa Larissa Vilenskaya, havia conversado com Kamensky sobre os extraordinários experimentos de longa distância que ele fazia com Nikolaev, que envolviam a transmissão de sentimentos entre Moscou e Leningrado — 804 quilômetros de distância uma da outra. Larissa descreve sua experiência com muitos pesquisadores russos em meu livro de 1983, *The Mind Race*.[9] Kamensky estava ligado a fios metálicos para fazer um eletroencefalograma e recebera instruções aleatoriamente cronometradas para enviar sensações emocionais a seu amigo Nikolaev, que também estava ligado a fios na extremidade receptora em Leningrado. Larissa era membro do Clube de Parapsicologia Popov, ao qual também pertencia seu bom amigo Edward Naumov, que esteve com Kamensky em Moscou durante esses experimentos. Infelizmente, Naumov permaneceu preso por vários anos na década de 1970 por causa de sua amizade com parapsicólogos ocidentais. Quando o encontrei em Moscou, em 1983, ele tinha um aspecto muito macilento e pálido, embora ainda estivesse usando terno preto e camisa branca, sua marca registrada. Larissa me disse que, em um estudo, Kamensky transmitira sentimentos de forte dor; em outro, chegara a imaginar que estava estrangulando seu amigo! Ele foi tão bem-sucedido em sua tentativa de sufocar Nicolaev a distância que os médicos que, em Leningrado, monitoravam as mudanças no EEG e frequência cardíaca de Nikolaev, ficaram preocupados com a possibilidade de que ele pudesse, de fato, morrer — e então deram o experimento por encerrado!

As entrevistas com Nikolaev no livro *Experiências Psíquicas Além da Cortina de Ferro*, de 1970, revelaram como ele havia passado vários anos ensinando a si mesmo métodos de respiração e relaxamento baseados no Raja Yoga para que se tornasse mais receptivo à comunicação telepática.[10] Ele tinha orgulho de suas capacidades parapsíquicas e acolhia com prazer suas muitas oportunidades científicas para demonstrar sua conexão via PES com Kamensky. Contudo, ele ficou extremamente surpreso quando seu amigo e parceiro lhe enviou intensos sentimentos negativos em vez das imagens que ele estava acostumado a perceber.

Quando Vilenskaya perguntou a Kamensky por que ele quis transmitir sentimentos de dor, estrangulamento e golpes físicos em sua pesquisa, ele respondeu que acreditava que as emoções negativas eram transmitidas com mais segurança e mais força do que os sentimentos felizes ou positivos.[11] Como Tolstoi afirmou na primeira página de *Anna Karenina*, e que todo russo sabe: "Todas as famílias felizes são parecidas entre si; as infelizes são infelizes a seu próprio modo". Talvez seja por isso que, para o emissor, enviar socos e estrangulamentos seja mais propenso a atrair a atenção de alguém do que irradiar seus sentimentos felizes e jubilosos.

Luzes que brilham ao longe

Pouco depois da publicação do artigo de T. D. Duane no periódico *Science* em 1965, relatando seu experimento com EEG no qual *flashes* de luz breves e intensos vistos por um gêmeo alteravam sistematicamente o resultado do EEG do outro gêmeo distante, Kamensky organizou um experimento semelhante em Leningrado com seu amigo Nikolaev. Conforme se descreve em *Experiências Psíquicas Além da Cortina de Ferro*, Kamensky estava sentado diante de um dispositivo binocular que, em momentos aleatórios, enviaria brilhantes *flashes* de luz aos seus olhos. Ele permaneceria ali, tentando visualizar o rosto de seu parceiro telepático Nikolaev, que estava em outro edifício. A conexão parapsíquica entre os dois era tão forte que a diferença entre a situação com os *flashes* e a situação sem eles era quase sempre extremamente clara sobre o eletroencefalograma de um único período, em vez de ser necessário calcular a média de muitos, muitos testes, como geralmente acontece nesse tipo de estudo das ondas cerebrais.

Hal Puthoff e eu decidimos reproduzir esse experimento com a ajuda profissional e técnica do grupo de eletrofisiologia do SRI. Eles também permitiram que usássemos o compartimento blindado para monitoramento de EEG e o equipamento de última geração para detecção e análise.

Nos círculos em que se trabalha com EEG sabe-se muito bem que uma pessoa em posição de descanso, de olhos fechados, terá uma produção dominante de ondas cerebrais na faixa de frequências de 10 Hz a 12 Hz (ciclos por segundo). Essa é a chamada produção "alfa" — um padrão coerente de ondas cerebrais que, nas décadas de 1970 e 1980, muitas pessoas tentavam desenvolver por si mesmas para fins de relaxamento, usando o *biofeedback*. Sabe-se também que se você emitir deliberadamente *flashes* de luz sobre os olhos dessa pessoa que está descansando ou meditando, ela, como "se recebesse um golpe", sairá do estado alfa e, em geral, entrará em um regime de EEG mais caótico e de frequência mais alta.

Tudo isso já era bem conhecido desde a década de 1930, quando Hans Berger fez sua pesquisa pioneira em EEGs na Alemanha. A variação que queríamos introduzir nesse experimento consistia em fazer uma pessoa permanecer em estado alfa, de olhos fechados, enquanto seu bom amigo, em uma sala distante, fosse estimulado de vez em quando com *flashes* de luz irritantes, em momentos aleatórios. O resultado que esperávamos obter seria uma diminuição da quantidade de energia elétrica na faixa alfa de 10 Hz a 12 Hz da pessoa em repouso, quando a pessoa distante fosse estimulada. Em nosso caso, a pergunta era esta: "Hella sairia subitamente do estado alfa quando *flashes* de luz incidissem nos olhos de Russell, a cerca de nove metros de distância?". Na Figura 5.3, mostro o

Figura 5.3. Uma assistente de pesquisa (que não é Hella Hammid) na sala eletricamente blindada que usávamos em nossos experimentos com EEG no SRI.

compartimento de parede dupla, opaca e eletricamente blindada que usávamos em nossos experimentos de EEG.

Enquanto Hella descansava em seu compartimento impermeável à luz e eletricamente blindado, eu estava em um compartimento igualmente à prova de luz abaixo do saguão, no laboratório de EEG do SRI. Tínhamos construído um mecanismo eletromecânico muito simples que emitia *flashes* luminosos, formado por um disco rotatório com orifícios perfurados ao redor da periferia e girando na frente de um farol de carro dentro de uma caixa de madeira opaca. A coisa toda era operada por bateria e sempre girava durante o experimento, de modo que não havia correntes elétricas passageiras, aumentos bruscos de intensidade da corrente ou interferências que ocorrem quando se liga ou desliga uma lâmpada estroboscópica típica. Durante os períodos em que o *flash* de luz era emitido, um solenoide elétrico abriria um obturador e exporia a luz durante dez segundos para a pessoa sentada em uma cadeira. A frequência do pisca-pisca seria controlada escolhendo-se qual anel de círculos, no disco perfurado, seria usado para expor os *flashes* ao emissor. Todas as sessões eram totalmente controladas por computador e consistiam em doze episódios, cada um deles usando uma sequência de flashes de luz com uma frequência de 6 Hz ou de 16 Hz ou não usando nenhum *flash*. Considerava-se que Hella era o receptor, em seu compartimento blindado. Ela não tinha como determinar o que estava acontecendo com o emissor no saguão abaixo.

Usando esse protocolo, sete sessões de dados foram coletadas para Hella em um período de sete dias. A potência de pico do EEG para cada uma das três condições foi calculada, constatando-se que ficara significativamente reduzida na faixa de 12 Hz em *cada* um dos sete dias de teste. No caso dos *flashes* com frequência de 16 Hz, o decréscimo foi estatisticamente significativo em P = 0,04, com um decréscimo de 24% para a potência de pico e um decréscimo de 28% para a potência média, que foi significativa em P = 0,03. No caso de 6 Hz, houve decréscimos de –12% e –21%, mas praticamente não se alcançou nenhuma significância estatística. Publicamos esses dados significativos em *Proceedings of the IEEE*; isso é mostrado na Figura 5.4.

Consideramos esse resultado como uma vigorosa evidência direta de que Hella estava subconscientemente ciente do *flash* de luz quando isso ocorria no

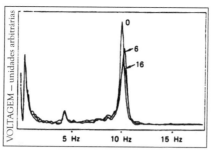

Figura 5.4. Espectros de EEG occipital, de 0 Hz a 20 Hz, para um sujeito do experimento (Hella Hammid) atuando como receptor, mostrando mudanças de amplitude na faixa de 9 Hz a 12 Hz como uma função da frequência da pulsação estroboscópica. Três casos: 0 Hz e *flashes* de 6 Hz e 16 Hz ($P < 0{,}03$); (doze médias de testes).

compartimento distante. Para os pesquisadores de EEG, é muito estimulante ver as evidências de maneira tão clara em um gráfico. Replicamos esse experimento todo no ano seguinte, com apoio da Marinha dos Estados Unidos, que estava interessada em se comunicar com submarinos submersos, assim como a NASA estava interessada em se comunicar com espaçonaves. A replicação aconteceu no Langley Porter Neuropsychiatry Institute de San Francisco, com um grupo completamente diferente do de neurofisiologistas que trabalharam conosco. Usando as instalações deles para cada fase do experimento, voltamos a constatar um desvio significativo no *output* do EEG de Hella quando o *flash* remoto de luz de 16 Hz foi emitido. Nos dois casos, o decréscimo na potência do EEG resultou (conforme se esperava) de uma mudança na frequência do *output* do EEG dominante de Hella. No caso Langley-Porter, porém, a mudança sistemática de frequência de Hella caracterizou-se por frequência mais baixa, e não mais alta, como havíamos presenciado no SRI. Sem dúvida, isso não diminui nossa confiança na significância da *demonstração de sua ativação subconsciente como resultado do estímulo remoto por meio de flashes de luz*.

No próximo capítulo, descreverei um trabalho muito estimulante no qual reunimos mais de uma dezena de oficiais da Inteligência do Exército para ver se poderíamos ajudar a organizar o Army Psychic Corps. Resultou disso que alguns dos nossos videntes remotos voluntários se tornaram as pessoas com capacidade paranormal mais acentuada que jamais havíamos encontrado até então.

*Para ser um membro perfeito de um rebanho de ovelhas é preciso ser,
antes de tudo, uma ovelha.*
— Albert Einstein

6

A PES Vai para o Exército

"Enquanto eu me afastava do empoeirado turboélice do velho Lockheed C-130 que me levara ao Vietnã, tive um claro lampejo de um grande jato de transporte amarelo-claro diante de mim. Naquele momento, mesmo com o som de tiroteio a distância, eu soube que deixaria o Vietnã em segurança. Um ano depois, fui evacuado em um jato amarelo de Air America." Foi isso que Joe McMoneagle me disse em resposta à minha pergunta sobre alguma experiência paranormal que ele poderia ter vivenciado durante seu período de serviço como agente de inteligência no Exército.

Em 1978, Hal Puthoff e eu fomos procurados pelo dr. Walter LaBerge, sub-secretário de Defesa da área de pesquisa e desenvolvimento, que queria que o ajudássemos a organizar um centro de visão remota sob o comando do Exército na Costa Leste. Nossa orientação vinha do general Albert Stubblebine, general--comandante do Army Intelligence and Security Command (INSCOM), cuja tarefa consistia em obter informações sigilosas em todas as áreas de inteligência para serem usadas por comandantes de unidades no mundo inteiro. O general Stubblebine era um grande entusiasta de todos os aspectos do nosso programa e de sua expansão operacional. Infelizmente, porém, ele desistiu do comando e aposentou-se do Exército em 1984, depois de 32 anos de uma brilhante carreira. Espero que não tenhamos sido responsáveis por sua aposentadoria precoce.

No fim da década de 1970, o Exército estava achando constrangedor ter de ir à Califórnia em busca de serviços de inteligência parapsíquicos. Para resolver esse problema, pediram-nos para selecionar seis oficiais de um grupo de trinta que havia sido escolhido por nós. Esses seis deveriam aprender visão remota e estabelecer um programa operacional para a Army Intelligence [Inteligência do Exército] em Fort Meade, Maryland, nos mesmos moldes do programa que tínhamos no SRI, porém mais voltado para a pesquisa.

Hal e eu passamos um dia no porão do centro de treinamento na grande base de Fort Meade e entrevistamos cada um dos trinta homens e mulheres, voluntários pré-selecionados que estavam à nossa espera. Esses aventurosos oficiais voluntários haviam se oferecido para uma das atribuições aparentemente mais bizarras que o Pentágono jamais ordenara. Conversamos com essas pessoas interessantes, uma por uma, a fim de tentar avaliar seu potencial para integrar o "Psychic Army Corps" que nos haviam pedido para criar. Estávamos à procura de pessoas que fossem inteligentes, sociáveis e autoconfiantes. Como se pode constatar em toda a história dos testes de PES — assim como em toda a nossa experiência — as pessoas alegres, perspicazes e extrovertidas saem-se muito melhor do que introvertidos rabugentos e deprimidos. O coronel Scotty Watt viria a ter o comando operacional da nova organização. Era um homem corpulento e cordial, e, como muitos oficiais militares, mostrou ser bem mais inteligente do que deixara entrever em nossos primeiros encontros com ele. E Judy, sua encantadora esposa, fazia-nos um maravilhoso bolo de chocolate, do qual ainda me lembro vividamente, embora já se tenham passado mais de trinta anos.

À medida que nossos seis novos estagiários iam chegando ao SRI, um por vez, eu lhes passava informações sobre nossos protocolos de visão remota. Eu ficava ali sentado em nossa sala pouco iluminada, ao lado de cada um desses oficiais do Exército, que se mostravam um tanto confusos. E eu tinha o trabalho desafiador de tentar fazê-los ficar à vontade no que dizia respeito a fecharem os olhos, aquietarem a mente e descreverem as imagens surpreendentes que aparecessem em sua percepção interior — sem que eles se sentissem esquisitos por estarem fazendo essas coisas. Eles estavam tentando visualizar onde Hal e seu oficial-comandante se encontravam, na área da Baía de San Francisco, a meia hora de carro do SRI. Como sempre, pedia que eles fizessem desenhos das imagens que lhes surgissem sobre o alvo distante. Mais tarde, os desenhos e transcrições seriam comparados pelo método duplo-cego com os seis lugares que tinham sido visitados durante a semana de suas séries individuais. O dr. Ed May era o juiz.

Trabalhando com esses seis oficiais — cinco homens e uma mulher —, fizemos 36 testes de visão remota ao ar livre em nosso laboratório no SRI, com seis testes para cada um dos membros do grupo, isto é, para cada vidente remoto. Obtivemos um sucesso notável de dezenove acertos logo no primeiro teste (embora apenas seis, um para cada vidente remoto, seriam esperados aleatoriamente). Quatro desses videntes inexperientes obtiveram, cada um, quatro acertos logo no primeiro teste. Isso só deveria acontecer três vezes em mil experimentos desse tipo (P = 0,003 cada). E a probabilidade para o experimento todo foi significativa nos casos acima de três em cem mil (P = 3×10^{-5}), o que é ainda mais notável porque se tratava de apenas 36 testes formais, usando o método duplo--cego, realizados com videntes remotos inexperientes! O "tamanho do efeito" para a série (uma medida de força individual) foi um extraordinário 0,66 (quatro desvios-padrão com relação ao acaso divididos por seis, a raiz quadrada do número de testes). Tínhamos a expectativa de que houvesse um acerto logo na primeira tentativa para cada série. Na média, porém, conseguimos três. Mesmo então, quando o programa já estava com sete anos, não havíamos visto a menor indicação de declínio do desempenho em qualquer um dos participantes. Isso nos fez ver, pela primeira vez, que poderia haver muito mais capacidade paranormal na população do que geralmente se imagina, embora nossos colegas parapsicólogos ainda achem difícil acreditar nisso. Na Figura 6.1, apresento a distribuição dos acertos dos seis visualizadores.

Quando descrevo esses e outros experimentos no SRI como "estudos formais", estou querendo dizer que essa instituição havia predeterminado quando eles teriam início e qual seria o número de testes, exatamente como acontece em um estudo acadêmico. Além disso, porém, éramos contínua e profundamente inspecionados por um grupo de supervisão do SRI, o Scientific Oversight Board, constituído por cientistas e administradores de alto nível, pertencentes ao mesmo instituto. Também éramos supervisionados pelo coronel Scotty Watt do Exército norte-americano, que comandava o US Army Intelligence Command, e por estatísticos ou cientistas civis que atuavam em conjunto com o coronel.

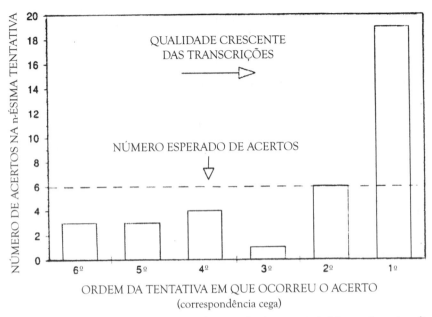

Figura 6.1. Resultados extremamente significativos obtidos a partir de 36 testes formais realizados no SRI com seis videntes remotos sem experiência vindos das Forças Armadas dos Estados Unidos. A ilustração mostra que mais da metade (dezenove) dos resultados foram acertos obtidos logo na primeira tentativa, quando o acaso só nos permitia que esperássemos seis (1/6 dos 36 testes).

Descobrimos que essas capacidades de visão remota aparecem quando são estimuladas, e desaparecem ou são reprimidas quando são proibidas ou ridicularizadas. São como as plantas: se você regá-las, crescerão. Tenho a impressão de que a Islândia, a Holanda e o Brasil — que nunca queimaram nenhuma bruxa — são países intensamente sensitivos, enquanto os Estados Unidos, a França e a Inglaterra situam-se exatamente no polo oposto. No Ocidente, a Igreja Católica tem, historicamente, desestimulado com muito vigor qualquer tipo de habilidade paranormal, que sempre considerou como uma espécie de *espiritualidade independente*. As Cruzadas para o Oriente, o massacre dos Albigenses, que exterminou 50 mil cátaros espiritualmente articulados em uma mesma mentalidade na França, a Inquisição, que aterrorizou toda a população pensante da Europa, e a queima de bruxas pelo mundo afora (inclusive nos Estados Unidos) são fatos que exerceram uma influência desastrosa sobre os interesses das pessoas que gostariam de explorar suas capacidades parapsíquicas. Aceita-se e estimula-se que as pessoas falem com Deus por meio de orações. Mas parece que surgem problemas quando alguém pensa que Deus está retornando a ligação. Esse foi um sério problema no século XVII, entre os puritanos profundamente ortodoxos dos Estados Unidos, os quais baniram os profetas que surgiram espontaneamente. Seus líderes religiosos às vezes expulsavam-nos — e a seus filhos — do vilarejo, para que fossem mortos pelos índios. Anne Hutchinson é um famoso exemplo desse tipo de mulher espiritualizada em um grau demasiadamente elevado para não ter problemas — foi banida para as regiões selvagens e para a morte com todos os seus filhos. No Ocidente, foi só a partir do período vitoriano que vimos um novo interesse pelo espiritualismo, pelo ocultismo e por outras questões associadas à paranormalidade. Apesar do ceticismo de Descartes e do pretenso Iluminismo, que baniu os alquimistas, esse ressurgimento foi liderado pelos ingleses e franceses, com a ativa participação de alguns ganhadores do prêmio Nobel em física.

Com nossos seis corajosos voluntários do Exército, criamos no SRI um programa de um ano de duração para o aprimoramento da visão remota. O objetivo desse programa era familiarizar esses militares cordiais com os protocolos de visão remota do SRI, produzir níveis avançados de capacitação e estabelecer testes e procedimentos seletivos para aumentar a população militar, da qual essas pessoas pudessem ser selecionadas pelo Exército no futuro. Portanto, esse foi realmente o primeiro passo para a formação do que se transformou em um contingente parapsíquico de dimensões razoáveis — que talvez tenha chegado a um total de cinquenta pessoas. Esse programa prosseguiu em Fort Meade até 1995, quando o governo alegou ter perdido todo interesse pela visão remota. Até onde sei, não há mais nenhuma atividade governamental relativa à visão remota, embora sempre seja possível que haja, no subsolo do Pentágono, um novo programa secreto do qual eu não tenha conhecimento. O filme *Os Homens que Encaravam Cabras*, de 2010, é uma representação humorística e basicamente fictícia de uma suposta unidade militar psíquica secreta mantida pelo governo. Como eu já disse, nenhum animal jamais foi morto ou maltratado em nosso programa, exceto por um rato que morreu quando um agente de cura paranormal tentou diminuir sua pressão sanguínea excessivamente alta. O filme *O Suspeito Zero*, com Ben Kingsley, traz para a tela uma representação muito melhor de algo que se possa considerar como visão remota aplicada. Como sempre, porém, a pessoa dotada de capacidade paranormal morre no fim: nos filmes de Hollywood, as pessoas com habilidades parapsíquicas são quase sempre marginalizadas ou têm um triste fim. Os belos filmes *Fenômeno*, com John Travolta, e *Ressurreição*, com Ellen Burstyn, são exemplos recentes de que "nenhuma boa ação fica impune".

Por volta de 1979, no SRI, vínhamos estudando sistematicamente a visão remota, que, da maneira como os militares a veem, "usa a aquisição e a descrição, por meios mentais, de informações bloqueadas à nossa percepção comum pela distância ou por blindagem, e é geralmente considerada segura em comparação com as vias de acesso que ocorrem por quaisquer meios físicos conhecidos". Vários protocolos de treinamento foram examinados com o objetivo de ajudar os participantes a se familiarizarem com uma grande variedade de técnicas de visão remota do SRI. Além de alvos ao ar livre, usávamos diapositivos de 35 mm, letras do alfabeto, pequenos objetos ocultos, locais distantes seguros e especialmente escolhidos, e lugares-alvo demarcados apenas por coordenadas geográficas de latitude e longitude. Escrevi há pouco que, quando nossos seis participantes foram escolhidos, eles eram inexperientes no que dizia respeito à percepção parapsíquica em geral e à visão remota em particular. Todavia, há uma exceção — um homem que havia participado de um estudo de percepção extrassensorial por meio de adivinhação de cartas de baralho muitos anos antes, com J. B. Rhine. É muito interessante que esse homem, que era um entusiasta da PES, tenha sido, de longe, o menos bem-sucedido.

Joe McMoneagle:
Um supersensitivo da Inteligência do Exército

Um exemplo ilustrativo de um teste de visão remota em tempo real, em um alvo ao ar livre na área da Baía de San Francisco, ocorreu com o vidente remoto da Army Intelligence [Inteligência do Exército], Joe McMoneagle, que era um dos nossos seis voluntários. Em suas séries no SRI, ele produziu uma mistura de respostas, algumas excelentes, outras inadequadas. Várias de suas descrições estavam entre as melhores que foram obtidas no programa, e a coerência geral de seu desempenho resultou no fato de que *cada uma de suas séries individuais* alcançou significância estatística — isto é, tanto com uma pessoa usada como alvo externo como com coordenadas geográficas. Os programas realizados em 1980 destinavam-se a ensinar os estagiários a ter um controle mais consciente de sua capacidade de visão remota e a reconhecer e superar os fatores que restringem essa confiabilidade. Tais fatores restritivos giram em torno da geração de dados equivocados por parte do vidente e ocasionados por problemas de memória, análise e imaginação, todos os quais englobam, conjuntamente, a sobreposição analítica (AOL).

Um exemplo de resolução bem-sucedida desse ruído é o seguinte: Joe ficava trancado comigo, como entrevistador, no laboratório do SRI, esperando que o grupo-alvo chegasse ao seu destino. Eu fazia todas as entrevistas para esse programa, como fiz durante a maior parte da década que passei no SRI. Nesse teste, que foi o primeiro de Joe, o alvo – que, como sempre, eu desconhecia – era o Museu de Arte no *campus* de Stanford. Joe fez vários esboços provisórios de diferentes formas nas margens do papel. Ele disse que esses esboços "estavam associados com a fachada de um edifício". Finalmente, ele fez um cuidadoso desenho em perspectiva do edifício que estava visualizando (veja a Figura 6.2). Compare com a foto do alvo, mostrada na Figura 6.3.

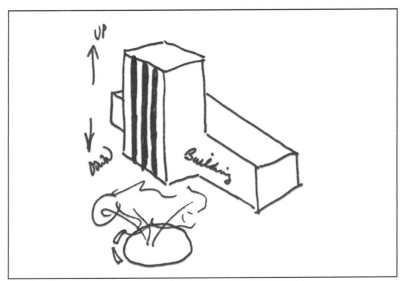

Figura 6.2. Desenho de Joe McMoneagle, feito por meio de visão remota. Observe os grupos de janelas cuja aparência Joe descreveu apropriadamente como "teclas de piano".

Figura 6.3. Foto do Museu de Arte da Stanford University.

A narrativa de Joe descrevia a fachada do edifício da seguinte maneira: "Há um padrão que se repete em branco e preto, um padrão em branco e preto que lembra as teclas de um piano. [...] É como um retângulo invertido, com um quadrado preso na parte de trás, ou um retângulo colocado atrás dele. Como se fossem dois edifícios em um. Um edifício. Tenho a sensação de que há sujeira nas paredes". Ele então prosseguiu, falando sobre árvores, flores e bicicletas, coisas que podem ser encontradas bem na frente do edifício-alvo. O resultado foi certamente extraordinário.

Nesse programa, também fizemos um treinamento intensivo com todos os videntes remotos para que eles conseguissem se concentrar em alvos remotos exclusivamente por meio de coordenadas geográficas (isto é, apenas latitude e longitude). Descobrimos que essa prática foi igualmente bem-sucedida e de grande interesse para o nosso cliente, o Exército dos Estados Unidos. Nosso relatório para esse cliente dizia o seguinte:

- A visão remota foi pesquisada como resposta ao fato de que a União Soviética estava empenhada em pesquisas em grande escala sobre fenômenos produzidos por aplicações psicotrônicas. As implicações para a segurança nacional do malogro por não conseguirmos estar à altura de um avanço tecnológico revolucionário feito pelos soviéticos são óbvias. A esse respeito, as pesquisas sobre visão remota foram um produto da Guerra Fria e são análogas a uma infinidade de outros projetos.
- As pesquisas iniciais foram realizadas no Stanford Research Institute (SRI). Alguns indivíduos dotados de capacidades paranormais conseguiram descrever lugares distantes, na maior parte das vezes com surpreendente precisão.
- Uma vez estabelecido esse fato, a comunidade de inteligência militar aprovou novos financiamentos. As pesquisas continuaram, mas o esforço principal logo passou para o desenvolvimento (aplicações), com base em duas descobertas-chave: primeiro, a visão remota é uma capacidade latente em quase todos os humanos. Segundo, é possível ensinar praticamente qualquer pessoa a fazer uso dela.
- Grupos de estudantes recrutados junto às fileiras das agências financiadoras, nossas clientes, foram treinados no SRI. A missão deles consistia em usar a visão remota para coletar dados de interesse especial para as agências que tínhamos como clientes. Em geral, tratava-se de alvos na União Soviética que não haviam sido detectados pelas técnicas clássicas dos serviços de inteligência.
- O mínimo de precisão desejado pelos clientes era de 65%. Nos últimos estágios da parte de desenvolvimento (treinamento) do trabalho, esse nível de precisão era alcançado e muitas vezes superado [significando que dois de cada três alvos foram corretamente descritos].
- Os dados indicando que um vidente remoto pode descrever um diapositivo específico do modo como ele é mostrado em uma tela indicam que a busca em alvos transitórios de alta resolução (gráficos, mapas etc.) não está fora de questão. Essa indicação, aliada às nossas descobertas segundo as quais um vidente remoto pode ser capaz de descrever e identificar letras do alfabeto, é um avanço extremamente encorajador, que merece novas pes-

quisas e estudos. A extensão do processo de visão remota de modo a incluir material de alta resolução, sobretudo quando houver capacidade de leitura, constituiria um avanço revolucionário para aplicações operacionais.

Ao longo de muitos anos, aprendemos a procurar videntes remotos inteligentes, bem-sucedidos e comunicativos. Dos seis que escolhemos na Army Intelligence [Inteligência do Exército], Joe McMoneagle era a estrela — embora um dos outros, Mel Riley, também fosse excelente. E todos os seis continuaram com o programa na Costa Leste. Joe também era um intérprete de fotos, além de excelente vidente remoto e artista. Trinta anos depois, ele provavelmente continue sendo o maior vidente remoto do Ocidente. Um ano antes de eu deixar

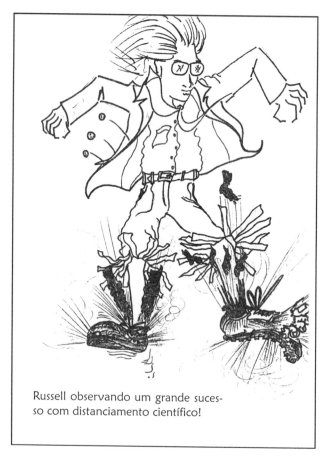

Figura 6.4. Charge de Russell Targ, por Joe McMoneagle.

o programa, em 1982, Joe fez uma charge minha em que apareço olhando para um de seus notáveis resultados obtidos por meios paranormais. Esse desenho é mostrado na Figura 6.4.

Um caso ilustrativo: em 1979, a Air Force Intelligence [Serviço de Inteligência da Força Aérea] obteve fotos de satélite que mostravam muita atividade em um grande edifício em uma cidade portuária soviética perto do mar Báltico. Estariam eles construindo um gigantesco navio de guerra ou seu primeiro porta-aviões? O trabalho era perfeito para um vidente remoto. Joe foi um grande sucesso porque às vezes ele conseguia descrever o que estava se passando *dentro* de um edifício que, nas fotos, aparecia apenas como uma pequena mancha. O que ele descreveu em uma série de desenhos feitos por visão remota foi um enorme submarino — com mais de 150 metros de comprimento, três vezes maior que qualquer submarino então existente. Além disso, ele disse que os tubos de lançamento de mísseis ficavam na parte dianteira do submarino, ou no centro de controle elevado, o que era diferente de todos os submarinos existentes na época. Se isso fosse verdadeiro, esse posicionamento permitiria que o submarino disparasse um míssil enquanto estivesse se movendo para a frente. E havia mais: no filme, o grande edifício em questão parecia estar situado a 400 metros do mar. Esse detalhe parecia pôr em descrédito a precisão da visão remota de Joe, na medida em que a expectativa natural seria a de que um submarino estivesse na água ou, pelo menos, bem perto dela.

Tenho informações de que muitos analistas da comunidade de inteligência da CIA riram dos desenhos de Joe. Contudo, quando os meses foram passando e as imagens via satélite começaram a chegar, ficou claro para todas as pessoas envolvidas que Joe McMoneagle havia, de fato, feito uma descrição parapsíquica da construção de um impressionante submarino soviético de 150 metros, da classe *Typhoon* [Tufão] — um ano antes de qualquer pessoa ter tido conhecimento desse navio de guerra no Ocidente. Além do mais, as imagens mostravam que a lacuna de 400 metros entre a água e o edifício havia sido rapidamente dragada e terraplenada pelos soviéticos a fim de criar um canal para o lançamento. Essa atividade é descrita em detalhes por Paul Smith em sua abrangente história do projeto de visão remota em Fort Meade em Maryland, onde ele trabalhou como treinador e oficial de segurança por sete anos. O título de seu excelente livro é *Reading the Enemy's Mind.*[1]

No mesmo ano, um bombardeiro russo TU-22 Backfire caiu no Norte da África e, depois de uma semana de buscas infrutíferas, um dos supervisores de nosso contrato*, Dale Graff, da Air Force Intelligence [Serviço de Inteligência da Força Aérea], pediu ao grupo de sensitivos em Fort Meade para ajudar a encontrá-lo. Houve um grande interesse em localizar o bombardeiro antes que os russos o fizessem, porque o avião, que era equipado para fazer reconhecimentos, estava repleto de livros com códigos criptografados e provavelmente continha armas nucleares. Se fôssemos os primeiros a encontrar o bombardeiro, teríamos as chaves que nos permitiriam ler a correspondência russa — uma perspectiva sempre excitante para a comunidade de inteligência.

Joe recebeu um grande mapa da África no qual ele poderia tentar comparar e registrar suas imagens mentais à medida que elas surgissem. A primeira coisa que ele viu em sua tela mental foi um rio que corria para o norte. Trabalhando com os olhos alternadamente abertos e fechados, ele seguiu o rio até que ele começou a correr por entre colinas com ondulações e depressões suaves. Depois de meia hora de trabalho, ele desenhou um círculo no mapa e disse que o avião estava entre o rio e um pequeno vilarejo mostrado por um ponto. Dois dias depois, o TU-22 foi encontrado por nossas forças terrestres dentro do círculo desenhado por Joe.

No que diz respeito à admissão, pelo governo, do uso de videntes remotos em condições operacionais, houve ocasiões em que as autoridades governamentais foram relativamente esclarecedoras. Segundo a Reuters, em um discurso aos alunos do Emory College de Atlanta em setembro de 1995, o ex-presidente Jimmy Carter teria afirmado que, durante sua administração, um avião russo caíra no Zaire e que "uma meticulosa varredura do terreno africano por satélites espiões norte-americanos não conseguiu localizar nenhum sinal dos escombros". O ex-presidente disse: "Foi então que, sem meu conhecimento, o diretor da CIA [almirante Stansfield Turner] convocou uma mulher [*sic*] com fama de

---

* No original, *contract monitor*. Esse profissional, aqui traduzido como "supervisor de contrato" tem, entre outras funções, a de gerenciar o cumprimento das cláusulas contratuais, notificar mudanças eventuais e coordenar os departamentos envolvidos com a pesquisa ou o trabalho em questão. (N.T.)

ter poderes paranormais". Ainda segundo Carter, "ela forneceu alguns números de latitude e longitude. Focamos as câmeras do nosso satélite naquele ponto e o avião estava lá". É provável que ele estivesse se referindo ao excelente trabalho de visão remota de Joe.

Visão remota pós-SRI

Deixei o programa do SRI no terceiro trimestre de 1982 – dez anos depois de ter ajudado a criá-lo. O programa tornara-se cada vez mais secreto e operacional, e eu não podia publicar mais nada que chegasse ao grande público. Além disso, eu sentia que não tinha me empenhado tanto em fazer pós-graduação só para me tornar um espião parapsíquico da CIA. Em particular, eu queria publicar o estudo muito importante que acabáramos de concluir com os seis voluntários do Exército. E também apresentar um trabalho sobre esse experimento extremamente significativo no centésimo congresso da Society of Psychical Research, que ocorreria na Cambridge University. Participei do congresso, tendo deixado o programa do SRI no mês anterior. Em seguida, escrevi *The Mind Race* em coautoria com Keith Harary, obra em que pudemos descrever a maior parte das pesquisas que não pude publicar enquanto trabalhava no SRI.[2] Esse livro, lançado em 1984, foi um dos mais populares que já escrevi. É claro que eu ainda não podia falar sobre nenhuma das atividades operacionais que havíamos realizado. Com o programa sob nova inspeção operacional do governo, Hal Puthoff deixou o SRI em 1985 para se dedicar à sua pesquisa original sobre flutuações de energia do ponto zero e à possibilidade (esperança) de extrair energia do vácuo que constitui o espaço "vazio". Nenhuma energia livre foi vista até o momento, embora pessoas sensatas ainda não consigam acreditar que essa proeza poderia vir a se mostrar possível algum dia. Talvez se descubra que ela está relacionada com a "energia escura" que ocupa 75% do universo. Hal está atualmente no Institute for Advanced Studies [Instituto de Estudos Avançados], em Austin, Texas.

Com a saída de Hal, a orientação do programa foi assumida por nosso colega, o dr. Edwin May, também físico, que estivera conosco desde 1975. E, cinco anos depois de assumir o controle, Ed e toda a nossa equipe do SRI mudaram-se para um conglomerado de pesquisas nas proximidades, chamado SAIC – uma empresa de pesquisa e engenharia que estava na lista das 500 maiores empresas compilada pela revista *Fortune*. Ed gerenciava o programa e aumentou enormemente seu alcance, passando a incluir muitas outras organizações de pesquisa, até que tudo foi encerrado em 1995.

Em maio de 1987, a Força Aérea pediu a Ed para realizar uma série de quatro testes experimentais relacionados com vários sistemas de energia direcionada, micro-ondas e armas de feixes de partículas. O vidente remoto nesses testes foi Joe McMoneagle, que vinha regularmente à Califórnia para trabalhar com Ed. Nos dois testes que descrevo aqui, um representante da Força Aérea veio até o escritório de Ed, apresentou-se apenas a ele e anunciou que visitaria dois locais naquele dia, um às dez da manhã e outro ao meio-dia. Como sempre, Ed não fazia a menor ideia de para onde o agente iria, e Joe não sabia nada sobre o objetivo do experimento. Nessa época, Joe não trabalhava mais com um entrevistador — ele não precisava de nenhum.

Às dez da manhã, fechado em um escritório tranquilo, Joe produziu um único desenho, que eu mostro na Figura 6.5. Ele disse que o alvo era algum tipo de instalação de grandes dimensões para pesquisa e desenvolvimento com uma fileira de árvores no lado leste. Em seguida, disse que o agente estava caminhando ao redor de um "edifício pouco comum, em forma de T, de seis andares e todo envidraçado", que ele desenhou na parte superior esquerda de seu esboço. As instalações foram identificadas como o Lawrence Livermore Laboratory, um laboratório norte-americano de pesquisas nucleares, cerca de 80 quilômetros a leste do SRI, e o edifício em forma de T que ele desenhou era o prédio da administração do local, em torno do qual o agente estava caminhando.

Embora os videntes remotos sempre gostem de receber *feedback* de um teste (para saber ao certo o que ocorreu) antes de tentar outro teste semelhante, não havia nenhum disponível nesse caso. Ao meio-dia, Joe dirigiu-se novamente para seu pequeno escritório e começou a aquietar sua mente e a expandir sua percepção. Ele viu algumas colinas ondulantes com postes aqui e ali. Então, desenhou o que viu, como mostro na Figura 6.7. Joe disse que esse lugar era parte de uma rede de energia e que havia alguma coisa girando na parte superior dos postes que ele havia desenhado. Nesse caso, o lugar era a Fazenda Eólica do Desfiladeiro de Altamont (Figura 6.8), pouco mais de 160 quilômetros a leste do SRI, nos contrafortes da cadeia de montanhas de Sierra Nevada.

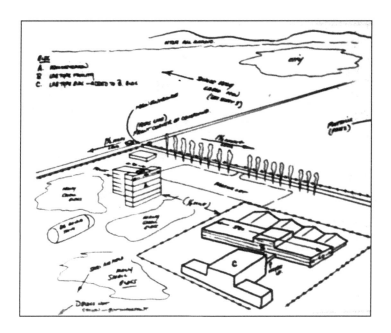

Figura 6.5. Desenho de Joe McMoneagle, feito por meio de visão remota, em que se vê aquilo que ele descreveu como um edifício de "seis andares, em forma de T e envidraçado".

Figura 6.6. Instalações de Pesquisa e Desenvolvimento do Lawrence Livermore. Observe a linha das árvores na foto e no desenho de Joe.

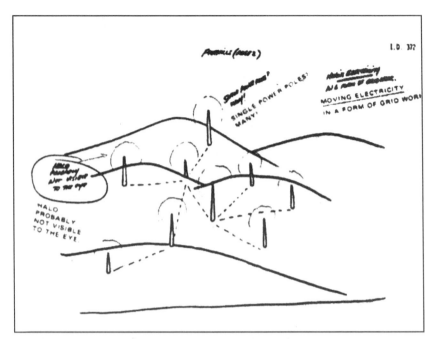

Figura 6.7. Desenho de Joe McMoneagle. Ele descreveu "alguma coisa girando sobre postes altos [...] parte de uma rede elétrica".

Figura 6.8. A Fazenda Eólica do Desfiladeiro de Altamont.

146

Mais tarde, o agente voltou para o laboratório e apresentou fotos e um *feedback* a Joe e Ed a respeito dos dois lugares que ele havia visitado. Tanto a Força Aérea como a CIA ficaram muito impressionadas com a precisão e os detalhes das respostas de Joe relacionados a esses dois alvos (aliás, Joe não havia visto nenhum desses dois lugares até então). Com o tempo passado no programa de pesquisas, Ed sentiu-se particularmente gratificado ao ver que, como no caso de Hella, não havia o menor indício de declínio das capacidades paranormais de Joe.

Um entrevistador nem sempre é necessário

Para os videntes remotos iniciantes, é importante saber que não é essencial ter um entrevistador. Sei que tenho enfatizado como é útil ter um entrevistador trabalhando conosco para realizar a parte analítica da tarefa da visão remota, mas você pode aprender a fazer esse trabalho sozinho. Os videntes experientes podem fazer a si mesmos as diferentes perguntas relativas às suas buscas à medida que trabalham. Descreverei esse aspecto da questão no Capítulo 11, no qual vou abordar a aprendizagem da visão remota.

Na CIA, um de nossos supervisores de contrato mais brilhantes e envolvidos com o trabalho era uma jovem com Ph.D. que tinha grande curiosidade sobre as possibilidades da PES. Era uma engenheira mecânica que aqui chamarei apenas de dra. P. Ela me disse que passou a trabalhar para a CIA logo depois de doutorar-se pelo Cal Tech e de ter lido *Experiências Psíquicas Além da Cortina de Ferro*,[3] porque estava convencida de que a CIA deveria ter um programa semelhante ao que Ostrander e Schroeder haviam descrito na Rússia — e ela estava certa.

Ao longo de nossa pesquisa, já contávamos com um médico e um físico como supervisores de contrato. Porém, quando a dra. P. chegou em 1976, vimo-nos diante de algo diferente. Ela trouxe uma abordagem mais ativa e participante. Ela disse: "Mandei dois sujeitos para a Califórnia e, uma semana depois, eles voltaram achando que já eram paranormais! Quero examinar detalhadamente todo o conjunto de normas reguladoras". Atendemos a seu pedido com grande satisfação. Hal e eu achamos a dra. P. muito interessante.

Era uma mulher atraente, de longos cabelos negros e, por algum motivo que nunca descobrimos, ela costumava chegar ao nosso laboratório às 9 horas da manhã vestida com muita elegância — bem diferente de tudo com que nos havíamos acostumado no SRI. A dra. P. queria ser tratada como mais um dos videntes remotos do programa, a fim de descobrir onde havíamos errado — ou, talvez, onde havíamos trapaceado com seus auxiliares. Ela fez dois testes de visão remota que resultaram em excelentes desenhos e descrições dos lugares--alvo escolhidos aleatoriamente nos quais Hal fora se esconder. (Nesses dois testes, o entrevistador era eu.)

Na manhã seguinte, a dra. P. elaborou um novo plano. Ela queria fazer sozinha a experiência da visão remota — sem entrevistador. Afinal, dizia ela, era possível que eu tivesse conhecimento da resposta o tempo todo e a encorajasse a seguir pela direção certa. Isso fazia sentido. Portanto, demos a ela o gravador e algumas folhas de papel e a deixamos no nosso laboratório. Ao sairmos, vedamos a porta hermeticamente porque, então, também não confiávamos *nela*.

Hal e eu fomos enviados por nosso gerador de números aleatórios para o gira-gira do Rinconada Park, a oito quilômetros do SRI. Fomos ao parque, tiramos fotos e fizemos uma gravação das crianças no gira-gira, que nos pediam para empurrá-las. Quando voltamos para o SRI meia hora depois, a porta ainda estava vedada e a dra. P. estava agachada em um canto do compartimento. Ela passara a maior parte do tempo com as mãos sobre os ouvidos porque estava preocupada com a possibilidade de que houvesse dicas subliminares provenientes de caixas acústicas embutidas nas paredes. (Obviamente, ela trabalhava para a CIA.)

Quando voltamos, constatamos que a dra. P. havia desenhado um objeto circular dividido em seis "cunhas" que giravam em torno de um eixo vertical, como o gira-gira, e que havia arcos na plataforma circular principal. Ela disse que, em sua opinião, a coisa toda tinha o nome de "cúpula", embora não tivesse certeza sobre o significado dessa palavra. (Nós também não sabíamos, mas hoje sabemos que uma cúpula é uma estrutura decorativa circular com aberturas horizontais a intervalos regulares, na parte superior de alguns edifícios russos e vitorianos.) Seus excelentes desenhos feitos por visão remota e sem nenhuma assistência são mostrados a seguir, na Figura 6.9, e depois disso nosso contrato com a CIA foi renovado por mais um ano. Devo acrescentar que essa experiência também é um dos grandes motivos que me levam a acreditar na percepção extrassensorial.

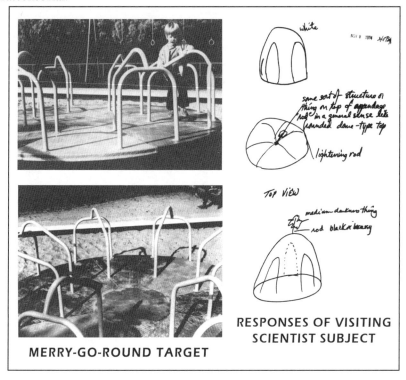

Figura 6.9. Desenho de um gira-gira usado como objeto-alvo, feito por uma vidente remota da CIA que trabalhou sozinha, sem entrevistador.

Chegamos agora ao fim de meu relato sobre os videntes remotos do Exército e dos supervisores de contratos da CIA. Porém, *há* vida depois do SRI. Nos últimos anos, as evidências da realidade da precognição e da retrocausalidade tornaram-se mais fortes e mais amplamente aceitas. Tivemos recentemente, inclusive, um Congresso Retrocausal patrocinado pela American Association for the Advancement of Science [Associação Americana para o Avanço da Ciência], cujas atas foram publicadas pelo American Institute of Physics. Não há como negar que estamos chegando à crista da onda.

Para nós, que acreditamos na física, a distinção entre passado, presente e futuro não passa de uma ilusão, ainda que persistente.
— Albert Einstein, 21 de março de 1955

(Aos filhos de seu bom amigo Michele Besso, depois de seu falecimento)

7

Já não Era sem Tempo:

A previsão do Preço da Prata em Dezembro e outras Questões Precognitivas

Einstein escreveu muitos artigos e ensaios sobre nossa compreensão equivocada a respeito da natureza do tempo. Os físicos não têm nenhum padrão de medida que lhes permita medir a passagem do tempo, como o fluxo de um rio que passa e faz girar a pá propulsora de uma embarcação. Um relógio simplesmente conta o tique-taque de seu sistema mecânico de escape; ele nada tem a dizer a respeito da passagem do tempo. Contudo, à medida que vamos descendo pelo nosso imaginário rio do tempo, podemos às vezes perceber turbulências mais adiante; talvez elas sejam causadas por pedras fora de nosso campo de visão, um pouco além de uma curva do rio. Portanto, a água límpida que vemos à nossa frente nos permite ter um vislumbre premonitório de problemas futuros que ainda estamos por encontrar. Há indícios muito fortes de que podemos aprender a nos tornar cientes desses vislumbres que nos são trazidos por nossa *percepção não local* para além do espaço e do tempo.

A precognição e as premonições referem-se a essa percepção, consciente ou inconsciente, de acontecimentos futuros que não podem ser inferidos a partir do curso normal dos eventos. Outra maneira de compreender essa ideia é pensar no evento *futuro* como se este afetasse retroativamente nossa percepção em um tempo anterior — o futuro influenciando o passado. Nas páginas seguintes, apresentarei algumas evidências convincentes da existência dessa capacidade, evidências, por um lado, obtidas em laboratório, e por outro advindas daquilo que gostamos de chamar de "vida real". É importante lembrar que as capacidades parapsíquicas não foram inventadas no laboratório. Fomos conhecendo-as à medida que suas manifestações ocorriam naturalmente, no campo, como costumamos dizer, e elas já estão conosco há milênios.

Ludwig Wittgenstein escreveu: "Aquilo de que não se pode falar deve permanecer em silêncio".[1] Esse foi um dos primeiros postulados da concepção lógico-positivista segundo a qual os cientistas e filósofos não podem escrever com absoluta certeza sobre coisas que não podem ser confirmadas ou refutadas, como a ideia de que o chocolate é melhor do que a baunilha. Perguntas intrinsecamente impossíveis de ser comprovadas ou refutadas, como "Deus criou o universo?" ou "A consciência é material ou imaterial?", podem levar a muitas discussões acaloradas. Contudo, não há nenhum experimento ou medição capaz de respondê-las, nem mesmo em princípio. Até o momento, tenho seguido à risca o princípio geral de que a confirmação é essencial, sobretudo no que diz respeito à visão remota. Agora, porém, vou descrever dados e experiências que desafiam a nossa compreensão comum do tempo e da causalidade. E as evidências indicam que há alguma coisa extremamente errada com nosso entendimento da causalidade (*causalidade* no sentido de entidade geradora que resulta em uma ação). Esse é um problema importante porque, do ponto de vista de um físico, se você não entende a causalidade, você não entende nada!

Um físico poderia admitir que é possível vivenciar alguma coisa que está ocorrendo a centenas de quilômetros de distância porque isso se assemelha um pouco a um "rádio mental". Ver algo a distância por meio da percepção extrassensorial parece um fenômeno causal, como a visão comum — só que um pouco mais. Por outro lado, para o físico (ou o filósofo) o fato de ver alguma coisa situada no futuro parece assustadoramente *acausal*. De fato, Einstein chegou a demonstrar interesse pela percepção parapsíquica em seu prefácio a um livro de Upton Sinclair, *Mental Radio*.[2] Porém, quando exploramos nossas experiências de eventos *antes* que eles ocorram, isso pode criar grande resistência epistemológica. Os físicos estão firmemente comprometidos com a Segunda Lei de Newton, a qual afirma que a força é igual à massa vezes a aceleração ($F = ma$). Isto é, quando você empurra um carro, a aceleração que este adquire é proporcional à força que você imprime a ele com o seu empurrão. O pressuposto implícito é que o movimento do carro vem *depois* do seu empurrão, e não antes dele. É isso o que geralmente queremos dizer quando falamos em *causalidade*. O evento vem *depois* da causa; é tudo uma função do tempo. Entretanto, os dados obtidos em décadas de pesquisas sobre a precognição mostram que o acidente de carro de quinta-feira pode levar alguém a ter um sonho terrível na noite anterior, influenciando, assim, o comportamento do viajante do dia seguinte — mesmo antes da ocorrência do acidente.

A esse respeito, é interessante notar que os dois aviões que atingiram as Torres Gêmeas, o que atingiu o Pentágono e o que caiu em um campo [na Pensilvânia] no dia 11 de setembro estavam com poucos passageiros, o que é muito incomum. Na ocasião, eu estava num congresso em Assis, na Itália, e guardei o *International Herald Tribune* de 12 de setembro de 2001 que, surpreendentemente, mostrava que naquela manhã fatídica *cada um dos quatro* aviões sequestrados estava transportando menos da metade do número habitual de passageiros. (Naquele dia, o fator de carga dos quatro aviões era de apenas 31%.) Talvez ainda se pudesse encontrar uma explicação para um avião incomumente vazio — mas não para todos os quatro. Houve um grande número de passagens reservadas, mas não retiradas da reserva. E, ao que tudo indica, muitas pessoas tiveram um mau pressentimento de que aquela não era uma boa manhã para tomar um avião. Do mesmo modo, William E. Cox (no laboratório de J. B. Rhine na Duke University) investigou desastres de trem e descobriu, na década de 1950, que os trens que se chocaram ou desencarrilharam na Costa Leste tinham um número significativamente menor de passageiros no dia do acidente do que tinham em outros dias — mesmo levando as condições atmosféricas em consideração.[3] Esses dados fornecem sólidas evidências de que as pessoas podem usar — e realmente usam — sua intuição do futuro para salvar suas vidas.

Na Tabela 4 a seguir, mostro os números de assentos disponíveis e o número de passageiros a bordo de cada voo. Uma vez que as listas de passageiros publicadas não incluem os supostos sequestradores, mostro números percentuais de ocupação e porcentagens que tanto incluem como excluem os supostos sequestradores. Todos os voos tinham taxas de ocupação inferiores a 52%, e a ocupação agregada era de apenas 31%. Embora os voos com menos da metade da ocupação plena não tenham sido incomuns naquele ano, o fato de que os quatro voos tinham poucos passageiros em 11 de setembro de 2001 sugere algo de extraordinário a respeito dos voos com alvos predeterminados.

Voo	Capacidade	Lista de passageiros	Porcentagem	Com sequestradores	Porcentagem
AA Voo 11	158	76	48,1	81	51,3
UA Voo 175	166	46	27,7	52	31,3
AA Voo 77	188	50	26,6	55	29,3
UA Voo 93	182	26	14,3	30	16,5
Total	694	198	28,5	218	31,4

Tabela 4. Taxas de ocupação dos aviões sequestrados em 11 de setembro de 2001.

Os sonhos precognitivos talvez sejam o evento paranormal mais comum que se manifesta na vida de uma pessoa média. Esses sonhos nos dão um vislumbre de acontecimentos que iremos vivenciar no dia seguinte ou no futuro próximo. Na verdade, acredito que o sonho precognitivo é geralmente causado pela experiência que realmente teremos em um momento posterior. Se você sonhar com um elefante passando diante de sua janela e acordar na manhã seguinte com um desfile circense passando pela sua rua com um elefante à frente (pela primeiríssima vez), diríamos que o sonho com um elefante na noite anterior foi causado pela sua experiência de ver o elefante na manhã seguinte. Esse é um exemplo de influência do futuro sobre o passado. Há um enorme corpo de evidências desse tipo de acontecimento.

Contudo, o que não pode ocorrer é um acontecimento futuro que *mude* o passado. É certo que nada no futuro pode fazer com que alguma coisa que já aconteceu *não* tenha acontecido. Isso seria uma contradição física (ou lógica). É o que os filósofos chamam de *intervenção paradoxal*, ilustrada pelo experimento de pensamento no qual você mata sua avó quando ela era criança, o que significa que você não pode existir — ou, pior ainda, deixa de existir. Esse fenômeno é interessante como objeto de reflexão, pois não há o mínimo indício capaz de indicar que esse tipo de contradição possa ocorrer. O poeta e astrônomo persa Omar Khayyam descreveu com grande beleza a imutabilidade dos acontecimentos passados nos famosos versos de seu épico atemporal, *Rubaiyat*, escrito por volta de 1100 d.C.:

O Dedo que se move escreve e, tendo escrito,
segue adiante: nem toda a tua Devoção ou Argúcia
o levarão a voltar para mudar ao menos meio Verso,
nem todas as tuas Lágrimas apagarão uma só de suas Palavras.

Descobrimos que os sonhos precognitivos tendem a exibir uma clareza incomum e geralmente contêm materiais bizarros e desconhecidos. Os especialistas em sonhos gostam de falar sobre a clareza *preternatural* de tais sonhos. Para saber se um sonho é precognitivo, você precisa aprender a reconhecer se ele não foi causado por (a) algum resíduo mental do dia anterior, (b) seus desejos ou (c) suas ansiedades. Por exemplo, se você não estiver preparado para um exame iminente e sonhar que fracassou, não consideraremos esse sonho como um exemplo de precognição. Por outro lado, se você já viajou de avião centenas de vezes e, de repente, tem um sonho assustador com um desastre aéreo, talvez seja conveniente repensar seus planos de viagem.

Um de nossos superiores governamentais de contrato da CIA estava em Detroit com seu colega fiscalizando outro projeto pelo qual era responsável. Embora tivessem ido dormir muito tarde em sua última noite na cidade, meu amigo não conseguia pegar no sono. Quando finalmente adormeceu, teve um sonho terrível em que estava em um avião em chamas. Ele passou todo o dia seguinte preocupado com o sonho, uma vez que tinha passagem para deixar Detroit naquela noite. Como o sonho havia sido horrivelmente realista, ele finalmente optou por tentar evitar essa experiência na vida real. Disse ao seu parceiro que ficaria mais um dia em Detroit. Sem dúvida, parecia-lhe muito improvável que haveria um desastre com o avião que ele tomaria; por outro lado, porém, ele tinha bons motivos para ficar apreensivo, uma vez que já havia presenciado muitos acontecimentos paranormais em nosso laboratório no SRI — e ele tinha em casa uma adorável filhinha que pretendia rever em breve. Tendo em vista que ele, como a maioria de nós, não queria parecer tolo ou supersticioso, nada disse a seu amigo sobre o motivo de ter adiado a viagem de volta. (E, em certos setores do governo, somos instruídos a não fazer muitas perguntas.)

No fim daquele dia, depois de levar seu colega ao aeroporto, nosso amigo pegou o carro e estava se afastando do aeroporto pela via de acesso quando ouviu uma explosão surda. O avião que ele tomaria havia caído, matando todos, inclusive o colega dele, deixando apenas um único sobrevivente. Nosso amigo passou uma semana em estado de choque. (Por coincidência, fiquei muito tempo estudando esse acidente específico quando, mais tarde, fui trabalhar na Lockheed para desenvolver um sistema a *laser* que permitisse prever e evitar acidentes desse tipo, em grande parte causados pela chamada "tesoura de vento".*) Lamento dizer que, aparentemente, esse acidente aéreo parece ter ocorrido por uma questão *kármica*, em decorrência de inúmeros fatores, que incluíam temperatura, vento, uma mudança de pista de decolagem e um erro grave do piloto. (Na tradição budista, *karma* diz respeito a operações intrínsecas ao mecanismo interno que liga a causa ao efeito.)

A que conclusões pode nos levar essa história verídica? Em primeiro lugar, é bem provável que a maioria das pessoas tenha um pouco de medo de voar. Porém, no que me diz respeito, nunca sonhei que estava em um acidente, e meu amigo tampouco havia tido algum sonho desse tipo. Por conta de seu trabalho, ele voava muito — milhares de voos. Portanto, podemos postular — sem realizar para isso nenhum levantamento — que os sonhos nos quais sofremos um acidente aéreo são muito raros. "Mas", já ouço você dizer, "ele não sofreu um acidente aéreo, apenas testemunhou um." Esse detalhe tem a ver com uma das questões mais interessantes de toda a pesquisa parapsíquica, e que pode ser assim formulada: "É possível usar uma informação precognitiva para mudar um futuro que você percebe, mas que não lhe agrada?". O problema decorre, sem dúvida, da ideia de que, se você mudar o futuro de modo que a coisa desagradável não lhe aconteça, de onde provém o sonho? Há duas respostas razoavelmente sensatas a essa pergunta, e as duas podem estar corretas.

---

* No original, *wind shear*. Essa expressão também pode ser traduzida como "gradiente de vento", "cisalhamento do vento", "cortante de vento". A tesoura de vento pode ser definida como uma brusca variação na direção e/ou na velocidade do vento em uma dada distância (vertical ou horizontal). (N.T.)

Em primeiro lugar, um sonho precognitivo não é uma profecia; é uma previsão baseada em todos os dados disponíveis no momento de sua ocorrência, ou "linha de universo". Se você vê o mundo como um enorme cubo espaçotemporal quadridimensional, então podemos ser considerados seres que se movem através da parte tridimensional, como João e Maria espalhando migalhas de pão. Da mesma maneira, movemo-nos ao longo da linha do tempo com uma velocidade de um segundo por segundo. Portanto, nossa vida *descreve uma trajetória* nas três dimensões espaciais e na dimensão temporal única desse grande cubo que abarca todo o espaço e o tempo. (Essa trajetória é conhecida como nossa linha de universo individual.) Se pretendo usar minha informação recém--recebida por meio da precognição, posso mudar o futuro. Por exemplo, se pretendo sair para jantar com uma mulher e tenho um sonho muito claro no qual a encontro num restaurante colorido e incomum, terei certo grau de confiança em que o jantar acontecerá — ainda que tudo possa não passar de um sonho como realização de um desejo. Contudo, se eu contar meu sonho à minha possível companhia para o jantar, ela poderia muito bem responder: "Eu estava planejando encontrá-lo naquele novo e interessante restaurante, mas, como não quero que você pense que sou escrava dos seus sonhos, só vou sair com você para jantar na semana que vem". Esse é o tipo de paradoxo do círculo vicioso sobre as afirmações autorreferenciais, que Bertrand Russell descreve em seu livro *Theory of Types* — falsificar o futuro usando informações vindas do futuro. O sonho é uma previsão de eventos que se realizarão no futuro *a menos que* você faça alguma coisa para mudá-los com base nessas novas informações. *Tal ação não prova a inverdade da previsão.* Não há paradoxo. Para tornar isso mais claro, tendo em vista que é motivo de muita confusão, podemos discutir outro exemplo hipotético.

Um mensageiro recebe informações de um espião que ficou sabendo que o inimigo vai nos atacar em algum momento futuro. Esta é a mensagem. De posse desses novos dados, lançamos um ataque-surpresa contra o inimigo e o escorraçamos. Fica claro, portanto, que ele não pode nos atacar e que não tenta fazê-lo. Em resultado desse acontecimento, porém, nós não fuzilamos o mensageiro nem o espião pelo fato de a informação deles não ter se consumado.

A mensagem descrevia o futuro provável, que teria se consumado sem a intervenção propiciada pela mensagem.

Uma segunda questão relacionada nos leva a perguntar: "Como posso sonhar que estou num acidente aéreo se, na verdade, não passo por essa experiência?". Nesse caso, a resposta é bem diferente. Você sonha com o acidente real e em seguida dramatiza os fatos de modo a incluir-se neles. Nosso amigo presenciou um acidente aéreo a uma distância razoável e, como era para ele ter viajado naquele avião, não teve nenhum problema em colocar-se dentro dele no seu sonho. Diríamos que o terrível acidente que ele vivenciou na tarde seguinte foi a *causa* do seu sonho da noite anterior. Esse fenômeno é chamado de *retrocausalidade*, e pode ser a base da maior parte das precognições. Contudo, é importante entender que um acontecimento futuro não precisa ser *diretamente* percebido ou vivenciado para que haja um efeito retrocausal ou para que origine uma percepção precognitiva em uma ocasião anterior. Os estudos realizados por Gertrude Schmeidler no City College de Nova York mostraram uma ocorrência significativa de precognição em testes de escolha forçada (nos quais se conhece toda a gama de alvos possíveis), usando alvos gerados por computador, *nos quais os videntes remotos não receberam nenhum feedback.*[4] (Isto é, nunca haviam experimentado o alvo diretamente.)

Ao dizermos tudo isso, estamos nos posicionando contra a existência de qualquer flecha do tempo implacável. Diríamos, em vez disso, que há certos fenômenos temporais irreversíveis, como a condução e difusão do calor, as reações químicas, o quebrar de ovos e, ai de nós, o envelhecimento. Em todos esses casos, uma filmagem do efeito em estudo nos revelará rapidamente se ele está correndo para a frente ou para trás. Por outro lado, há uma grande variedade de efeitos reversíveis que podem correr nos dois sentidos. Eles incluem todas as leis da mecânica que vigoram quando o atrito não está presente. Paradoxalmente, não há uma passagem de tempo discernível para um pêndulo oscilante, ou para o movimento browniano aleatório de partículas flutuando em um líquido. Portanto, parece que a irreversibilidade do tempo tem mais afinidade com *fatos* do que com *leis*. Tudo depende do tipo de evento que estiver sendo observado. Não há, obviamente, *nenhuma lei contra a precognição* e, em condições ideais, ela é uma ocorrência comum nos níveis atômico e subatômico.

Previsão do preço da prata em dezembro

Quando saí do SRI em 1982, organizei a Delphi Associates com outros dois sócios, Keith (Blue) Harary e Anthony White. Tony White era um bem-sucedido empresário e investidor. Nosso outro sócio, Keith, era um sensitivo e psicólogo de grande talento que havia trabalhado no programa do SRI por vários anos, como pesquisador e vidente remoto. Durante os seus três anos de vida, a Delphi, uma empresa criada totalmente a partir de nossa imaginação, teve dois grandes projetos *psi*, além de vários outros menores. Para nosso primeiro projeto, nossa equipe de sensitivos e investidores queria investigar a possibilidade de usar as capacidades paranormais para ganhar dinheiro no mercado. O segundo grande projeto era a criação de *video games* destinados a estimular as faculdades parapsíquicas para a Atari – a empresa de *games* do Vale do Silício. (Aliás, estivemos entre os poucos consultores a ser realmente remunerados quando a Atari implodiu de US\$ 2 bilhões a zero no terceiro trimestre de 1985.)

Para o nosso projeto de metodologias de previsão de mercados, tivemos a sorte de acrescentar ao nosso alegre grupo um grande investidor que também se interessava por assuntos de espiritualidade, Paul Temple, e um corretor de valores extremamente criativo e aventureiro, John Rende. É de conhecimento geral que a adivinhação de números ou letras por meios paranormais é uma tarefa de extrema dificuldade, e então sabíamos da impossibilidade de prever os preços de mercadorias de prata apenas pedindo ao nosso vidente remoto para que lesse os símbolos no grande painel da bolsa de mercadorias e, desse modo, conseguisse prever os preços futuros uma semana antes. Em vez disso, usamos um protocolo simbólico descrito pela primeira vez por Stephan Schwartz, da Mobius Society, e apresentado em seu livro *Opening to the Infinite*.[5] Nesse esquema, associamos um objeto diferente a cada um dos estados (preços) possíveis que o mercado poderia produzir na semana seguinte. Queríamos saber, com uma semana de antecedência, se a *commodity* chamada "Prata de Dezembro" (que pode ser comprada a qualquer momento antes de dezembro) estaria "um pouco em alta" (menos de um quarto); "em grande alta" (mais de um quarto); "um pouco em baixa ou estável"; ou "em grande baixa". Essas são quatro condições distintas que poderiam ser representadas por quatro objetos ou a eles associadas – por exemplo, uma lâmpada elétrica, uma flor, um livro e um animal empalhado. Para cada teste semanal, pedíamos a nosso homem de negócios, Tony White — que na verdade dirigia o projeto devido a exigências de sigilo em relação a Keith e a mim, em nossas condições de vidente remoto e entrevistador, respectivamente —, para que escolhesse quatro objetos extremamente diferentes (alvos ortogonais) e associasse um deles a cada uma de nossas quatro possíveis condições de mercado.

Somente Tony conhecia os objetos. E, sem dúvida, ninguém sabia qual era o objeto correto. Então, na segunda-feira eu entrevistava por telefone o nosso vidente remoto, Keith, e lhe pedia para descrever suas impressões do objeto que lhe mostraríamos na *sexta-feira seguinte*. O corretor então compraria ou venderia contratos futuros de prata totalmente com base no que o vidente havia visto, fosse uma flor, um ursinho de pelúcia ou outra coisa qualquer. Seria esse o objeto associado ao que o mercado faria nos quatro dias seguintes, razão pela qual esse protocolo é chamado de visão remota "associativa" (VRA). No fim da semana, quando o preço da prata finalmente fechava, mostrávamos ao vidente remoto o objeto correspondente ao que o mercado *realmente fizera*, e esse objeto era o *feedback* para a tentativa.

Nossas nove previsões no terceiro trimestre de 1982 estavam todas corretas, e ganhamos US$ 120 mil, que dividimos por igual entre a Delphi e nosso investidor. (E, em 1982, essa quantia não era pouca coisa.) Na verdade, nossa empresa apareceu na primeira página do *Wall Street Journal*. Erik Larson escreveu um artigo sobre ela, intitulado "Did Psychic Powers Give Firm a Killing in the Silver Market?".[6] E, em 1983, o produtor de televisão Tony Edwards fez um documentário sobre nós para a série *Horizon* da BBC. Mais tarde, esse filme tornou-se um programa da série *NOVA* da PBS, intitulado "The Case of ESP". O filme foi ao ar pela primeira vez na Inglaterra, como um programa de noventa minutos da BBC e, mais tarde, como um programa de 55 minutos nos Estados Unidos. (A direção da WGBH* de Boston explicou-me que precisou eliminar, da versão da BBC, a sessão de visão remota ao vivo, que durava sete minutos e fizera muito sucesso, porque o público norte-americano tem muito menos capacidade de concentração do que o público inglês.)

---

* Uma grande produtora pública de transmissão de rádio e televisão. (N.T.)

"The Case of ESP" foi mostrado várias vezes na PBS de 1984 a 1995, quando, por alguma razão desconhecida, desapareceu dos arquivos da *NOVA*. Hoje, também não se encontra mais nos arquivos da WGBH de Boston, que produziu o filme, e da Time-Life Books, que fez a distribuição comercial. Não estou fantasiando nada, pois tenho comigo uma fita máster da BBC e várias cópias em DVD do programa original em minha escrivaninha. (É interessante notar que 1995 foi também o ano em que o programa sobre visão remota foi oficialmente tornado público e extinto pela CIA.) O desaparecimento do filme nunca foi explicado. Meu palpite é que a CIA pressionou a *NOVA* a destruir o filme, uma vez que a *NOVA* era a detentora exclusiva de seus direitos autorais, e só ela tinha condições de fazer o filme desaparecer.

Para abrir totalmente o jogo, devo acrescentar que no ano seguinte não fomos bem-sucedidos em nossa previsão do preço da prata, possivelmente porque nosso investidor quis aumentar o número de tentativas para duas vezes por semana; por isso, o vidente remoto não recebia a tempo nenhum *feedback* da experiência anterior. Minha crença pessoal é que perdemos nosso foco espiritual e científico e ficamos excessivamente estressados diante da ideia de riqueza ilimitada (apesar de diferentes pessoas terem opiniões diversas sobre as razões de nossa incapacidade de reproduzir o sucesso. Mas todos nós estamos ficando muito cansados das pessoas que vêm nos dizer que talvez aquele tenha sido exatamente o nosso ano da sorte — pois que tentem fazer o mesmo).

A boa notícia, porém, é que a previsão do preço da prata voltou a ser bem-sucedida em 1996. Trabalhei com minha amiga e coautora Jane Katra, agente de cura espiritualista e Ph.D. em educação e saúde, e com outros dois bons amigos que eram matemáticos — Dean e Wendy Brown. Em um ambiente muito cordial, afetuoso e aberto, usamos um protocolo de codificação de redundância e obtivemos onze acertos em doze tentativas de previsão dos movimentos dos preços futuros da prata com seis passes, um resultado cuja probabilidade de ser obtido não é maior do que três vezes em mil tentativas. Toda semana, Jane e eu tínhamos nosso *pool* de alvos exclusivo. A ideia de codificação de redundância requer que precisamos ter *consenso* quanto à direção das previsões do mercado feitas por Jane e por mim (em relação à alta ou à baixa cotação dos preços da prata) para que a experiência possa seguir em frente, mesmo quando os objetos em nossos *pools* de alvos forem totalmente diferentes. Esse resultado altamente significativo mostra a eficácia da codificação de redundância, mesmo quando os sensitivos forem amadores. Publicamos nossos resultados mesmo não havendo nenhum dinheiro envolvido.[7]

Hoje, a principal aplicação da visão remota associativa são as apostas em eventos esportivos em Las Vegas. Vários membros da International Remote Viewing Association (IRVA), ou Associação Internacional de Visão Remota, afirmaram que estão se mantendo com essa atividade. Um deles enviou-me fotocópias de cheques de cassinos no valor de US$ 100 mil. Na mais recente reunião da IRVA (2010) em Las Vegas, participei de um seminário em que aprendemos a usar um pêndulo para prever acontecimentos futuros. Com o pêndulo que me deram, obtive rabdomanticamente, por duas vezes, a cor da carta, vermelha ou preta, que surgiria quando o baralho fosse cortado, duas vezes para saber se sairiam números pares ou ímpares em um lance de dados e, por último, uma vez para saber se surgiria cara ou coroa em um arremesso de moedas. Obtive cinco acertos em cinco tentativas e saí do salão. Gosto de parar de jogar quando estou ganhando – que é o que Ingo sempre recomenda –, de modo que esse foi um caso de interrupção opcional, com uma probabilidade exclusivamente aleatória de três vezes em cem. Minha PES me dizia que eu não seria bem-sucedido na sexta tentativa.

A seguinte escala de confiança, muito útil, foi usada em todas as nossas previsões financeiras por visão remota. Para fazermos um lance no mercado, em uma tentativa individual, era preciso que a transcrição de um vidente remoto ocupasse a quarta posição (ou uma posição mais alta) com relação a um dos alvos. Isto é, qualquer tentativa considerada inferior a quatro seria contada como um "eu passo" mesmo antes de sabermos a resposta do mercado.

Sistema classificatório de confiança

7. Correspondência excelente, incluindo bom detalhamento analítico (por exemplo, dar nome ao alvo), essencialmente sem informações incorretas.

6. Boa correspondência, com boa informação analítica (por exemplo, nomear a função do alvo) e informações relativamente pouco incorretas.

5. Boa correspondência, com elementos singulares, entre os quais há correspondência e sem ambiguidade, mas com algumas informações incorretas.

4. Boa correspondência, com alguns elementos entre os quais há correspondência, misturados com algumas informações incorretas.

3. Mistura de informações corretas e incorretas, mas com um número de informações corretas suficiente para indicar que o vidente fez contato com o alvo.

2. Alguns elementos corretos, mas em número insuficiente para sugerir resultados além dos que se poderia obter aleatoriamente.

1. Pouca correspondência.

0. Nenhuma correspondência.

Precognição no laboratório

Em um resumo exaustivo dos dados de pesquisa sobre o que chamamos de presciência paranormal do futuro, incluindo casos que se estendem de 1935 a 1989, Charles Honorton e Diane Ferrari constataram que 309 experimentos de precognição tinham sido feitos por 62 investigadores.[8] E também que mais de 50 mil sujeitos de pesquisa estiveram envolvidos em mais de 2 milhões de testes. Eles relatam que 30% desses estudos foram estatisticamente significativos por mostrarem que as pessoas podem descrever eventos futuros, enquanto apenas 5% seriam explicáveis aleatoriamente. A significância geral é maior do que 10^{20} para um (mais de 1 bilhão de bilhão), o que é equiparável a lançar setenta moedas de um centavo para o alto e *cada uma delas* der cara na superfície visível. Esse corpo de dados oferece evidências muito sólidas confirmando que a presciência do futuro é um fenômeno que de fato existe, e não pode ser atribuído ao dia de sorte de alguém. Não há dúvida de que temos contato com o futuro de uma maneira que mostra, sem sombra de dúvida, que compreendemos mal nossa relação com a dimensão do tempo que, em tão grande medida, nós consideramos como inquestionável.

Há anos, os parapsicólogos vêm tentando encontrar maneiras de estimular os sujeitos de seus experimentos a demonstrar vislumbres parapsíquicos do futuro. Os 309 experimentos coletados por Honorton e Ferrari foram experimentos de escolha forçada nos quais os participantes tinham de escolher qual, dentre quatro botões, acenderia imediatamente após a sua escolha, ou qual carta de baralho, dentre cinco, lhes seriam mostrada em um momento posterior. Em todos esses casos, algum tipo de gerador de números aleatórios selecionava os alvos, que não eram vistos pelos pesquisadores. Os sujeitos da pesquisa tinham de tentar adivinhar o que lhes seria mostrado no futuro, a partir de alternativas conhecidas. Em alguns casos, eles tinham de escolher que alvo seria aleatoriamente escolhido no futuro, e nesse caso *jamais receberiam absolutamente nenhum feedback* sobre qual seria o alvo correto — aquele que, de fato, *seria* o escolhido.

Há dois tipos de informações importantes para nós nesse estudo. Primeiro, vemos que há evidências esmagadoras da existência da precognição. Segundo — e mais importante —, ficamos sabendo que existem maneiras mais e menos bem-sucedidas de fazer experimentos. Verificamos que o sucesso ou o fracasso desses testes varia significativamente, dependendo de quatro fatores distintos. É importante que você tenha em mente esses fatores se quiser que os seus próprios experimentos sejam bem-sucedidos:

- Para começar, os experimentos são muito mais bem-sucedidos quando realizados com participantes experientes e interessados nos resultados, e não com pessoas inexperientes e desinteressadas. Por exemplo, fazer experimentos de percepção extrassensorial em uma sala de aula com alunos moderadamente entediados raramente dará bons resultados (mesmo assim, as pessoas insistem em fazê-lo). Além do mais, os participantes entusiasmados com o experimento são os mais bem-sucedidos nos estudos de precognição que descrevi até o momento, independentemente do fato de eles terem tido ou não qualquer experiência prévia. A diferença no índice de pontuação entre participantes experientes e inexperientes foi significativa na proporção de mil para um aleatoriamente.
- Outro fator é que os testes com participantes *individuais* eram muito mais bem-sucedidos do que os experimentos com grupos. Tornar os testes sig-

nificativos para cada participante é importante para que eles tenham sucesso. O nível de sucesso dos participantes individuais em comparação com o dos grupos foi estatisticamente significativo na proporção de trinta para um aleatoriamente.

- Sempre acreditei que o *feedback* é um dos canais mais úteis em todo o funcionamento *psi*. No caso da precognição, sinto que geralmente (mas nem sempre), a fonte da experiência precognitiva é a *experiência* que o vidente remoto tem quando lhe mostramos o *feedback* posteriormente. Essa visão é vigorosamente corroborada nos estudos de escolha forçada.
- Por último, os dados mostram que quanto mais cedo o participante recebe seu *feedback*, maior será seu índice de acertos. Em outras palavras, parece que, para os alvos de escolha forçada, é mais fácil prever o futuro imediato do que o futuro distante. Nos experimentos de laboratório, as pessoas eram muito bem-sucedidas na previsão de eventos com uma antecipação de segundos ou minutos, mas os resultados já não eram tão bons quando olhavam com horas ou dias de antecedência. Pelo que parece, esse é também o caso da precognição que ocorre naturalmente. Por outro lado, também é possível que as pessoas tendam a esquecer os sonhos de acontecimentos no futuro distante antes que eles tenham a possibilidade de ser corroborados.

Portanto, os quatro fatores importantes nesses estudos são:

1. Sujeitos de pesquisa experientes (talentosos) *versus* sujeitos inexperientes,
2. Testes individuais *versus* testes em grupos,
3. Testes realizados com *feedback versus* sem *feedback*, e
4. Breve intervalo de tempo entre a resposta do participante e a geração do alvo.

Além disso, eu acrescentaria um *quinto* item: experimentos de escolha forçada *versus* experimentos de livre escolha, sendo estes últimos muito mais bem-sucedidos por todos os motivos que até aqui discutimos. E sou totalmente favorável aos experimentos individuais. Todas as pesquisas extremamente bem-sucedidas no SRI foram realizadas com um único participante por vez.

Em toda a base de dados da análise Honorton-Ferrari, havia alguns experimentos que tinham todos os quatro fatores favoráveis, e alguns que tinham todos os quatro fatores desfavoráveis. Nas conclusões gerais desse trabalho, 87,5% dos estudos de fenômenos *psi* realizados foram bem-sucedidos e significativos, enquanto *nenhum* dos estudos totalmente desfavoráveis foi significativo do ponto de vista estatístico. Isto é, se você fizer tudo errado, seu experimento será um fracasso. Tendo em vista que atualmente fazemos todos os nossos experimentos nas condições mais favoráveis, acredito ser possível afirmar que aprendemos alguma coisa sobre os eventos *psi* nos últimos cinquenta anos. Na verdade, aprendemos muito.

Sabemos, por exemplo, que os testes de percepção extrassensorial de escolha forçada não são nada eficientes para induzir o funcionamento de eventos *psi*. Nos estudos acima citados, os experimentadores, na média, tiveram de realizar 3.600 testes para alcançar um resultado estatisticamente significativo. Com a visão remota, que é um tipo de experimento de resposta livre, geralmente só temos de fazer de seis a nove testes. E, no caso de nossos experimentos de precognição com Hella — que publicamos nos *Proceedings of the IEEE* — tivemos um total de quatro testes.

Pressentimento

Todos nós estamos familiarizados com a ideia de *premonição*, em que uma pessoa tem o conhecimento interior de alguma coisa que vai acontecer no futuro distante — em geral, algum acontecimento ruim, como um acidente de avião! Há também uma experiência chamada *pressentimento*, na qual se tem uma sensação interior, uma sensação visceral de que alguma coisa estranha está prestes a acontecer. Um exemplo seria você parar repentinamente de andar por uma rua porque sente alguma inquietação e, no instante seguinte, um vaso de flores caísse de uma janela e se quebrasse aos seus pés — e não na sua cabeça. Esse seria um pressentimento útil.

Recentemente, tive um pressentimento útil: certa noite de sexta-feira, eu estava calmamente sentado à minha escrivaninha, pagando contas, quando começei a pensar obsessivamente no que aconteceria se eu perdesse meu cartão de crédito. (Até aquele momento, eu nunca havia perdido um cartão de crédito.) Esse medo era tão forte que parei de fazer o que estava fazendo e fui para o quarto ao lado, tirei meu cartão da maleta e escrevi seus números compulsivamente na minha lista pessoal de telefones. No dia seguinte, fui a uma feira de artesanato que ocupava vários quarteirões da University Avenue, a avenida principal de Palo Alto. Enquanto estive ali, comprei alguns belos vasos azuis de cerâmica. O dia estava muito quente e em uma barraca alguém vendia cerveja gelada e canecas de cerveja com estampas que celebravam alguma ocasião. Infelizmente, eu não tinha mais comigo nenhum dinheiro em espécie. Então, fui até um caixa automático ao lado de um banco perto dali e, com meu cartão de crédito, retirei algum dinheiro para a cerveja. Com o dinheiro em uma das mãos e um longo extrato bancário na outra, voltei o mais rápido possível para me refrescar com a cerveja. Dois dias depois, ao tentar pagar minhas compras em um supermercado, descobri, chocado, que meu cartão de crédito não estava na carteira. Depois de pensar um pouco, cheguei à conclusão de que o havia deixado no caixa automático da rua da feira de artesanato. Porém, graças ao meu pressentimento, eu havia anotado os números do cartão, o que me permitiu ligar para minha agência bancária e pedir que o cancelassem e me enviassem um novo. Eis a recompensa quando prestamos atenção aos nossos pressentimentos! Desde aquele dia, passei a saber de cor os números dos meus cartões.

Pressentimento no laboratório

No laboratório, sabemos que, se mostrarmos uma imagem amedrontadora a uma pessoa, haverá uma mudança significativa em sua fisiologia. Sua pressão arterial e frequência cardíaca, e a resistência elétrica da sua pele passarão por mudanças. Essa reação de "lutar ou fugir" é chamada de "resposta de orientação". O pesquisador Dean Radin mostrou, na University of Nevada e no Institute of Noetic Sciences, que essa resposta de orientação também é observada na fisiologia de uma pessoa alguns segundos *antes* de ela ver a imagem amedrontadora.[9] Em experimentos equilibrados, usando o método duplo-cego, Radin demonstrou que, se você estiver na iminência de ver cenas de sexo, violência ou lesão física mutiladora proposital, seu corpo se enrijecerá para enfrentar o choque ou a injúria. Contudo, se você estiver prestes a ver a imagem de um jardim florido, não haverá essa forte reação antecipatória (a menos que você seja um jardineiro). O medo é muito mais fácil de se medir do que a felicidade ("Todas as famílias felizes são parecidas...").

As imagens usadas por Radin em seus experimentos provêm de um conjunto de estímulos emocionais padronizados e quantificados, de uso corrente na pesquisa psicológica. Essas fotos mostram desde pessoas nuas em uma praia e homens esquiando colina abaixo, do lado positivo, até acidentes de carro e cirurgias abdominais, que, em geral, como se acredita, são coisas que provocam fortes emoções negativas. Imagens de copos de papel e canetas-tinteiro pertencem à esfera neutra. O resultado estimulante que ele relata é que, quanto mais emocional for a imagem mostrada ao participante em um momento *posterior*, maior será a magnitude da resposta do sujeito em questão *antes* que ele veja a imagem. Radin relata que essa correlação "dose-dependente", no que diz respeito à intensidade enunciada pelo impacto da imagem, é significativa em probabilidades superiores a cem para um. O professor Dick Bierman, da Universidade de Utrecht, na Holanda, replicou com êxito as descobertas de Radin. Contudo, ele precisou reunir um conjunto muito mais "extremado" de imagens para estimular parapsiquicamente seus alunos (um tanto mais *blasés*) de Amsterdã.

Diríamos que esse é um caso em que a percepção física direta da imagem, quando ocorre, provoca uma resposta física singular em um momento posterior. O futuro está afetando o seu passado. William Braud, em seu excelente livro *Distant Mental Influence*, descreve esses experimentos da seguinte maneira:

> Embora se considere que esse efeito de pressentimento reflita a precognição (o conhecimento do futuro) operando em um nível inconsciente do corpo, essas descobertas interessantes podem muito bem ser interpretadas como exemplos nos quais eventos objetivos (a apresentação do próprio diapositivo, ou a futura reação da pessoa à imagem nele contida) podem estar agindo retroativamente no tempo, de modo a influenciar a fisiologia da pessoa.[10]

Resultados ainda mais vigorosos foram obtidos pelos físicos Edwin May e James Spottiswoode, que mediram a resposta galvânica da pele de sujeitos do experimento que estão prestes a ouvir um som muito alto de tempos em tempos em seus fones de ouvido. Uma vez mais, as medições mostram que o sistema nervoso de uma pessoa parece saber de antemão quando ela será agredida por um estímulo desagradável.

Contudo, a evidência mais significativa dessa resposta conhecida como "pré-estímulo" vem do pesquisador húngaro Zoltán Vassy. Em seus experimentos, ele aplicava choques elétricos dolorosos como o estímulo psíquico a ser percebido por via precognitiva. Seus resultados são, de longe, os mais vigorosos de todos, uma vez que o corpo humano jamais se habitua a receber choques elétricos. Eles são sempre recebidos como um novo e alarmante estímulo, ainda que o choque esteja em seu futuro.[11] Por outro lado, depois que eu ouvi alguns estímulos de sonoridade altíssima no experimento de May, meu corpo rapidamente se habituou a isso e eu percebi que, na verdade, o ruído não ia me ferir, o que me tornava muito mais meditativo do que vigilante – provocando um declínio da resposta pré-estímulo. Essa reação pode ser tão somente minha, uma vez que tenho experiência como pesquisador e meditador. Mas ninguém fica bem quando sabe que está prestes a receber mais um choque elétrico.

Sentindo o futuro

Daryl Bem é um brilhante, criativo e bem-humorado professor de psicologia da Cornell University, além de um praticante consumado de mágica. Tenho a felicidade de considerá-lo um bom amigo ao longo das décadas em que desfruto de sua companhia. Depois de vários anos dedicados à investigação da psicologia da percepção na Cornell University, o professor Bem está agora realizando em laboratório um estudo pormenorizado da precognição e da premonição. Ele é profundamente indagador e tem um grupo quase ilimitado de alunos de cursos de graduação dispostos a participar de seus experimentos. Em um período de sete anos, Bem conduziu nove experimentos formais para examinar como nossos sentimentos e escolhas atuais podem ser influenciados por coisas que acontecem conosco *em um momento posterior*. Por exemplo, um homem que tenta decidir com qual de duas irmãs vai se casar pode ter a sensação de que embora uma noiva em potencial, Sue, seja muito mais bonita do que sua irmã, bem lá no seu íntimo ele pode sentir que a outra, Sarah, poderá torná-lo mais feliz no futuro. Poderíamos atribuir isso à sua sensatez. Ou poderíamos dizer que o futuro está acenando para ele. Bem nos mostra como descobrir qual é a alternativa correta.[12]

Todos os nove experimentos de Bem envolveram de cem a duzentos universitários, cada um dos quais deveria escolher uma de duas telas de vídeo com base em alguma coisa que eles veriam em um momento posterior. Esses alunos, porém, não têm conhecimento desse componente futuro. Às vezes, eles serão subliminalmente precognitivos a respeito do que *querem* no futuro. E às vezes as imagens exigem que eles sejam sensitivos a fim de evitar aquilo que *não querem* que aconteça.

No primeiro experimento de Bem, confidencialmente chamado de "Detecção Erótica", pede-se aos alunos para que atuem como voluntários em um experimento de PES pelo qual serão remunerados ou receberão uma parcela de crédito estudantil. Os alunos acham que esse é um tipo conhecido de experimento de PES no qual terão de adivinhar qual de duas telas lhes mostrará uma imagem depois que eles pressionarem um botão. Uma tela mostrará uma imagem colorida e interessante, enquanto a outra abrirá as cortinas digitais para mostrar apenas uma tela em branco. Isso é o que os alunos esperam, e é isso que o contexto e o arranjo experimental dão a entender. Na verdade, há três tipos de imagens disponíveis – eróticas, neutras ou negativas. Todos nós sabemos o que são imagem eróticas. As imagens neutras são flores e xícaras de café. E as negativas podem abranger acidentes de carro ou cirurgias abdominais etc. Porém, o que os alunos não sabem é que a localização da imagem será aleatoriamente escolhida *depois* que eles fizerem sua escolha. *E* que a escolha de um dos três tipos de foto também será aleatoriamente escolhida depois que eles pressionarem seus botões. Portanto, no momento em que eles pressionarem os botões, nem a imagem nem sua localização estarão determinadas. O resultado, não muito surpreendente, mostra que os graduandos são muito mais bem-sucedidos em descobrir a localização dos estímulos eróticos do que as xícaras de café ou os acidentes de carro. Na verdade, os estímulos eróticos aleatórios foram corretamente localizados com frequência significativamente maior do que os outros tipos de imagem — estatisticamente significativas com uma probabilidade de cem para um. E os alunos que foram avaliados como "extrovertidos" encontraram a imagem erótica em 57% do tempo, com uma probabilidade de quase 10 mil para um. Como afirmei anteriormente, os extrovertidos sempre se saem melhor nos testes de PES.

Descreverei outro dos experimentos de Bem, este sobre a *esquiva*.* Nesse caso havia também uma centena de alunos. A tarefa, porém, nem mesmo se assemelhava a um teste de PES. Cada sujeito fez 32 testes nos quais pôde ver brevemente (por 32 milissegundos) um par de imagens neutras, cada qual sendo a imagem espelhada da outra. A tarefa do aluno consistia apenas em pressionar uma tecla que correspondia, conforme indicação explícita, à "imagem que mais lhe agradasse". Depois da escolha feita pelo aluno, a imagem-alvo "correta" era então determinada por um gerador de números aleatórios. Se o aluno preferisse a imagem "incorreta", mostrava-se a ele "uma imagem *negativa* extremamente provocadora". Ela aparecia três vezes, muito rapidamente (durante 33 milissegundos). Os alunos conseguiam evitar com muito sucesso as imagens negativas, com uma probabilidade de 7 em 1.000. E, mais uma vez, os extrovertidos foram mais que duas vezes mais bem-sucedidos — evitando as imagens desagradáveis com uma probabilidade de 2 em 1.000 (P = 0,002).

Talvez o experimento mais interessante entre os nove conduzidos por Bem seja um que mostra a importância de estudar para um exame depois de você tê-lo feito. Isto é, depois que você fizer um teste, certifique-se de encontrar as respostas de todas as suas questões não respondidas. Bem mostrou a cada um de seus alunos uma lista com 48 palavras, com a duração de três segundos por palavra. Em seguida, pediu-se a eles que escrevessem todas as palavras das quais conseguissem lembrar-se. Foi esse o teste. Depois, mostrou-se aos alunos metade das palavras novamente e pediu-se que eles as escrevessem e classificassem como pertencentes aos reinos animal, vegetal e mineral. O leitor estará interessado em

---

* No original, *avoidance* (do verbo *avoid*, "evitar"). Essa palavra também poderia ser traduzida como "ato de evitar", "abstenção", "rejeição" ou até mesmo "evitação", que, apesar de dicionarizada, não soa bem e é pouquíssimo usada. O uso de "esquiva" se deve, aqui, ao fato de nenhuma das outras corresponder idealmente ao campo conceitual de "evitar". (N.T.)

saber que, na primeira fase do teste, as palavras estudadas *depois* de sua aplicação foram lembradas com uma probabilidade de 500 para um, superando assim as palavras que foram vistas uma única vez. É o que Bem chama de "Retrorrecordação II" (*Recall II*). Parece-me que os bons alunos sabem disso intuitivamente. E sentem-se induzidos a descobrir as respostas corretas.

Bem realizou sete outras variações sobre esse tema. Duas delas envolviam o que ele chama de *pré-ativação retroativa* (*retroactive priming*). Em outras palavras, ele dá ao participante do experimento uma dica da resposta certa, subliminarmente, *depois* que ele já fez uma escolha. Sabemos que as informações ou imagens subliminares no cinema podem fazer com que você tenha vontade de comprar pipoca ou Coca-Cola. Nesses experimentos, Bem pediu aos participantes para que expressassem seus sentimentos a respeito de duas imagens muito semelhantes que eles só puderam ver rapidamente, e sobre as quais deviam opinar se eram agradáveis ou desagradáveis. *Depois* que os alunos haviam feito sua escolha, um experimento mostrou-lhes subliminarmente a palavra *beautiful* (bonito) e, em outro, a palavra *ugly* (feio). Nos dois experimentos, as opiniões dos alunos eram significativamente influenciadas pelas palavras que apareceram rapidamente *depois* que eles haviam feito suas escolhas.

Uma descrição simples de todos esses experimentos consiste em dizer que elas são demonstrações de como o futuro afeta o passado. A significância global de Bem para essa série de experimentos é mais do que *um bilhão para um*. (Em outras palavras, a probabilidade de que os resultados fossem aleatórios eram de um em um bilhão.) Apresento um resumo dos resultados dessa metanálise na Tabela 5.

O artigo de 60 páginas de Bem documenta sua realização imensamente significativa e mostra que o futuro não só pode ser conhecido e sentido, motivo pelo qual ele intitula seu artigo de "Feeling the Future" [Sentindo o Futuro], mas, mais do que isso, nas mãos certas esses experimentos podem ser replicados com grande sucesso ao longo de um extenso período de tempo. Esse artigo é um em uma família de abordagens de pesquisa que mostram que o fenômeno *psi* não é nem frágil nem ilusório — na verdade, uma descoberta muito importante.

Experimento	Número de testes	Probabilidade
Detecção Erótica	100	0,01
Esquiva ao Negativo	150	0,009
Pré-ativação Retroativa I	97	0,007
Pré-ativação Retroativa II	99	0,014
Retro-habituação I	100	0,014
Retro-habituação II	150	0,009
Tédio Retroativo	200	0,096
Retrorrecordação I	100	0,029
Retrorrecordação II	50	0,002

Tabela 5. Resumo dos nove experimentos de precognição de Daryl Bem. A significância estatística para a série de nove experimentos é indicada pelo desvio-padrão aleatório de 6,6; $P = 1,34 \times 10^{-11}$. E as probabilidades contra a aleatoriedade são de 74.370.383.777 para um (74 bilhões para um)!

Detecção de míssil MX por meio de visão remota associativa

Poderíamos perguntar se, nas informações geradas pelo programa de visão remota do SRI, chegou a ocorrer alguma significância suficientemente importante para influenciar decisões no nível da ação política. Isso é certamente impossível de determinar, a menos que os elaboradores de planos de ação política viessem a público com alguma confirmação positiva. Um exemplo de um possível candidato é um estudo que fizemos no SRI durante os debates ocorridos no governo Carter acerca do posicionamento estratégico do Sistema Móvel de Mísseis MX. Naquele momento, para evitar a detecção, os mísseis deviam ser aleatoriamente transportados de um silo para outro em um campo de silos, em uma espécie de "jogo dos copos"* de alta tecnologia.

Em uma simulação de computador de um campo onde vinte silos com mísseis ficavam aleatoriamente dispersos (ocultos), conseguimos mostrar, com relativa eficácia, que a aplicação de uma sofisticada técnica de determinação estatística de médias poderia, em princípio, permitir que um adversário invalidasse

---

* No original, *shell-game*. A expressão também pode ser traduzida como "jogo dos dedais" e "jogo das bolinhas". O jogo consiste em ocultar uma bolinha sob um de três copos ou dedais e pedir a um apostador que adivinhe sob qual deles se encontra a bolinha.

o sistema. Nesse experimento, usamos informações geradas por visão remota associativa e amostragem sequencial, assim como havíamos feito na previsão do preço futuro da prata que descrevemos anteriormente. Hal Puthoff fez uma síntese dos resultados e os enviou aos gabinetes que os haviam pedido, e um relatório escrito, com os detalhes técnicos, circulou amplamente entre grupos responsáveis pela análise de ameaças — e causou certo impacto. O papel (se é que houve algum) que nossa contribuição desempenhou no conjunto de fatores subjacentes à consideradamente complexa decisão de cancelar um programa de muitos bilhões de dólares talvez nunca venha a ser conhecido e, *a priori*, deve sem dúvida ter sido considerado insignificante. Não obstante, esse é um bom exemplo do tipo de atividades que desenvolvíamos no SRI, que tinham implicações políticas potenciais por sua própria natureza.[13] Em palavras mais simples, acredito que nossa demonstração de que podíamos localizar, por via parapsíquica, sua simulação de mísseis MX ocultos, deve ter apavorado os membros do Office of Technology Assessment [Gabinete de Avaliação Tecnológica]. Ingo Swann foi o vidente remoto, e três meses depois o programa do "jogo dos copos" com silos foi extinto.

Até o momento, venho escrevendo sobre *conhecimento transcendental* — o influxo de informações derivadas de atividades paranormais. Contudo, há outra parte importante de nossas capacidades não locais que chamo de *ação transcendental*. Trata-se da exteriorização de nossa intenção de cura. No próximo capítulo, descreverei algumas das melhores e mais convincentes pesquisas que corroboram tanto a ideia como a prática de diferentes modalidades de cura a distância e de influência mental a distância, quer se trate de cura energética, de cura espiritual ou da mera atuação sobre a fisiologia de uma pessoa distante.

*Nossa ignorância sobre a cura supera imensamente
o entendimento que temos a respeito dela.
Algumas pessoas veem esse mistério como uma coisa boa.*
— Larry Dossey, MD

8

Influência Mental e Cura a Distância

Por que acredito na PES? Por que você deveria acreditar na PES? Como podemos adquirir certeza sobre qualquer coisa? Além de minha experiência de laboratório, tive duas experiências muito convincentes em apoio à minha crença, nenhuma das quais tem um número probabilístico a ela associado. Você ficaria mais convencido de que alguma coisa "paranormal" teria acontecido se (a) estivesse em uma festa, segurando um bastão de alumínio de trinta centímetros de comprimento e pouco menos de um centímetro de espessura, que você, possivelmente, não conseguiria dobrar e, depois de alguns cânticos e meditações, esse bastão se dobrasse na sua mão como um fio de espaguete; (b) estivesse de cama, padecendo há um mês de uma misteriosa doença debilitante, diagnosticada como câncer por varreduras de tomografia axial computadorizada, e um compassivo agente de cura se aproximasse de você e dissesse algumas palavras de conforto como: "Estas são apenas manchas na sua tomografia; não significam nada de grave, não indicam que você está doente!" — e, de repente, todos os seus sintomas desaparecessem! Qual dessas experiências faria de você um crente? As duas aconteceram comigo, e continuo a achar muito difícil decidir que opinião tenho a respeito delas. Ainda tenho o bastão de alumínio na minha escrivaninha, e continuo vivo vinte anos depois de o hospital ter estado na iminência de tratar meu problema com quimioterapia.

Neste capítulo, pretendo explorar algumas questões sobre a cura e a natureza da influência mental a distância no laboratório, em que os pensamentos de uma pessoa exercem um efeito mensurável sobre a fisiologia (frequência cardíaca, resistência elétrica da pele etc.) de outra pessoa. E vou relatar esse fenômeno como evidência da veracidade da cura a distância. Para tanto, duas questões de importância crucial devem ser respondidas. Em primeiro lugar: "Qual é a mais sólida evidência de que os pensamentos de uma pessoa podem, de fato, influenciar ou curar o corpo físico de alguém a distância?". A segunda pergunta, igualmente importante, diz respeito às expectativas de quem recebe a cura, o paciente: "Se estivermos convencidos de que somos medidas iguais de *corpo*, *mente* e *espírito*, então qual desses elementos esperamos que o agente de cura irá afetar?". A resposta que considerarmos mais apropriada provavelmente dependerá do fato de estarmos trabalhando com um agente de cura paranormal conhecido, com um agente de cura energético, por exemplo, alguém capaz de curar pela imposição das mãos, com um agente de cura espiritual, ou com alguém totalmente diferente.

O carismático médico alemão Franz Mesmer foi o primeiro agente de cura a ser cientificamente estudado no mundo ocidental. Em 1779, ele foi a primeira pessoa a investigar sistematicamente a hipnose e a cura de uma pessoa exclusivamente por meio das *intenções* de outra. Embora esse tipo de cura já viesse sendo praticado desde os primórdios da humanidade, parece que Mesmer foi o primeiro médico a reconhecer e descrever a importância de uma vigorosa comunicação e conexão entre a mente do agente de cura e a de seu paciente. Ele obteve essa conexão por meio do uso de passes "magnéticos" rítmicos sobre seus corpos, até que eles entrassem em transe — em geral, por mais de uma hora. Mesmer também foi o primeiro a presumir que o trauma psicológico poderia estar relacionado com as doenças físicas, ou ser a causa delas. Sua metodologia e, por conseguinte, a palavra *mesmerismo*, foi a origem da hipnose para aplicações médicas.

Sem dúvida, as pessoas sempre reconheceram que certos indivíduos de suas relações tinham um dom especial para a cura. Há uma profusão de relatos de que os fundadores das maiores religiões do mundo — Buda, Jesus e Maomé — foram grandes agentes de cura. Jesus foi o mais famoso dos agentes de cura espirituais e, sob sua inspiração, a primeira geração de cristãos praticou a cura em suas comunidades.[1]

O que podemos fazer com nossa mente?

Quando penso no que chamamos de *atenção plena* como uma atividade, estou consciente de três oportunidades claramente distintas. Primeiro, há o *influxo* (*in-flow*) de informações que até o momento estivemos descrevendo neste livro. Esse influxo é o que chamamos de *percepção não local*, *visão remota* ou, mais apropriadamente, *sensoriamento* (*sensing*) *remoto*. Quando investigamos essa atividade cientificamente, nos últimos quarenta e poucos anos, ficamos cada vez mais habilidosos em ajudar pessoas a ter experiências paranormais precisas e confiáveis — percepções de objetos, acontecimentos e pessoas distantes e futuros.

Em segundo lugar, existe a possibilidade de vivenciar a *exteriorização* (*out-flow*) da intenção de cura, ou outras interações com o mundo físico exterior — frequentemente chamada de psicocinese (PK). Esta última também pode ser associada à influência sobre o lance de dados, ao movimento de um pequeno objeto sobre uma mesa ou até mesmo à possibilidadde de afetar o comportamento de um computador. Nas investigações científicas, os dados para o sensoriamento ou percepção remota são muito fortes, semelhantes aos resultados típicos de experimentos comuns de psicologia da percepção, como mostram os experimentos de Daryl Bem (veja o Capítulo 7). Os resultados da cura a distância também podem ser muito intensos e eficientes se o experimento for bem concebido e executado — isto é, se tudo for feito da melhor maneira possível. (Os experimentos de cura extremamente bem-sucedidos de minha filha Elisabeth Targ com pacientes de AIDS, que descreverei mais adiante, seriam um exemplo desse tipo de experimento.) Porém, considerados como um grupo, os experimentos laboratoriais ou hospitalares são muito variáveis. Por conseguinte, a maioria dos pesquisadores acredita que há fortes evidências de diferentes tipos de cura espiritual e a distância, mas que os resultados dependem muito de quem está à frente desse trabalho. Por outro lado, as evidências para a psicocinese obtida em laboratório — como mover objetos por meio de telecinese — são muito fracas. Conseguir obter determinado nível de significância estatística em um experimento que envolva psicocinese exige aproximadamente cem vezes mais testes que os exigidos por um experimento típico de visão remota, não obstante o fato de o meu bastão de alumínio ter-se dobrado. Diríamos que o *tamanho do efeito* da PES em geral é de dez vezes maior que o *tamanho do efeito* para a psicocinese.

O terceiro elemento da atenção plena não diz respeito a fazer *qualquer coisa*. É a oportunidade de fazer a percepção passar do nosso estado habitual condicionado, centrado no ego e na atividade de julgamento, para um estado de percepção despojado ou atemporal, expansivo e prazenteiro, geralmente descrito como o estar no agora, percepção na qual vivenciamos o mundo como ele é — livre dos nossos condicionamentos. Descrevo esse estado com alguma profundidade no Capítulo 12.

Hipnose a 1.600 quilômetros de distância

Leonid Leonidovich Vasiliev foi um pesquisador soviético pioneiro nos estudos de psicologia e fisiologia nos primórdios do século XX. Ele especializou-se no tratamento de sintomas de histeria por meio de hipnose. Contudo, ele mantinha alternadamente boas e más relações com o regime stalinista, que detinha um poder absoluto. Enquanto foi apoiado por Stalin, Vasiliev foi diretor do Instituto de Pesquisas do Cérebro de Leningrado, fundado por seu professor V. M. Bekhterev para investigar a hipnose como tratamento da histeria. Depois, por algum tempo nos primórdios da década de 1930, sua pesquisa foi considerada excessivamente espiritual, e ele ficou sem trabalho. Por volta de 1933, porém, Vasiliev estava de volta ao seu velho instituto, já agora com um programa devidamente materialista para investigar os efeitos da blindagem eletromagnética na indução hipnótica.

O interesse principal de Vasiliev sempre fora o uso da hipnose para a indução do sono. O que mais caracteriza o hipnotizador de palco é o momento em que ele começa a indução com as famosas palavras: "Você está sentindo sono. [...] Suas pálpebras estão ficando muito pesadas". Como Vasiliev relata em seu livro, ele ficou muito surpreso ao descobrir que os melhores sujeitos de seus experimentos hipnóticos às vezes caíam em um sono hipnótico quando ele ainda estava só *pensando* nessas palavras.[2] Posteriormente, seus experimentos mais famosos envolviam a indução do sono e da vigília a distâncias cada vez maiores, chegando a muitos quilômetros do sujeito hipnotizado. Depois de vários experimentos iniciais com o sono a distância, nos quais os sujeitos de pesquisa ficavam blindados no laboratório e também permaneciam confinados em uma casa e vigiados pela proprietária, ele passou a realizar experimentos formais com sujeitos sob rigoroso controle laboratorial, como faríamos atualmente.

Vasiliev construiu com aço uma cabine de testes. Tinha mais ou menos 1,8 metro de lado, era revestida de chumbo e selada por meio de uma calha cheia de mercúrio. Com ela, Vasilev pretendia examinar os efeitos da blindagem eletromagnética restrita. Para saber se o sujeito da pesquisa, uma mulher, estava em estado de vigília dentro da cabine, Vasiliev lhe pedia para apertar uma pera* de borracha oca cada vez que respirava. Um tubo de cobre que atravessava a parede da cabine conduzia o ar pressurizado, expelido da pera, para um dispositivo de registro pneumático, deixando esses movimentos registrados no papel cada vez que a paciente apertava a válvula. (O tubo pneumático era usado porque fios metálicos levados para fora destruiriam a integridade elétrica da cabine.) Vasiliev descreve como "excepcionalmente hipnotizáveis" duas de suas pacientes com problemas de histeria, Ivanova e Fedorova. Em estado hipnótico, elas conseguiam desenhar perfeitamente bem o que ele estava desenhando, e até mesmo sentir o sabor de substâncias que ele estava degustando. Vasiliev descreve essas mulheres como "particularmente adequadas aos nossos propósitos".

Depois, ele passou para um segundo compartimento blindado em uma sala distante. De acordo com um programa preestabelecido, ele visualizaria e, com toda a força de vontade de que fosse capaz, desejaria que sua paciente adormecesse ou acordasse. Ele observou que, de alguns segundos a um minuto depois de iniciar sua indução mental, os registros no gráfico de papel deixavam de ser feitos; e então, no momento apropriado, ele tentava acordar a paciente adormecida e os registros recomeçavam no gráfico móvel de papel — indicando que ela havia realmente acordado e recomeçara a apertar a pera de borracha. Vasiliev repetiu esses experimentos com muitas variações e os demonstrou perante a Academia de Ciências da Rússia. Sua grande empolgação com esses resultados decorria do fato de que o início do sono ou do despertar não diferiam em absolutamente nada, com ou sem blindagem elétrica. Isso mostrava conclusivamente que o meio de transmissão telepática *não* podia ser nenhuma forma conhecida de ondas eletromagnéticas, pois a blindagem não afetava a confiabilidade da conexão parapsíquica. Se tivesse havido um componente eletromagnético, isso significaria que o fato de ter colocado o sujeito

---

* "Pera" refere-se a um pequeno dispositivo oco de borracha com a forma da fruta. (N.T.)

do experimento em uma gaiola [a chamada gaiola de Faraday] teria reduzido a intensidade do funcionamento *psi*.

A fama duradoura de Vasiliev decorre de seus testes de hipnose a longa distância, durante os quais ele excluía qualquer possibilidade de alguma coisa vazar para os sujeitos de seus experimentos. Neles, seu parceiro de pesquisa — o professor Tomashevsky — foi enviado a Sebastopol, a 1.600 quilômetros de Leningrado, para ser o emissor telepático. Enquanto ali esteve, durante períodos experimentais de duas horas que haviam sido previamente combinados, ele exercia sua vontade de criar — na qualidade de um hipnotizador experiente — uma influência controladora sobre o sujeito da pesquisa que ficara no laboratório distante. Os efetivos intervalos de sono e vigília eram cegos (desconhecidos) para quaisquer dos observadores de Leningrado. Seus relógios eram sincronizados com a Rádio Moscou, e os períodos observados de sono e vigília desses pacientes hipnóticos bem treinados *não iam, uma vez mais, além de um minuto* a partir do começo da influência mental do emissor. Um teste de controle inesperado foi inserido, pois houve um dia em que o emissor estava doente. Portanto, não havia intenção hipnótica em Sebastopol, e nenhum aparecimento de indução hipnótica foi observado durante todo o período experimental de duas horas inteiras em Leningrado.

Como cientista que leu o admirável livro de Vasiliev na década de 1960, frequentemente refleti sobre a assustadora imagem de seus pacientes: mulheres doentes atuando como sujeitos de pesquisa, algumas parcialmente paralisadas, trancadas em seu escuro cubículo de aço, apertando obedientemente suas pequenas peras de borracha, acordando e adormecendo como passarinhos enquanto as paredes de suas cabines exalavam um miasma tóxico de vapor de mercúrio de suas linhas de junção. (Algum dia ainda haverá um filme a respeito.) Não há dúvida, porém, de que suas três décadas de meticulosas pesquisas fornecem evidências convincentes de que os pensamentos de uma pessoa podem, de fato, influenciar o comportamento de outra pessoa a distância — mostrando que os pensamentos são eficazes, não locais e existencialmente tão reais quanto qualquer outra coisa. Acredito que a dominação complexa e perturbadora da vontade aqui descrita só ocorra entre um hipnotizador experiente e um sujeito de experimento completamente cooperativo, experiente e submisso. Mas eu posso estar errado.

Esses experimentos que chegam até nós vindos dos primórdios do século XX podem parecer práticas de vodu e feitiçaria, ou até mesmo ser chocantes em confronto com os modernos padrões das pesquisas. Para este físico, porém, a observação de que a eficácia da conexão entre uma mente e outra independe tanto da distância como da blindagem eletromagnética nos soa extraordinariamente contemporânea, evocando tão somente outra modalidade de conexão não local. Ao apresentar a mais moderna concepção sobre esse tema, o eminente físico Henry Stapp, da University of California, em Berkeley, escreve:

> A nova física apresenta evidências *prima facie* de que nossos pensamentos humanos estão ligados à natureza por meio de conexões não locais: o que uma pessoa decide fazer em uma região parece afetar imediatamente o que é verdadeiro em outra parte do universo. Esse aspecto não local pode ser entendido se concebermos o universo não como um conjunto de minúsculos fragmentos de matéria, mas como um compêndio crescente de "fragmentos de informação". [...] E acredito que a maioria dos físicos quânticos também concordará que nossos pensamentos conscientes devem eventualmente ser entendidos dentro do campo da ciência e que, quando adequadamente compreendidos, ver-se-á que nossos pensamentos DE FATO FAZEM alguma coisa: eles serão eficazes [a ênfase está no original].[3]

Registro direto de PES a distância

Em tempos mais modernos que os de Vasiliev, muitos pesquisadores têm buscado uma maneira mais confiável e sensível de demonstrar que os pensamentos de uma pessoa podem afetar diretamente a fisiologia do sistema nervoso autônomo de outra pessoa distante. A observação de uma mudança correlata na frequência cardíaca ou na resistência elétrica da pele de uma pessoa distante é uma indicação muito mais objetiva e convincente de transferência de pensamento do que uma resposta telepática, que precisa ser mediada pela percepção consciente do receptor para só então ser verbalmente registrada ou desenhada.

Dois anos depois da publicação do livro de Vasiliev em inglês, o químico Douglas Dean, do Newark College of Engineering, demonstrou conclusivamente que os sistemas nervosos autônomos de sujeitos de pesquisa em seu laboratório respondiam diretamente aos pensamentos de uma pessoa distante.[4] Douglas era um inglês encantador e magnânimo que trabalhava incansavelmente para obter o reconhecimento das pesquisas em parapsicologia. Ao lado de Margaret Mead, foi o maior responsável por levar a Parapsychological Association, da qual era presidente, a ser aceita como afiliada à American Association for the Advancement of Science (AAAS), ou Associação Americana para o Avanço da Ciência, em 1969. Como Stephan Schwartz descobriu, o que poucas pessoas sabem é que Dean e seu grupo English Quaker receberam o Prêmio Nobel da Paz por seu incansável trabalho com foragidos e refugiados de guerra na esteira da Segunda Guerra Mundial.

Nos experimentos de telepatia conduzidos por Dean em 1965, os participantes ficavam calmamente deitados em uma cama de campanha, em uma sala escura no laboratório do químico no Newark College of Engineering, enquanto um pletismógrafo óptico — uma pequena lâmpada e uma fotocélula — registravam as mudanças de volume sanguíneo em um de seus dedos, o que proporciona uma medida da atividade do sistema nervoso autônomo. Nesses experimentos extremamente passíveis de replicação, o "emissor" ficava sentado em outra sala, diante de uma mesa de madeira dessas que são usadas por professores. A um sinal produzido por um *flash* luminoso, ele olhava para cartões ordenados ao acaso, com nomes escritos, à velocidade de um cartão por minuto. Observou-se que a atividade autônoma do "receptor" distante, conectado ao pletismógrafo, aumentava acentuadamente quando o emissor concentrava sua atenção nos cartões com alguns nomes escritos pelo percipiente, para o qual tinham significado pessoal ou emocional (mãe, esposa, namorada, corretor de valores etc.), em comparação com nomes aleatórios e impessoais que haviam sido retirados por Dean da lista telefônica. Enquanto os batimentos cardíacos do receptor eram registrados um por um, ele não tinha conhecimento de quando, no decurso de uma sessão de vinte minutos, os nomes significativos estavam sendo observados durante um minuto pelo emissor. O receptor é totalmente passivo nesse experimento. No fim da década de 1960, estive com Dean e ele me mostrou os dados de alguns de seus melhores colaboradores, para os quais a diferença entre as duas situações era geralmente tão acentuada que as mudanças na forma dos pulsos no gráfico de registro – por causa de um cartão particularmente estimulante – podiam, com muita frequência, ser direta e facilmente observadas, sem necessidade de sofisticadas análises ou cálculos de médias.

As melhores evidências de influência mental a distância

O dr. William Braud, do Institute of Transpersonal Psychology (ITP), em Palo Alto, Califórnia, trabalhou por mais de três décadas para chegar à compreensão daquilo que podemos chamar aproximadamente de "influência mental a distância". Braud, colaborando frequentemente com a dra. Marilyn Schlitz – atual presidente e CEO do Institute of Noetic Sciences (IONS), em Petaluma, Califórnia – realizou dezenas de experimentos para investigar a capacidade de uma pessoa para influenciar diretamente o comportamento psicológico sutil de outras pessoas em salas distantes usando apenas meios mentais. Esses experimentos incluíam tentativas de influenciar remotamente a pressão arterial de uma pessoa, assim como seu estado de relaxamento, conforme é medido pelas mudanças de resistência elétrica da pele (*resposta cutânea galvânica*, ou RCG). Outros estudos envolviam a tentativa de aumentar o índice de atividade de ratos-saltadores correndo sobre uma roda e de influenciar a direção espontânea em que nadaria o pequeno peixe-faca (um tipo de carpa). Todos esses experimentos que examinavam a influência mental a distância foram bem-sucedidos e, o que é mais importante, podiam ser repetidos.[5]

Braud acreditava que sistemas ou criaturas vivas ou *instáveis*, que já exibem algum nível de atividade, são mais fáceis de serem movidos ou afetados do que os sistemas em repouso, que apresentam um alto grau de *inércia*. Essa ideia é uma espécie de afirmação psicológica da terceira lei de Newton, segundo a qual os objetos em movimento tendem a permanecer em movimento, enquanto os objetos em repouso tendem a permanecer em repouso. Em suas tentativas para demonstrar a influência mental na década de 1940, o dr. J. B. Rhine também havia reconhecido que é mais fácil afetar a trajetória de um dado que cai do que fazer levitar dados em repouso sobre uma mesa.

Braud acreditava que se as criaturas não fossem suficientemente instáveis, ou fossem demasiadamente apáticas, poderia ser muito difícil fazê-las iniciar qualquer movimento. Se o comportamento normal de um animal estiver muito próximo do teto de sua atividade, então ele talvez esteja mostrando o máximo de ação que você pode esperar dele. Por exemplo, um rato-saltador seria um alvo melhor do que um caracol ou uma lesma, ou um beija-flor ou uma abelha. Seria muito difícil atrair a atenção da lesma, e igualmente difícil aumentar o nível de atividade do beija-flor.

O trabalho extremamente bem-sucedido de Braud geralmente envolvia o aumento e a diminuição do grau de relaxamento de pessoas em lugares distantes. Contudo, um de seus mais importantes experimentos consistia na tentativa de ajudar parapsiquicamente no tratamento de glóbulos vermelhos ameaçados. Em todos os seus outros experimentos com sistemas vivos, a criatura (até mesmo um peixe-dourado) tinha um nível de consciência que podia, em princípio, ser influenciado por uma pessoa distante.[6] Nos experimentos com células sanguíneas, pedia-se aos sujeitos de pesquisa no laboratório que influenciassem o comportamento dos glóbulos vermelhos, que, até onde sabemos, nunca demonstraram nenhuma consciência independente. Nesses estudos, os glóbulos eram colocados em tubos de ensaio com água destilada, que é um ambiente tóxico para eles. Se o teor de sal da solução afastar-se muito daquele do plasma sanguíneo, a parede das células se enfraquece e seu conteúdo transvasa para a solução. Essa situação lastimável é impassivelmente chamada de *hemólise*. O grau de hemólise é facilmente medido, uma vez que a transmissão da luz através de uma solução que contém glóbulos vermelhos intactos é muito inferior àquela que ocorre através de uma solução de células dissolvidas. Usa-se um espectrofotômetro para medir a transmissão da luz como uma função do tempo durante o experimento.

Os experimentos com hemólise constituíram uma série com 32 sujeitos de pesquisa diferentes; vinte tubos contendo sangue foram comparados para cada pessoa. Os sujeitos, situados em uma sala distante, tinham a tarefa de tentar salvar da destruição aquosa os corpúsculos sanguíneos em dez dos tubos-alvo.

As células sanguíneas nos dez tubos de controle tinham de se defender sozinhas. Braud descobriu que as pessoas que trabalhavam como agentes de cura remotos eram significativamente capazes de retardar a hemólise do sangue nos tubos que estavam tentando proteger.[7] Esses importantes experimentos demonstraram uma circunstância em que a mente do sujeito/agente de cura era capaz de interagir diretamente com um sistema vivo, e no qual não se poderia afirmar com razoável certeza que o resultado se devia ao efeito placebo ou a um agradável comportamento ao lado de uma cama. Outra descoberta surpreendente nesses experimentos foi que os participantes que apresentaram os resultados estatisticamente mais significativos foram ainda mais bem-sucedidos em proteger suas *próprias* células sanguíneas do que em preservar a vida das células provenientes de outra pessoa.

Esse resultado é aberto à interpretação. É possível que, se o funcionamento parapsíquico for considerado como uma espécie de ressonância, é como se uma pessoa estivesse mais em ressonância com uma parte de si própria do que com uma parte de outra pessoa. Em seu livro *Distant Mental Influence*, Braud resume essa ideia da seguinte maneira:

> Em termos concisos, as evidências até aqui compiladas [...] indicam que, em certas condições, é possível *conhecer e influenciar* os pensamentos, imagens, sentimentos, comportamentos e atividades fisiológicas e físicas de outras pessoas e outros organismos vivos — mesmo quando o influenciador e o influenciado estão separados por grandes distâncias no espaço e no tempo, para além do alcance dos sentidos convencionais.[8]

De mente para mente ou de mente para corpo?

Novos estudos de Braud e Schlitz mostraram que, se uma pessoa se limitasse a *voltar seu pensamento totalmente* para uma pessoa distante, cuja atividade fisiológica estivesse sendo monitorada, a primeira pessoa poderia influenciar as respostas cutâneas galvânicas autônomas (resistência elétrica da pele) dessa pessoa distante. Em quatro séries experimentais distintas, abrangendo 78 sessões, a participante ativa sentava-se em seu próprio cubículo minúsculo e fitava intensamente — de vez em quando de acordo com um conjunto de instruções randomizadas — a imagem da pessoa distante, usando, para isso, um monitor para um circuito fechado de TV. Esse olhar fixo intermitente bastava para influenciar de maneira significativa as respostas eletrodérmicas (GSR).* A pessoa que era objeto desse olhar fixo se limitava a ficar sentada em silêncio sob as luzes da TV, descansando ou meditando de olhos fechados. Nenhuma focalização intencional e nenhuma técnica de formação de imagem mental eram usadas pelo influenciador, a não ser manter o olhar fixo na imagem da pessoa observada na tela de TV durante períodos de controle aleatoriamente intercalados nos quais ela era (ou não) objeto desse olhar fixo. As pessoas que eram observadas intensamente não tinham o menor conhecimento de quando essas ações ocorriam.

Nesses estudos, Braud e Schlitz também descobriram que, entre as pessoas observadas intensamente, as mais ansiosas e introvertidas apresentavam as maiores intensidades de respostas eletrodérmicas inconscientes. Em outras palavras, as pessoas mais tímidas e introvertidas reagiam com estresse significativamente mais intenso ao fato de serem observadas do que aquelas mais sociáveis e extrovertidas. Grande parte da obra mais bem-sucedida de Braud concentrava-se em sua tentativa de deixar mais descontraídos os participantes distantes em situação de repouso. Esse experimento proporciona validade científica à experiência humana comum de uma pessoa sentir-se observada e de olhar para trás só para descobrir que alguém está, de fato, olhando para ela.[9]

Sob a direção do físico Edwin May no laboratório da Science Applications International Corporation (SAIC), financiado pelo governo dos Estados Unidos, em Menlo Park, na Califórnia, Marilyn Schlitz e Stephen LaBerge reproduziram com sucesso os experimentos de Braud e seus colegas, introduzindo algumas mudanças interessantes no protocolo. Em 1993, eles voltaram a medir até que ponto as pessoas percebem inconscientemente a influência telepática de alguém distante que está olhando para a imagem delas no vídeo. Em suma, há uma mudança sistemática em sua resistência elétrica da pele ou em sua frequência cardíaca. Como antes, os dois participantes só se conheciam superficialmente. No entanto, o trabalho de Schlitz e LaBerge diferia do trabalho anterior de Schlitz e Braud em aspectos significativos: em primeiro lugar, nesses

---

* *Galvanic Skin Response* (Resposta Galvânica Cutânea, GSR na sigla em inglês). (N.T.)

novos estudos o observador era instruído a tentar *estimular ou assustar* a pessoa para cuja imagem de vídeo estava olhando, ao passo que antes os influenciadores haviam sido instruídos a apenas olhar para a imagem de vídeo sem tentar influenciar diretamente a pessoa observada. E, em segundo lugar, no experimento de Schlitz e LaBerge os influenciadores estavam especificamente tentando aumentar a resposta de estresse do receptor.[10] É digno de nota que, dessa vez, o dr. May conseguira US$ 14 milhões de financiamento público para levar adiante a pesquisa parapsíquica em andamento. Nosso governo continuou a mostrar-se realmente interessado na pesquisa. Creio ser provável que o ser humano conheça esse fenômeno desde a época dos antigos gregos; isto é, se um homem olha para a nuca de uma mulher em um cinema, em geral ela se vira e olha para ele.

O dr. May tem outra explicação para muitos desses fenômenos de influência mental aparentemente distante. Uma vez que frequentemente temos evidências vigorosas de precognição no laboratório, não seria possível que tenhamos a capacidade de tomar decisões baseadas em dados obtidos por via precognitiva — decisões como quando começar um experimento, ou quem colocar em qual grupo? Ed May chama essa abordagem de Técnica de Aumento das Decisões.* Outros pesquisadores chamaram-na de Seleção Intuitiva de Dados. Por exemplo, se você está tentando mostrar que seu novo medicamento é eficaz, poderia escolher por via parapsíquica as pessoas que vão ficar doentes, colocá-las no seu grupo de controle e, a seguir, escolher as pessoas que vão se recuperar e colocá-las no grupo terapêutico. E, *voilà*, eis que o seu medicamento tem sua eficácia comprovada. Esse tipo de seleção intuitiva de dados não é um embuste. É uma maneira de intensificar paranormalmente seu resultado experimental, seja na medicina ou na PES. A presença da técnica de aumento das decisões não mostra que não existe qualquer PES em ação. Em vez disso, mostra que alguém pode, equivocadamente, alegar causalidade ou cura quando a verdadeira resposta é a precognição. Essa é uma preocupação cada vez mais importante à medida que vai se tornando cada vez mais difícil demonstrar a eficácia de medicamentos psicotrópicos para o tratamento da depressão e de problemas afins.

---

* *Decision Augmentation Technique* (DAT, na sigla em inglês). (N.T.)

O que temos a dizer sobre entortar colheres?

Uri Geller, o mágico e sensitivo israelense, visitou nosso laboratório no SRI no fim de 1972. Geller foi um hóspede adorável e tinha uma amabilidade e uma paciência incomuns com meus filhos pequenos, que imploravam por sua atenção. Muitos acham que Geller é uma fraude total e que ele nos engana com seus truques. Mas isso não é verdade. Com Uri, tivemos mais supervisão técnica e de controle dos nossos experimentos do que em qualquer outra fase de nossa pesquisa. Nesses experimentos rigorosamente controlados, Hal Puthoff e eu constatamos que Uri conseguia, por meios parapsíquicos, ver e copiar imagens que um artista e eu escolhíamos ao acaso, e que ele depois desenhava, trancado em uma sala opaca e eletricamente blindada. Os excelentes desenhos de Geller estão em nosso trabalho publicado pela revista *Nature* e em nosso livro *Mind Reach*.[11] Se considerarmos os experimentos com os desenhos de Geller como uma modalidade de visão remota, podemos dizer que ele era um excelente vidente remoto — mas, de modo algum, o melhor que já vimos no SRI.

Já dissemos em muitas reportagens que Uri não entortou nenhum objeto metálico no SRI. E, durante duas décadas, condenei como uma espécie de tolice toda a mania de entortar colheres. Há alguns anos, porém, presenciei alguns casos de entortamento de metais que mudaram meu modo de pensar. Nosso amigo Jack Hauk é engenheiro aeronáutico na McDonnell Douglas. Ele faz reuniões em que entorta colheres e às quais dá o nome de "Reuniões de PK" (psicocinese). Nessas reuniões, ele orienta e estimula os participantes a fazerem aflorar suas supostas capacidades paranormais e entortar colheres. Já vi um sem-número de colheres entortadas, mas nada que me parecesse significativo ou paranormal nessas reuniões — não até 1999, pelo menos.

Em nossa pesquisa contínua sobre a psicocinese em grande escala, Jack Hauk e eu estivemos juntos em um salão de baile em Palo Alto no qual estávamos tentando registrar em vídeo cenas de entortamento paranormal de metais: um esforço que quase sempre termina em fracasso. Quando estávamos nos preparando para ir embora depois de mais um evento decepcionante, ouvimos um grito agudo vindo de um dos cantos do salão. Era minha amiga Jane Katra, uma agente de cura espiritual. Ela estivera sentada em silêncio, meditando com uma colher de chá de aço inoxidável em uma das mãos quando, de repente, a colher "adquiriu vida" e a tirou subitamente de seu devaneio. Ela descreveu a experiência como uma sensação repentina de que havia um grilo agitando-se na palma de sua mão: foi o que a fez gritar. Quando muitos de nós corremos para ver o que tinha acontecido, vimos Jane olhando fixamente para uma colher de aspecto muito estranho. Enquanto estivera na mão dela, *a concha da colher* encurvou-se ou dobrou para cima 180 graus em direção ao cabo. Fotografamos a colher e a colocamos em um saco plástico. Quando chegamos em casa, a colher havia encurvado ainda mais, até 270 graus, e agora parecia uma pequena concha de nautilus ou de caracol. Em outras palavras, o que havia se dobrado fora a concha da colher, e não o cabo. Não consigo imaginar como — seja por força manual ou tecnologia de laboratório — uma pessoa possa ter feito isso, principalmente Jane, cujas mãos pequenas se machucavam até quando cortava rosas em seu jardim.

Um mês depois, eu e Jane tivemos a oportunidade de assistir a uma segunda reunião de PK. Dessa vez, mostrei-me à altura da situação e entortei em cerca de 30 graus um bastão de alumínio de 0,95 centímetro de espessura e pouco mais de 30 centímetros de comprimento, como mencionei no início do capítulo. Eu estava sentado de olhos fechados, meditando e segurando as extremidades do bastão com as pontas dos dedos (para evitar que, mesmo sem querer, eu aplicasse um pouco de força inconsciente), quando ele se tornou flexível em minhas mãos e curvou-se! Levei para casa dois bastões idênticos para que meus dois filhos atletas tentassem dobrá-los. Nenhum deles — ambos remadores altos e musculosos — conseguiu repetir minha proeza.

Não estou contando essas histórias para insinuar que eu e Jane tenhamos capacidades parapsíquicas especiais. Ao contrário, acho importante dizer para concluir que, de fato, *existe* algo que podemos chamar de entortamento paranormal de metais, e que não é preciso ter Uri Geller por perto para que isso aconteça. O corolário dessa verdade é que, se conseguimos entortar objetos metálicos durante uma reunião de PK, é bem provável que Geller, que deu início a essa loucura, também possa. O fato de que um mágico de palco possa fazer mágica mental ou fingir que entorta colheres no programa de TV *Tonight*

Show, apresentado por Johnny Carson, não significa que essas coisas não existam efetivamente.

Cura a distância em contextos clínicos

O dr. Daniel Benor, que faz pesquisas médicas, examinou mais de 150 estudos controlados, de várias partes do mundo, e os descreveu em seu livro *Healing Research*, de 1992. Ele reviu experimentos de curas parapsíquicas, mentais e espirituais realizados com vários organismos vivos, inclusive enzimas, culturas de células, bactérias, fermentos, plantas, animais e seres humanos. Em mais da metade desses estudos haviam ocorrido curas significativas.[12]

Em dezembro de 1998, o *Western Journal of Medicine* publicou um extraordinário estudo de cura a distância de autoria de Fred Sicher e de minha filha, a psiquiatra Elisabeth Targ. Nesse periódico empenhado em veicular a visão oficial da medicina, eles descreveram a pesquisa sobre cura realizada no California Pacific Medical Center (CPMC), um trabalho centrado no detalhamento e na descrição dos efeitos terapêuticos positivos da cura a distância, ou *intencionalidade de cura*, no caso de homens em estado avançado de AIDS. Os autores definiram a cura não local ou a distância como "um ato voluntário e consciente de mentalização, dedicado a beneficiar o bem-estar físico e/ou emocional de outra pessoa a distância", acrescentando que "de alguma maneira, isso tem acontecido em quase todas as culturas desde os tempos pré-históricos".[13] A pesquisa deles apresentou a hipótese de que uma intervenção de cura a distância, realizada intensivamente durante dez semanas por experientes agentes de cura espalhados pelos Estados Unidos, beneficiaria os resultados médicos de uma população de pacientes em estágio avançado de AIDS na área de San Francisco.

Para testar essa hipótese, os pesquisadores realizaram dois estudos aleatórios distintos, utilizando o método duplo-cego: um estudo-piloto envolvendo vinte sujeitos, todos homens — a dez dos quais dirigiram-se orações, sendo que os outros dez eram sujeitos de controle —, todos eles estratificados pelo número de doenças definidoras da AIDS (câncer, pneumonia etc.); e um estudo replicativo de quarenta homens formando pares cuidadosamente escolhidos por idade, contagem de células T e número de doenças definidoras da AIDS. O estado dos participantes foi avaliado por testes de psicometria e exames de sangue em três momentos distintos: quando de sua admissão; depois da intervenção de cura a distância; e seis meses depois, quando os médicos reviram seus prontuários. Nesse estudo-piloto, quatro dos dez sujeitos de controle *morreram*, enquanto todos os dez sujeitos do grupo de tratamento sobreviveram. Esse resultado, porém, talvez tenha sido prejudicado pela distribuição etária desigual nos dois grupos (um possível exemplo de DAT*).

Um estudo replicativo foi realizado seis meses depois. Nele, quarenta homens com AIDS foram novamente recrutados na área da Baía de San Francisco. Eles foram informados pelos pesquisadores que tinham uma chance de 50% de estarem no grupo de tratamento ou no grupo de controle. Todos os sujeitos foram cuidadosamente agrupados por idade, contagem de CD4 e doenças definidoras da AIDS. Quarenta agentes de cura a distância, de todas as partes do país, participaram do estudo. Cada um deles tinha mais de dez anos de experiência em sua forma específica de cura. Pertenciam às tradições cristã, judaica, budista, nativa americana e xamânica — além dos que representavam escolas "bioenergéticas" seculares. Cada paciente do grupo de cura era tratado por um total de dez diferentes agentes de cura em um esquema de rodízio. Pedia-se aos agentes de cura que trabalhassem com a pessoa a eles indicada por mais ou menos uma hora por dia ao longo de seis dias consecutivos, com instruções para "direcionar uma intenção de saúde e bem-estar" ao sujeito que estava sob seus cuidados. Nenhum dos quarenta sujeitos do estudo jamais havia se encontrado com os agentes de cura, do mesmo modo que nem eles nem os experimentadores sabiam em qual grupo alguém havia sido aleatoriamente inserido.

Quando o estudo estava na metade da sua duração, nenhum dos grupos de sujeitos tinha condições de adivinhar, com algum grau de acerto, se pertencia ou não ao grupo de cura. No fim do estudo, porém, havia muito menos doenças oportunistas no grupo de cura, permitindo que ele fosse identificado com probabilidades significativas contra o que seria de esperar pelo acaso! Uma vez que todos os sujeitos estavam sendo tratados com terapia tripla com drogas, não houve óbito em nenhum dos grupos. O grupo de tratamento teve melhoras

---

* Decision Augmentation Technique (Técnica de Aumento das Decisões). (N.T.)

significativas do ponto de vista médico e de qualidade de vida (numa proporção de cem para um contra o acaso) em muitos indicadores quantitativos, incluindo um menor número de visitas ao médico por pacientes não internados (185 *versus* 260); menos dias de hospitalização (10 *versus* 68); menos doenças graves adquiridas durante o estudo, como foi medido pela redução verificada nas pontuações indicativas da gravidade das doenças (16 *versus* 43); e uma intensidade significativamente menor de sofrimento emocional. Em seu resumo, Elisabeth Targ conclui: "Um menor número de visitas ao hospital, menor número de novas doenças graves, e grande melhora da saúde subjetiva sustentam a hipótese de que a cura a distância produz efeitos terapêuticos positivos".[14] O editor do periódico apresenta o trabalho da seguinte maneira:

> O estudo publicado a seguir pretende contribuir para o avanço da ciência e do debate. Foi revisto e revisado mais de uma vez por especialistas de renome nacional em bioestatística e medicina complementar. [...] Optamos pela publicação desse trabalho provocador a fim de estimular outros estudos sobre cura a distância, bem como sobre outras práticas e agentes complementares. É tempo de mais luz, menos escuridão, menos discussões [*heat*].[15]

Dois outros estudos importantes que também abordam a cura a distância foram publicados em periódicos médicos de renome mais ou menos na mesma época. Em 1988, o médico Randolph Bird publicou, no *Southern Medical Journal*, uma demonstração bem-sucedida de cura a distância usando o método duplo-cego. O estudo incluía 393 pacientes cardíacos do San Francisco General Hospital.[16] E, em 1999, o cardiologista William Harris, da University of Missouri, em Kansas City, publicou um estudo semelhante e igualmente bem-sucedido, dessa vez com 990 pacientes cardíacos.[17]

Os resultados dos três experimentos clínicos afastavam-se significativamente da expectativa aleatória. Contudo, é muito importante notar que o trabalho de Sicher e Targ requereu menos de *um décimo* do número de pacientes para alcançar a mesma significância. Uma explicação possível para esse maior *tamanho do efeito* ($Z/N^{1/2}$) está no fato de Sicher e Targ terem trabalhado com agentes de cura que contavam, cada um deles, com mais de dez anos de experiência de cura, enquanto os outros pesquisadores trabalharam com pessoas bem-intencionadas, mas bem menos experientes.[18]

Outro trabalho importante é uma análise detalhada de 23 estudos clínicos sobre prece intercessória e cura a distância publicado recentemente por John Astin e colaboradores em *Annals of Internal Medicine*.[19] Eles constataram que dezesseis estudos haviam sido adequadamente concebidos segundo o método duplo-cego. Suas análises desses trabalhos revelou um tamanho de efeito relativamente grande, de 0,4, com uma significância global de 1 em 10 mil para 2.139 pacientes. Além disso, duas excelentes análises dos mecanismos para os estudos de intencionalidade e cura a distância foram publicadas em *Alternative Therapies*, uma por Marilyn Schlitz e William Braud, e a outra por Elisabeth Targ.[20]

Devo encerrar este capítulo com uma nota de advertência. Nos últimos anos, houve dois estudos multimilionários sobre a eficácia da prece na recuperação de pacientes cardíacos, ambos realizados por hospitais de grandes universidades. Um deles é o chamado MANTRA (Monitoring and Actualization of Noetic TRAinings), da Duke University, conduzido pelo dr. Mitchell Krucoff. O outro, conhecido como Harvard Prayer Study, esteve sob a direção dos drs. Krucoff e Herbert Benson, que popularizaram a "Resposta do Relaxamento". Esses dois grandes estudos receberam muita publicidade dos meios de comunicação (em particular, do *New York Times*), que citavam, com zombaria e sarcasmo, a incapacidade de esses programas mostrarem que a prece intercessória tivesse qualquer efeito benéfico sobre os pacientes de cirurgias.

Antes do início do programa MANTRA, assisti a uma palestra do dr. Krucoff para cerca de cinquenta pesquisadores do Institute of Noetic Sciences, na qual ele descrevia seu estudo ainda prestes a começar. Ele nos disse que todos os agentes de cura seriam membros voluntários de sua própria igreja, e nenhum deles escolhido por sua experiência de cura, ou por seu potencial de cura. A isso ele deu o nome de "prece congregacional". Da plateia, argumentei que os estudos mais bem-sucedidos de pesquisa de cura haviam funcionado com agentes de cura muito experientes — no caso de Elisabeth, por exemplo, eles tinham décadas de experiência. Desconcertado, o dr. Krucoff respondeu que "o modelo médico exigia universalidade de aplicação".

O dr. Larry Dossey, um renomado especialista e autor de muitos livros sobre prece intercessória não local, publicou em um periódico um artigo no qual abordava essa questão. No que diz respeito aos experimentos de preces de cura, ele diz: "*Democratizar* as capacidades curativas é um esforço notável, mas as evidências de que dispomos até o momento sugerem que, em geral, isso produz resultados marginais ou não significativos" (itálico meu).[21] Portanto, minha última palavra sobre esse assunto é que, se você está doente e precisa de um agente de cura, encontre um que já tenha experiência.

Terapias alternativas

Na literatura sobre a cura, encontrei muitos caminhos diferentes, holísticos e criativos, que ofereciam tratamentos promissores para o câncer. Alguns pesquisadores descreveram curas extraordinárias com o uso de Laetrile, produzido a partir de caroços de pêssego. Também li a respeito de enemas feitos com café no México e de uma clínica de cura nos Alpes, dirigida por seguidores de Rudolf Steiner, na qual alguns médicos haviam formado um quarteto de cordas que tocava para os pacientes depois do jantar. No Texas, um centro de cura extremamente bem-conceituado era dirigido pelo dr. Carl Simonton, que relatou muitas curas admiráveis de pacientes que participaram ativamente da própria cura por meio do uso de visualizações em que se viam curados.[22]

Na Califórnia, a Commonweal Foundation oferecia várias terapias de apoio e encorajamento.[23] Havia também a abordagem da visualização como recurso terapêutico, de Jeanne Achterberg.[24] Uma das que mais me atraíram induzia o paciente a formar uma imagem mental das células cancerígenas sendo consumidas pelos leucócitos. Do ponto de vista do paciente, a boa notícia era que cada uma dessas abordagens apresentava alguns exemplos de pessoas com câncer em estágio muito avançado que seguiram esses procedimentos e foram curadas. Do ponto de vista do cientista, a má notícia era que nenhuma dessas modalidades de cura apresentava dados estatísticos que mostrassem uma porcentagem das pessoas muito doentes que haviam sido tratadas e, de fato, sobreviveram. Parecia que lavagens intestinais com café, quartetos de cordas e visualizações podiam, cada qual, alegar *algumas curas surpreendentes*, mas as probabilidades não pareciam muito boas. Se me fosse dada a escolha, se eu tivesse câncer novamente, eu provavelmente optaria pelos quartetos de cordas.

O único pesquisador que apresentou dados animadores foi H. J. Eysenck, na Inglaterra, que foi um dos pioneiros da terapia de apoio para o tratamento do câncer.[25] O tratamento dele era semelhante à Expressive-Supportive Therapy do dr. David Spiegel, que se mostrou bem-sucedida em ajudar mulheres com câncer de mama em uma pesquisa realizada na Stanford University.[26] Eysenck foi convincente ao demonstrar que as pessoas que viviam socialmente isoladas ou que raramente expressavam suas emoções — principalmente as emoções negativas de medo, raiva, pesar ou tristeza — eram significativamente mais propensas a ter câncer do que as que tendiam a manifestar seus sentimentos e emoções. Ele descobriu que os sentimentos reprimidos eram ainda mais perigosos para a saúde do que o álcool ou o tabagismo. Para lidar com essas emoções negativas, Eysenck criou uma abordagem, a que deu o nome de Creative Novation Therapy, em que ele ajudava o paciente a se reestruturar e mudar suas atitudes e sua visão de mundo.

O cirurgião William Nolan escreveu um livro, intitulado *Healing: Doctor in Search of a Miracle*, no qual descreve um de seus pacientes, que tinha um câncer gástrico metastático tão avançado e invasivo que se tornara inoperável.[27] Nolan suturou o homem e o mandou para casa, sem lhe dizer que sua expectativa de vida era mínima. Um ano depois, ele viu esse homem removendo neve com uma pá no quintal de sua casa em Buffalo, onde ambos moravam. Nolan ficou chocado ao ver que o homem ainda estava vivo. Quando o médico lhe perguntou sobre sua saúde, o homem agradeceu a Nolan por ter cuidado tão bem dele. Também disse que vinha se sentindo bem desde a operação. Essa cura milagrosa estimulou Nolan a viajar pelo mundo inteiro em busca de outros casos de cura espontânea, não tradicional. Ele visitou muitos agentes de cura e centros de cura famosos, mas sempre se decepcionava. Seu livro registra sua malograda busca por curas não médicas, embora ele ainda acreditasse que seu milagre pessoal tivesse realmente acontecido, uma vez que ele próprio o testemunhara.

O Institute of Noetic Sciences publicou um fascinante volume enciclopédico intitulado *Spontaneous Remission*, que cataloga várias centenas de casos bem documentados em que as pessoas se recuperaram de cânceres metastáticos apesar de terem estado a um passo da morte. O comentário que apresento a seguir, de autoria do dr. Lewis Thomas, foi extraído da introdução desse livro e faz uma síntese dessa situação, que para mim constitui *a maior oportunidade de pesquisa médica da atualidade.*

O raro, mas espetacular fenômeno da remissão espontânea do câncer persiste nos anais da medicina, totalmente inexplicável, mas real, uma possibilidade hipotética a ser agarrada na busca por uma cura. De vez em quando, surgem pacientes cujo câncer está em estágio muito avançado, além da possibilidade de cura. Eles submetem-se à cirurgia exploratória, o cirurgião constata a existência de metástases em toda a cavidade peritoneal e no fígado, e o paciente é mandado para casa — na verdade, para morrer em casa. Dez anos depois, porém, essa mesma pessoa aparece sem nenhuma doença, desfrutando de plena saúde. Hoje, a literatura científica mundial registra várias centenas de casos desse tipo, e ninguém duvida da validade das observações. [...] Mas ninguém tem a mínima ideia de como isso acontece.[28]

Hoje dispomos, pela primeira vez na história de nossa espécie, de evidências empíricas inquestionavelmente convincentes que nos levam a crer em alguma forma de sobrevivência pessoal após a morte.
— Robert Almeder,
professor de filosofia na
Georgia State University

9

Evidências de que Alguma Coisa Sobrevive à Morte do Corpo

Na Introdução deste livro mencionei que, no que diz respeito à percepção extrassensorial, escrevi-o tanto para os crentes como para os céticos. Um de meus guias recentes é o livro *On Being Certain: Believing You Are Right Even When You Are Wrong*, publicado em 2008 pelo neurologista Robert Burton, da University of California.[1] Ele escreve de modo assustador sobre como todos nós nos iludimos de vez em quando com falsas lembranças, premissas incorretas, noções falhas ou lógica equivocada. Nos oito primeiros capítulos deste livro, limitei meu texto a casos de PES de cuja veracidade estou cientificamente tão convencido quanto alguém poderia estar. Por exemplo, não tenho nenhuma dúvida de que ganhamos US$ 120 mil no mercado de mercadorias de prata unicamente por meio do uso de previsões paranormais, assim como estou certo de que nosso sucesso não ocorreu graças a grandes lances de sorte nas nove semanas em que fizemos nossas adivinhações. Como afirmou um corretor cético em um filme sobre nossas façanhas: "É muito difícil fazer qualquer coisa na vida com sucesso — principalmente quando esse sucesso acontece por nove vezes consecutivas".

Neste capítulo, escreverei sobre a reencarnação e a sobrevivência da identidade depois da morte do corpo. Uma das muitas razões pelas quais os pesquisadores da PES têm interesse pela pesquisa da sobrevivência está na evidência de que as entidades desencarnadas — o que quer que elas sejam — comunicam-se conosco e com médiuns por meio de algum tipo de telepatia mental. As evidências de que "alguma coisa" sobrevive são muito convincentes. Além disso, está claro que alguma coisa está muito errada com nosso entendimento da fenomenologia da sobrevivência, pois parece que as entidades sobreviventes, ou consciências, precisam residir *fora* do espaço-tempo convencional. Não obstante, as evidências de que ocorra algum tipo de sobrevivência são muito fortes. Descreverei vários casos bem recentes com os quais tenho alguma ligação pessoal, além dos personagens históricos que prepararam o terreno para nós.

Por exemplo, em sua vida quase toda dedicada à pesquisa, o psiquiatra Ian Stevenson, da University of Virginia, descreveu muitos casos em que uma criança afirma lembrar-se de uma vida anterior em outro vilarejo ou cidade. De fato, a criança é capaz de identificar e dar nome a seus "antigos" colegas de classe a partir de uma foto antiga na casa de seus "antigos" pais. Outras vezes, a criança consegue demonstrar habilidades adquiridas em sua vida anterior. Em um exemplo semelhante, testemunhado pelo renomado psicólogo e filósofo William James, um advogado nova-iorquino já falecido apareceu a um médium de Boston e conseguiu identificar e descrever 29 de 30 amigos que tivera em sua outra vida. Ao término de sua investigação, James escreveu no livro *Human Personality and the Survival of Bodily Death*, de Fredrick Myers:

> Minha convicção pessoal não constitui uma evidência, mas parece digna de registro. Estou convencido da honestidade da médium [sra. Piper] e da autenticidade de seu transe; e, embora estivesse inicialmente inclinado a achar que os "sucessos" por ela obtidos pudessem ser atribuídos a felizes coincidências ou ao resultado de seu conhecimento do consulente e de seus assuntos familiares, hoje acredito que ela estava de posse de um poder que ainda não foi explicado.[2]

A fundação da Society for Psychical Research

Em 1882, um grupo de cientistas e filósofos ingleses da Cambridge University estava começando a criar a Society for Psychical Research (SPR). Um dos líderes desse célebre grupo era o classicista, poeta e supervisor das escolas públicas inglesas, Frederic W. H. Myers. Na introdução de seu livro monumental (1.300 páginas), Myers escreveu:

> Na longa história do empenho do homem em compreender seu próprio meio ambiente [...] há uma lacuna ou omissão, tão singular que sua simples enunciação tem um quê de paradoxo. Contudo, é rigorosamente verdadeiro dizer que

até hoje o homem nunca aplicou os métodos da ciência moderna ao problema que mais profundamente lhe diz respeito — saber se há ou não, em sua personalidade, alguns elementos que sobrevivam à morte do corpo.[3]

Nos mais de cem anos transcorridos desde que Myers escreveu essas palavras, a ciência moderna respondeu ao seu apelo e dedicou-se à meticulosa compilação de milhares de comunicações mediúnicas, aparições de pessoas recentemente mortas, experiências de quase morte, experiências fora do corpo e casos de crianças que têm lembranças precisas de vidas anteriores. Em conjunto, esses dados fornecem a resposta que Myers estava procurando. E a resposta é que parece muito mais sensato acreditar que algum aspecto de nossa personalidade sobrevive, em vez de afirmar que nada sobrevive.

Mais recentemente, meu amigo e incansável pesquisador dos fenômenos paranormais Scott Rogo relatou um caso por ele descrito em uma antologia de 1990, de Gary Dore, intitulada *What Survives*.[4] Rogo narra a morte de James L. Chaffin na Carolina do Norte, em 1921. Chaffin tinha escrito seu testamento em 1905 e deixara todo seu dinheiro e propriedades para seu filho mais novo, James P. Chaffin, e nada para sua esposa nem para os dois filhos mais velhos. Contudo, quatro anos depois de sua morte, o caçula felizardo que ficara com toda a herança estava dormindo um sono agitado quando o espírito de seu pai lhe apareceu. A aparição disse: "Você encontrará meu testamento no bolso do meu casaco".

O rapaz encontrou o casaco, que havia ficado com um de seus irmãos deserdados, e nele descobriram uma folha de papel costurada ao forro do casaco. Depois de rasgarem o forro, ali encontraram uma nota que dizia: "Leiam o vigésimo sétimo capítulo do Gênesis na velha Bíblia do meu pai".

A Bíblia da família ainda pertencia à mãe deles. Ao ser aberta, ela se rompeu em três partes e um testamento, datado de 1919, foi encontrado — dividindo a propriedade em partes iguais. Como havia absoluta certeza de que a letra era do falecido pai, o testamento posterior nunca foi contestado.

É improvável que esse caso tenha ligações com telepatia ou fraude, pois nenhuma pessoa viva sabia da localização do testamento. O que mais preocupou os pesquisadores da época foi saber se o que permitira ao filho mais novo encontrar o testamento fora a habilidade da *clarividência*, embora isso nunca tivesse sido mencionado por ninguém e ele tampouco tivera alguma motivação consciente de encontrar o testamento. A isso se dá o nome de hipótese *superpsi*, e ela tem sido um dos temas mais polêmicos da pesquisa sobre fenômenos *psi* nos últimos cem anos. *Superpsi* é a suposta capacidade paranormal de conhecer toda a informação contida no universo e, portanto, invalidar as evidências de sobrevivência da consciência. É por isso que a demonstração de *habilidades* de uma pessoa já falecida (como descreverei mais adiante) é muito estimada entre os pesquisadores da sobrevivência após a morte. Em outro exemplo, esse mais contemporâneo, descreverei um caso que apresenta a possibilidade *superpsi* associada à última mulher a ser presa por bruxaria na Inglaterra — em 1944.

Churchill tenta salvar uma bruxa inglesa

Em 1944, em meio à Segunda Guerra Mundial, uma médium inglesa foi presa por bruxaria por causa das conversas que vinha mantendo com um marinheiro inglês que morrera afogado. Certa manhã, em Birmingham, a médium Helen Duncan estava conduzindo uma sessão espírita para um grupo de inglesas quando foi contatada pelo espírito de um homem cuja morte ocorrera muito recentemente. O homem afirmava ser marinheiro do encouraçado inglês H. M. S. *Barham* que, segundo ele, acabara de ser afundado pelos alemães. Ele estava presente ali naquele momento porque queria falar com sua mãe, que por acaso estava presente à sessão. Por meio da médium, ele disse à mãe que todos a bordo morreram afogados, inclusive ele — o que logo se confirmaria.

A história dessa sessão espírita e do *Barham* chegou rapidamente à Inteligência Naval Britânica, que imediatamente deteve a mulher, *aprisionando-a*, uma vez que eles queriam muito ocultar esses afundamentos para estimular o moral em tempos de guerra. A médium Duncan foi levada para a terrível prisão de Old Bailey, na Ponte de Londres, onde foi acusada da prática de bruxaria. Winston Churchill, primeiro-ministro da Inglaterra, era simpatizante dos fenômenos paranormais e intercedeu em favor dela, mas nada conseguiu. O governo argumentou que a mulher era uma bruxa, uma ameaça à segurança nacional e às atividades de quebra de códigos do governo. *A sra. Duncan ficou presa até o fim da guerra.* Churchill, porém, ficou tão enfurecido com essa atitude arbitrária que cuidou pessoalmente da revogação da lei antibruxaria da Inglaterra, que vigorava desde 1735. O empenho de Churchill também permitiu que a bruxaria fosse reconhecida como uma religião legítima, com os mesmos privilégios dos pastores e do clero. Um perdão póstumo à sra. Duncan estava prestes a ser concedido quarenta anos depois de sua morte, segundo informou a agência de notícias Reuters, em 1998.[5]

É óbvio que esse caso também não pode ser visto como fraude. Ele mostra que não precisamos voltar ao século XIX para encontrar médiuns de alta qualidade. A hipótese *superpsi* afirmaria que foi a própria capacidade de clarividência da sra. Duncan, sem a ajuda de qualquer espírito desencarnado, que lhe deu acesso à informação secreta. Nesse caso, porém, a explicação *superpsi* não lida adequadamente com a questão das circunstâncias significativas da mensagem. A conexão amorosa do filho morto com sua mãe é um importante elemento constituinte desse caso e de outros semelhantes, criando uma necessidade evidente de ele comunicar-se "a partir do outro lado". O que esse fato bem documentado, e que tem tudo para ser contemporâneo, realmente demonstra é a inequívoca capacidade da nossa mente de funcionar em domínios não locais, acessando informações não disponíveis por meio de qualquer canal comum.

Por que confiamos em Leonora Piper

Entre os melhores casos da famosa médium Leonora Piper, de Boston, encontra-se o de George Pellew, um jovem filósofo que havia se formado em Yale e trabalhava como advogado em Nova York. Ele morreu em 1892 em um acidente nessa cidade, pouco depois de uma única visita anônima à sra. Piper, que saiu ilesa de duas décadas de investigações por pesquisadores sensitivos e céticos. O professor William James, que ensinava psicologia na Harvard University, organizou pessoalmente sessões espíritas com a sra. Piper durante um ano e meio, depois do reaparecimento de Pellew no local onde a médium conduzia essas sessões. Depois, os trabalhos foram coordenados por Richard Hodgson, professor de Direito e um dos maiores e mais conhecidos desmistificadores do mundo. Por último, o professor James Hyslop, que ensinava lógica e ética na Columbia

University, assumiu o controle das investigações das aparições documentadas de Pellew.

Embora a sra. Piper, que era casada com um médico de Boston, nunca tivesse conhecido Pellew quando este ainda era vivo, ele apareceu para ela como um "controle" cinco anos depois de sua morte em Nova York. Um controle é uma entidade ou um guia espiritual aparentemente independente, que fala por meio de um médium em transe. Alguns pesquisadores acreditam que os controles não são, na verdade, espíritos externos, mas sim aspectos secundários da personalidade do próprio médium. Em minha opinião, porém, isso não parece aplicável ao caso Pellew.

Segundo Alan Gauld, em seu abrangente livro de 1983, *Mediumship and Survival*,[6] o controle Pellew, falando por intermédio da sra. Piper, foi confrontado por 150 pessoas anônimas — trazidas por James e outros — ao longo de um período de muitas semanas; e ela (ou ele) foi bem-sucedida(o) na identificação de 29 das 30 pessoas que haviam conhecido o adulto Pellew ainda em vida. A trigésima pessoa, um homem, deixou Pellew confuso. O fato é que ele havia sido um amigo de infância — portanto, de muitos anos antes dessa ocasião — que mudara muito desde que Pellew o vira pela última vez. Pellew manteve conversas com cada uma dessas pessoas, abordando questões íntimas da vida delas e de seus relacionamentos antigos.

O importante aqui é que, como a sra. Piper não havia conhecido George Pellew em vida, não lhe seria possível identificar os amigos dele nem os detalhes de seus relacionamentos passados, fosse por meios paranormais ou por outros meios quaisquer. Sua dramatização do caráter de Pellew e de seus modos idiossincráticos de expressão pareceu tão autêntica que os trinta amigos se convenceram de que haviam conversado com o amigo morto. Todos estavam dispostos a testemunhar que, de fato, haviam se comunicado com a inteligência sobrevivente de uma pessoa desencarnada que parecia ser George Pellew. O que mais poderia o pobre filósofo fazer para provar a sobrevivência do espírito humano?

O categórico argumento de Stevenson
a favor da reencarnação

Haverá em nós alguma coisa que nos permita acreditar, no que diz respeito à nossa vida, que também possamos dizer: *"[...] Ninguém a tira de mim; pelo contrário, eu espontaneamente a dou. Tenho autoridade para a entregar e também para reavê-la"*, como disse Jesus em João 10:18? Parece que a resposta é afirmativa. Ela nos é oferecida pelo trabalho monumental realizado na Faculdade de Medicina da University of Virginia pelo médico/psiquiatra Ian Stevenson, falecido em 2007. Desde 1960, Stevenson investigou casos em que crianças, em geral de 3 a 5 anos de idade, começaram a conversar com seus pais sobre lembranças de uma vida anterior que elas haviam tido. Seu primeiro livro, *Twenty Cases Suggestive of Reincarnation*, registra que essas crianças quase sempre têm lembranças detalhadas de suas esposas, maridos, filhos e casas "anteriores". Frequentemente, elas têm lembranças muito claras do modo como morreram e, quando isso é importante, de quem as matou.[7] Nos casos mais significativos estudados por Stevenson, as famílias anteriores das crianças vivem em uma cidade ou vilarejo distante e não são conhecidas pelos seus pais atuais. Uma importante subclasse de casos descreve essas crianças como pessoas dotadas de habilidades surpreendentes e possuidoras de informações que dificilmente poderiam ter adquirido em sua vida atual, como no caso em que a criança relatou suas lembranças em uma língua que seus pais desconheciam. Em um desses casos, um jovem fala bengali em uma família que só fala tâmil. Em outro, uma criança toca perfeitamente bem um instrumento musical que nunca vira antes. Embora a maior parte dessas crianças com lembranças e habilidades de uma vida anterior viva em países asiáticos, onde a crença na reencarnação é comum, em seus últimos anos de vida Stevenson publicou mais de oitenta trabalhos a respeito dessas recordações também em crianças pertencentes a famílias europeias e norte-americanas.

Para verificar essas extraordinárias afirmações, tanto os membros da família da criança como os da família distante são entrevistados, preferencialmente antes que as duas famílias se encontrem. Quando ocorre o encontro, quase sempre há uma cena profundamente emocional. Um desses fatos aconteceu quando um menino de 5 anos cumprimentou sua aparente esposa e seus aparentes filhos anteriores, demonstrando as emoções próprias de um adulto em tal situação — emoções que parecem inacreditáveis em um garotinho de tão tenra idade. Em situações desse tipo, uma criança consegue nomear muitos dos membros e amigos anteriores da família. E, com surpreendente frequência, a criança é capaz de dizer onde há dinheiro escondido na casa, em geral causando grande constrangimento a um membro sobrevivente da família.

As investigações mais recentes do dr. Stevenson de casos que sugerem reencarnação são ainda mais bizarras do que aquelas em que há lembranças de alguém que viveu antes. Ele vinha estudando casos em que uma criança com lembranças de uma vida passada também apresentava marcas de nascimento ou deformações físicas que correspondia à localização de cicatrizes no corpo, por conta de acidentes ou ferimentos na vida anterior rememorada. Em seu fantástico livro *Where Reincarnation and Biology Intersect*,[8] Stevenson mostra fotos muito nítidas de crianças e adultos que têm deformidades físicas correspondentes a relatos médicos e raios X da pessoa de quem a criança se lembra como uma encarnação anterior. Uma dessas crianças chega até mesmo a identificar e dar nome à pessoa que matou seu eu anterior! Em todos casos estudados, porém, Stevenson constatou que as crianças costumam se esquecer da suposta vida anterior entre a idade de 8 a 10 anos.[9]

O que teria possibilidade de sobrevivência?

Depois de dizer tudo isso sobre a possibilidade da reencarnação, permanece a importante questão — e logicamente fundamentada — que nos leva a perguntar *o que*, de um ser humano, teria a possibilidade de reencarnar. Em um caso, o menino hindu diz: "Sou realmente um rico brâmane com casa em Bombaim". Na verdade, ele parece ser filho de um empregado de escritório que mora em Calcutá. O menino parece ter lembranças vivas e verídicas de uma vida anterior que, de fato, foi a vida de alguém — e o fato é confirmado. As experiências de vida relembradas obviamente não ocorreram ao corpo presente que está reivindicando as lembranças. O menino sabe que é uma criança, mas, no nível do sentimento, quer tomar conhaque e estar com sua amante, como fazia nos velhos tempos.

Antes de sermos esmagados pela ideia de almas renascidas que vêm nos assombrar, seria conveniente tentar definir a reencarnação de acordo com o que observamos e separá-la de todos os diferentes sistemas de crenças que a reivindicam. O filósofo Robert Almeder definiu o termo em um extenso ensaio publicado em 1997, no *Journal of Scientific Exploration*. Ele considera a seguinte descrição como uma definição minimalista de reencarnação:

> Algumas personalidades humanas têm algo de essencial [...] que possivelmente não consigamos explicar apenas em função de estados cerebrais [...] ou das propriedades biológicas geradas pelo cérebro. [...] Além disso, depois da morte biológica esse atributo biológico irredutível às vezes persiste por algum tempo, de alguma maneira, em algum lugar, existindo independentemente do cérebro e do corpo anteriores da pessoa. Há também o fato de que, algum tempo depois, alguns desses atributos essenciais e irredutíveis da personalidade humana [...] passam a viver em outro corpo humano, quer por algum tempo durante o período de gestação, quer logo após o nascimento.[10]

Embora eu não seja basicamente um pesquisador da sobrevivência, tive uma ligação periférica com dois casos recentes que me convenceram da forte probabilidade de que alguma coisa realmente sobrevive — às vezes por um bom tempo. Tenho o prazer de incluir duas histórias importantes neste capítulo. Uma delas diz respeito a um espírito amigável de uma criança assassinada que salva a vida de uma garotinha perdida. A outra é a história de um jogador de xadrez já falecido que joga uma partida com um grande enxadrista vivo e permanece jogando durante quase cinquenta lances no nível de jogo do grande mestre. Os dois casos são muito bem documentados.

A criança perdida e encontrada

A história extraordinária que apresentarei a seguir sobre Haley, uma garota de 5 anos, e seu amigo espiritual incrivelmente prestativo, me foi contada em um evento de autógrafos de um livro pela avó da criança perdida e posteriormente encontrada. A avó em questão era mãe de um de meus colegas de pesquisas com *laser* em Boulder, no Colorado, onde ocorreu o evento de autógrafos. O que vem a seguir é a história do modo como ela me contou em 2008:

> Por muitos anos, não tive nenhum motivo para acreditar na existência de um mundo espiritual, mas também não havia nada que me levasse a não acreditar. Minha neta Haley acabara de fazer 6 anos. Era nossa única neta, uma criança brilhante e introvertida. [Em um domingo, 29 de abril de 2001] o avô dela e eu achamos que ela gostaria de um passeio pelos campos de flores silvestres na primavera, e então nos juntamos a outros três adultos para uma pequena excursão.
>
> Resolvemos desviar nosso trajeto, passando primeiro pelo Ozark Mountain Wilderness, um dos lugares mais fotogênicos do nosso estado, a caminho de nosso passeio por entre as flores campestres. Haley esteve muito bem enquanto seguimos por uma trilha em declive, mas se opôs a seguir em frente porque queria ir até uma pequena cachoeira que ficava em parte sob um paredão de rocha mais para cima do rio que estava logo abaixo de nós. Com uma típica rabugice de criança teimosa, ela insistiu em voltar para o início do passeio quando lhe dissemos que não mudaríamos nosso itinerário. Três dos adultos seguiram em frente e um amigo me fez companhia. Eu pretendia andar mais lentamente para que Haley não tivesse dificuldade em nos acompanhar. Algumas olhadas para trás mostraram que ela vinha nos seguindo, mas, como não queríamos novas cenas de birra e irritação, ficamos fora de seu campo de visão. Contudo, quando olhei para trás pela terceira vez, ela não estava visível e nem apareceu depois que a esperamos por alguns minutos.
>
> Achei que ela teria retornado à cachoeira e voltei rapidamente, embora não conseguisse vê-la. Uma trilha lateral que até então eu não havia visto parecia um caminho provável pelo qual ela poderia ter seguido, mas logo vi trilhas que se bifurcavam e um mato muito crescido, o que deixou claro que ela estava perigosamente separada de nós. Nesse ponto, a situação tomou vida própria.
>
> Logo teve início uma busca geral por toda aquela região, inclusive pelos vários rochedos, matagal cerrado e cachoeiras. Por fim, chegaram cachorros, helicópteros e centenas de pessoas que foram organizadas por grupos profissionais de busca e resgate. Muitos fizeram orações e todo tipo de ajuda possível foi colocado em prática. Era difícil acreditar que todo esse esforço não resultasse em nada, o que nos deixou angustiados e exaustos no terceiro dia de buscas. Fui a uma reunião da American Society of Dowsers [Sociedade Americana de

Rabdomantes], que ficava nas imediações de Fayetteville. Ali, um dos grandes rabdomantes dos Estados Unidos, Harold McCoy, refletiu sobre nossa situação desesperadora. Ele disse que a garotinha estava "sob os cuidados de uma mulher muito gentil", e que ela seria "encontrada por dois cavaleiros ainda naquele mesmo dia". [Durante um recente congresso nacional de rabdomancia, todos esses detalhes foram confirmados a mim, Russell Targ, por Gladys McCoy, esposa de Harold. Lamento dizer que Harold McCoy faleceu em 2010.]

Na tarde do terceiro dia, dois moradores daquela região, que conheciam muito bem o lugar e tinham cavalos, tiveram um pressentimento de onde Haley poderia estar, e resolveram fazer sua própria busca em vez de participar do grande esforço organizado. Depois de muito procurar, quando já estavam prestes a desistir, eles a encontraram, exausta, deitada sobre uma pedra na margem do rio que ficava abaixo do paredão de rocha. Depois de uma difícil viagem de volta, eles a levaram para o hospital e ali a deixaram, finalmente em segurança.

Como qualquer um pode imaginar, essa história transformou Haley e sua família em objeto de grande atenção, o que os fez tirar alguns dias de férias para fugir à agitação provocada pela imprensa em geral. Só então Haley começou a falar sobre a amiga que havia feito enquanto estivera perdida. Ela disse que o nome da garotinha era Elisha e que ela tinha 5 anos de idade. Elisha veio até Haley assim que ela se perdeu. Juntas, cantaram canções e brincaram, e foi Elisha que conduziu Haley pela trilha íngreme que atravessava um desfiladeiro muito perigoso. As autoridades acharam que teria sido praticamente impossível que uma garotinha fizesse todo aquele trajeto usando apenas uma camiseta e sandálias de dedo, e então resolveram ignorar as explicações de Haley.

Embora seja comum que algumas crianças tenham amigos imaginários, isso nunca acontecera com Haley. Não obstante, ela descreveu o cabelo e as roupas de sua colega e desenhou retratos dela. Comecei a imaginar se já teria acontecido algum incidente com uma criança perdida naquela região remota, e se haveria alguma possibilidade de conexão espiritual. Depois de consultar as autoridades para me informar sobre lendas ou histórias, descobri que uma criança havia sido assassinada e enterrada duas décadas antes, num lugar bem próximo àquele em que Haley fora encontrada.

Impressionada com essa informação, vasculhei jornais e autos processuais antigos. [A avó também tinha sido diretora da Liga das Mulheres Eleitoras local.] Entre esses itens em poder das autoridades havia uma foto da mãe da criança, juntamente com outras fotos de um culto religioso. Os membros do culto foram acusados e condenados pela morte da menina [cujo nome era Elisha] porque o líder do grupo, considerado como o "profeta", a havia declarado "possessa".

Minha busca pela mãe levou-me ao homem que havia atuado como seu advogado de defesa. Para minha surpresa, ele ainda se comunicava com essa mulher e concordou em nos pôr em contato. Os *e-mails* que se seguiram foram uma grande surpresa para nós dois. Fiquei sabendo que o mês e o dia em que Haley se perdera eram exatamente o mês e o dia em que Elisha havia sido sepultada. O nome atribuído por Haley à sua amiga era muito parecido com um nome que Elisha atribuíra a si mesma. Os estilos de cabelo e roupas que Haley desenhara eram parecidos com os de Elisha e refletiam os estilos da época em que ela morrera. [Calças boca-de-sino e camiseta com impressão em *batik*.]

Haley também nos falou sobre uma lanterna prateada que Elisha usava à noite, e que ela não deixava Haley segurar. Perguntei à mãe se a filha tinha uma lanterna, e ela me surpreendeu com o seguinte relato:

Elisha tinha uma boneca Raggedy Ann* com a qual costumava dormir. [Uma mulher do culto] tomou-a dela. Eu tinha uma pequena lanterna prateada que ficava no meu quarto porque Elisha tinha medo do escuro. Eu tinha três empregos, trabalhava de manhã à noite e acabei descobrindo que [a mulher] punha Elisha para dormir no escuro. Depois que lhe tomaram a boneca, Elisha começou a dormir com a lanterna. Eu acordava no meio da noite e percebia que a lanterna estava sob seus cobertores. Como ela chorava quando eu tentava tirá-la dali, na maioria das vezes eu deixava que ela dormisse com a lanterna.

Depois de refletir sobre essa possibilidade de um espírito infantil, fiquei imaginando se Elisha não seria, na verdade, uma isca para atrair Haley para longe dos adultos e fazê-la sair da trilha certa, e não um meio para salvá-la.

A parte dessa história que trata das trilhas nos cânions foi descrita em uma publicação particular, *The Search for Haley: An Insider's Account of the Largest Search Mission in Arkansas History* [A Busca por Haley: Relato de Alguém que

---

* Nome de uma boneca com roupas meio esfarrapadas, cabelo de lã vermelha e nariz em forma de triângulo. (N.T.)

Esteve por Dentro da Maior Missão de Busca da História do Estado de Arkansas], do fotógrafo e guia turístico Tim Ernst.[11] Ernst só estava ligeiramente interessado no aspecto de "história de fantasma" desse caso. O que o motivou a escrever seu livro foi sua investigação do que seria necessário para que uma garotinha com sandálias de dedo conseguisse chegar, sem ferimentos, do topo do cânion ao rio bem abaixo.

Esse é o fim da história de Haley, mas não é o fim dos feitos brilhantes de Harold McCoy naquele ano. Em seu livro recém-publicado, *Extraordinary Knowing*,* a psiquiatra Elizabeth Lloyd Mayer conta a história de uma harpa perdida e encontrada, história que, a seu próprio modo, é tão extraordinária quanto a de Haley.[12] Em dezembro de 2001, Meg, a filha de 11 anos da dra. Mayer, fez uma apresentação de harpa em uma sala de concertos em Oakland, na Califórnia. Durante as festividades que se seguiram a esse concerto de Natal, alguém foi aos bastidores, no lugar onde a garota deixara sua valiosa harpa, entalhada à mão, e roubou o instrumento. A filha ficou inconsolável com o próprio descuido, que resultara na perda de sua preciosa harpa.

Mayer escreve: "Durante dois meses, usamos todos os recursos disponíveis para descobrir onde estava a harpa — comerciantes de instrumentos musicais, polícia, TV, boletins da Harp Society —, mas nada funcionou. [...] Finalmente, um grande amigo sugeriu que eu chamasse um famoso rabdomante — Harold McCoy, em Fayetteville, Arkansas", que morava a 1.600 quilômetros de distância. Mayer ligou para McCoy e contou-lhe sua história. Depois de refletir por alguns instantes, ele disse que a harpa ainda estava em Oakland. Ele sugeriu que ela lhe mandasse um mapa das ruas de Oakland, que é uma grande cidade industrial a leste da Baía de San Francisco. Dois dias depois, McCoy telefonou e disse: "Localizei a harpa. Ela está na segunda casa à direita da rua D_, bem perto da avenida L_". Mayer localizou a casa, mas não sabia como proceder naquele bairro perigoso. E a polícia não a ajudaria a obter um mandado de busca. Depois de quebrar a cabeça sobre o que fazer, Mayer resolveu colocar cartazes em um raio de dois quarteirões ao redor da casa. Dois dias depois, ela recebeu uma ligação de um homem que dizia ter visto o cartaz e que seu vizinho do lado

---

* *Paranormalidade – Um Conhecimento Extraordinário*, publicado pela Editora Cultrix, São Paulo, 2009.

havia lhe mostrado a harpa. Depois de uma série de telefonemas, o vizinho concordou em encontrar-se com Mayer às dez da noite, atrás de um supermercado que ficava aberto a noite toda. A harpa foi devolvida. E, como escreve Mayer: "Isso muda tudo."

Uma partida de xadrez póstuma com um grande mestre

Você consegue imaginar uma partida de xadrez entre um grande mestre vivo e outro que morreu há cinquenta anos? Quem você acha que seria o vencedor? Bem, foi um jogo bem equilibrado. Vinte anos atrás, uma famosa partida de xadrez foi aparentemente jogada entre grandes mestres de xadrez, um vivo e outro morto. Um psicólogo alemão e um investidor suíço estiveram envolvidos nesse extraordinário exemplo de sobrevivência. O dr. Wolfgang Eisenbeiss e Dieter Hassler publicaram esse jogo entre grandes mestres no *Journal of the Society for Psychical Research* de abril de 2006.[13] Pediu-se ao médium de transe alemão Robert Rollans, que trabalhava com os pesquisadores, que encontrasse parapsiquicamente um grande mestre falecido que estivesse disposto e fosse capaz de jogar uma partida de xadrez com um grande mestre vivo, Victor Korchnoi. Rollans conseguiu encontrar o grande mestre húngaro Geza Maroczy, que havia falecido em 1950. A partida durou sete anos e oito meses e terminou em fevereiro de 1993, pouco antes da morte de Rollans aos 79 anos.

Pouco depois da publicação no *Journal*, enviei a reportagem com o escore final da partida para meu cunhado — o Campeão Mundial de Xadrez Bobby Fischer — que na época morava na Islândia, tendo sido resgatado de uma prisão japonesa por uma gentileza do governo islandês e da Confederação de Xadrez islandesa. Bobby (já falecido) respondeu dizendo: "Examinei o escore, e qualquer pessoa capaz de fazer cinquenta lances com Victor Korchnoi está jogando no nível de um grande mestre". Esse caso é de grande interesse para os pesquisadores da sobrevivência por mostrar que, além de personalidade e informação, um médium pode manifestar *uma habilidade do comunicador falecido em seu mais alto nível*. O grande mestre Maroczy forneceu, através do médium, todo tipo de informação pessoal, íntima e divertida sobre sua vida e suas interações com os grandes mestres de seu tempo, entre eles o cubano José Raúl Capablanca e o russo Alexander Alekhine (ambos campeões mundiais). Korchnoi disse que Maroczy jogou o mesmo tipo de meio-jogo de extrema complexidade que lhe deu fama na década de 1920. Em seu apogeu, Maroczy tinha sido o segundo maior jogador do mundo, assim como Victor Korchnoi também o foi. Foi uma partida encarniçada. No final, porém, o jogador vivo venceu.

O dr. Vernon Neppe, que é médico, pesquisador de fenômenos de sobrevivência e campeão de xadrez, escreveu uma cuidadosa análise do caso: "A Detailed Analysis of an Important Chess Match: Revisiting the 'Maroczy-Korchnoi Game' ["Uma Análise Minuciosa de uma Importante Partida de Xadrez: Revisitando o 'Jogo Maroczy-Korchnoi'].[14] A investigação pormenorizada do dr. Neppe mostra que, em 1986, talvez não houvesse computadores enxadristas suficientemente potentes para ficar no lugar de Maroczy quando a partida começou. Neppe assinala que, das 31 questões "esotéricas" apresentadas a Maroczy pelos pesquisadores, todas as 31 foram respondidas corretamente! Contudo, nos movimentos iniciais da partida (movimento dez), Maroczy fez um movimento com o rei — algo que, apesar de forte e popular em seu apogeu, passou a ser contestado desde sua morte. Com exceção desse movimento fraco, ele não cometeu nenhum erro significativo. No meio-jogo, Korchnoi disse que ele ainda não tinha certeza da vitória. Para o dr. Neppe e para mim, esse jogo refuta a hipótese do *superpsi*, isto é, a ideia do conhecimento universal, que descrevi há pouco.

O caso da correspondência cruzada de Myers

Quero voltar ao grande erudito inglês do século XIX, F. W. H. Myers, que passou boa parte de sua vida investigando evidências mediúnicas de sobrevivência da personalidade humana depois da morte do corpo. Seu livro principal, que se tornou um marco, *Human Personality and the Survival of Bodily Death*, contém muitos exemplos de comunicações espirituais que parecem surpreendentes, como telefonemas "interurbanos" dos mortos. Não obstante, ele sentia que a única maneira de ter certeza de que uma comunicação espiritual podia ser definitivamente atribuída a alguém já falecido, e não simplesmente à clarividência — ou percepção universal — por parte do médium, seria quando o espírito transmitisse informações às quais o médium não tivesse nenhum acesso, nem mesmo por meios parapsíquicos. (Esse é o motivo pelo qual a partida de xadrez *post-mortem* que há pouco descrevi é tão importante.) Um caso desses seria a única maneira de refutar o suposto *superpsi*, a hipótese da clarividência. Depois da morte de Myers, em 1901, tudo leva a crer que ele tenha realizado esse experimento postumamente. O falecido Myers enviou mensagens fragmentárias independentes a três médiuns famosos e muito distantes entre si na Inglaterra, na Índia e nos Estados Unidos. As mensagens só fizeram sentido ao serem combinadas e analisadas na Society for Psychical Research de Londres. Essas famosas comunicações são conhecidas como "casos de correspondência cruzada". Elas são como as três partes aparentemente sem sentido de um quebra-cabeça de figura recortada no qual só surge uma figura reconhecível quando as três partes são articuladas. Muitas dessas complexas transmissões foram extraídas do vasto conhecimento que Myers tinha da dramaturgia e da poesia greco-romanas clássicas, como lemos na fascinante análise que Francis Saltmarsh fez desse material de correspondência cruzada em seu livro *The Future and Beyond*.[15]

Depois de toda uma vida dedicada à pesquisa, Myers deixou uma carta muito comovente para ser lida e publicada após sua morte. Nela, ele resume algumas de suas ideias e esperanças sobre a sobrevivência. Myers escreve:

> Acredito que nossa vida continua depois da morte terrena: e que algumas das pessoas que lerem essas confidências póstumas poderão vir a ser meus companheiros no mundo invisível. É por essa razão que eu agora me dirijo a elas. Quero atrair sua atenção e simpatia. Quero levar homens e mulheres de interesses afins, mas de natureza superior à minha, a verem em mim um amigo cuja companhia eles procurarão quando também tiverem feito sua jornada para o lar desconhecido.[16]

Uma verdadeira mudança de coração

Aqui está mais uma história intrigante: Claire Sylvia, mãe de uma filha adolescente, morava perto de Boston e dava aula de teatro no ensino médio. Claire também era uma talentosa professora de dança e uma *performer*, antes que uma doença pulmonar crônica comprometesse seu coração e a deixasse incapaz de respirar bem. Ela ficou feliz ao receber um transplante de coração e pulmões no Hospital de Yale, em New Haven, Connecticut, em 1988, e recuperou-se rapidamente da operação. Como seu transplante de coração e pulmões foi o primeiro feito na Nova Inglaterra, o fato gerou muita publicidade na televisão e nos jornais, e ela foi visitada por muitos repórteres quando ainda estava hospitalizada. No terceiro dia depois da cirurgia, um repórter perguntou: "Claire, agora que você recebeu esse milagre, o que é que você quer mais do que qualquer outra coisa?".

Ela ficou mais surpresa do que todos os presentes ao ouvir sua própria resposta: o que ela mais queria naquele momento era: "Uma cerveja!". Em seu livro *A Change of Heart*, ela descreve sua confusão com a resposta: "Fiquei muito aborrecida por ter respondido àquela pergunta sincera com uma resposta tão leviana. E também surpresa porque eu nem mesmo *gostava* de cerveja. Pelo menos, nunca havia gostado antes. Mas a vontade muito forte que senti naquele momento estava claramente associada ao sabor da cerveja. Por algum motivo bizarro, eu estava convencida de que não havia nada no mundo que pudesse saciar minha sede.

"Naquela noite, depois que os repórteres foram embora, ocorreu-me uma ideia estranha: talvez o doador dos meus novos órgãos [...] tivesse sido um bebedor de cerveja. Seria possível, perguntei a mim mesma, que meu novo coração tivesse vindo parar no meu peito com seus próprios gostos e preferências?"[17]

À medida que Sylvia foi se recuperando, ela descobriu que às vezes seu nível de energia ficava quase frenético. Ela se sentia muito mais assertiva, até mesmo agressiva. A capacidade dos seus pulmões, sua exuberância física e sua libido ficaram mais vigorosas do que jamais haviam sido, mesmo depois que ela se recuperou plenamente e voltou a dançar profissionalmente. Ela começou a procurar tipos de recreação fisicamente desafiadores, como correr de moto em alta velocidade e fazer longas caminhadas no campo. Sua filha e uma amiga começaram a criticá-la, dizendo que seu andar gracioso de outrora havia se tornado masculino, "pesadão e desajeitado como o de um jogador de futebol". Claire sempre fora heterossexual convicta, mas agora ela começava a se sentir atraída por mulheres que ela, "como mulher, não considerava especialmente atraentes", como loiras de baixa estatura, e a ter sonhos nos quais ela se casava com uma mulher.

Em resumo, Claire Sylvia começou a sentir que havia adquirido uma nova personalidade — a de um adolescente que gosta de correr riscos — juntamente com os novos pulmões e coração. Ela acreditava que as características que havia herdado eram as de um jovem chamado Tim, que a visitava em sonhos recorrentes e que, em sua opinião, havia sido seu doador. Seu pressentimento tornou-se uma obsessão quando ela começou a ansiar por pimentas bem ardidas e *nuggets* de frango, coisas que até pouco tempo antes lhe pareciam odiosas.

Um amigo que tinha habilidades paranormais ajudou-a a localizar o obituário do seu doador "no meio da página de um jornal do Maine", e isso a levou a encontrar-se com a família do rapaz. A família confirmou que o doador de Claire tinha sido um jovem extremamente agitado e irrequieto, que morrera em um acidente de moto *com um saco de* nuggets *de frango no bolso do casaco.* Ele adorava pimentas ardidas e cerveja, tivera uma namorada loira e baixinha e muitas das mesmas características pessoais que, como Claire bem percebia, vinham se misturando às suas próprias. Com o tempo, os pais e os irmãos do doador adolescente acolheram Claire Sylvia em sua família.

As experiências de Sylvia levaram-na a organizar um grupo de apoio a outras pessoas de sua região que tinham feito transplantes de órgãos, e ela descobriu que muitas delas tinham sensações semelhantes de terem herdado o espírito, os maneirismos e as preferências de outra pessoa juntamente com os órgãos doados.

Minha filha envia uma mensagem em russo

Outro aspecto dessas comunicações que haviam interessado Myers era a *xenoglossia*, em que o médium capta uma mensagem de uma pessoa morta e a reproduz oralmente em um idioma estrangeiro que ele desconhece por completo. Vivi um caso desses em 2002, uma semana depois da morte trágica de minha filha Elisabeth, ocasionada por um tumor cerebral, quando Mark, seu marido, me disse que havia recebido uma carta de uma mulher de Seattle. A autora da carta, uma enfermeira, fora um dos vinte agentes espirituais de cura no experimento bem-sucedido de Elisabeth com a cura a distância. No sonho dessa mulher, alguns dias depois da morte de Elisabeth, minha filha lhe apareceu com uma mensagem urgente para meu genro. Mas a enfermeira de Seattle não conseguiu entender nada. Ela achou que a mensagem estivesse grafada em sílabas sem sentido. Elisabeth repetiu a mensagem tantas vezes que, depois de acordar, a enfermeira conseguiu escrevê-la foneticamente.

Durante o jantar, Mark abriu a carta que continha a mensagem, a qual constava de duas fileiras de letras do alfabeto inglês, com cada fileira disposta em grupos de quatro e três letras — como um código. Quando ele tentou ler a mensagem, identifiquei o primeiro grupo de sílabas como as palavras russas para "Eu te amo". Não identifiquei o segundo grupo. Um russo nativo esclareceu-me que ali estava escrito "Eu te adoro" em russo coloquial. A senhora de Seattle afirma não conhecer russo e nunca ter sido exposta a esse idioma — ou, na verdade, a nenhum outro idioma além do inglês. Elisabeth, ao contrário, era fluente em russo, do qual já havia traduzido obras para o inglês. Em nossa opinião, essa foi uma mensagem que Elisabeth nos enviou para nos mostrar que ainda estava presente em algum lugar.

No final, depois de décadas de estudos, o filósofo Stephen Braude conclui em seu livro de grande vigor analítico, *Immortal Remains*, que a hipótese *superpsi* requer aquilo que ele chama de um fardo de "complexidade mutilante, que faz a balança pender para esse sentido [o sentido da sobrevivência]".[18] Isso o leva a decidir-se favoravelmente pela proposição segundo a qual algum aspecto da consciência ou da personalidade realmente sobrevive. E *não* é somente algum tipo de "*superpsi*" — a combinação de uma capacidade telepática particularmente extraordinária com o dom da clarividência — que levaria um médium a saber tudo sobre uma pessoa falecida. A explicação tampouco estaria no *inconsciente coletivo* de Jung. Contudo, por ser ele um filósofo, Braude precisa concluir que "a parcimônia ou a simplicidade, por mais satisfatórias que sejam, não podem ser tomadas como garantia da verdade".[19]

A grande força da ciência está no fato de ela ter raízes na experiência concreta.
A grande fraqueza da ciência contemporânea está no fato
de ela só conferir legitimidade a certos tipos de experiência.
— David Bohm

10
Como Tudo Funciona:

A Física dos Milagres

Para concluir, eu gostaria de dizer algo a respeito de uma mulher que, além de possuidora de dons sensitivos incomuns, foi também extraordinariamente dinâmica e produtiva: Madame Helena Blavatsky, que em 1875 foi cofundadora da Sociedade Teosófica com Henry Steel Olcott. A teosofia tem raízes nas ideias de compaixão por todos os seres, pela autotransformação humana e pela investigação dos poderes latentes da humanidade. Blavatsky foi autora de muitos livros, inclusive *Isis Unveiled*,* que faz a conexão entre misticismo oriental e especulação científica ocidental. Ela foi um dos primeiros autores no Ocidente a realizar um estudo sistemático dos chamados "planos de consciência" e a investigar as leis inexplicáveis dos poderes esotéricos da natureza e da humanidade. Ela ensinou que "não há religião superior à verdade".

Sob a liderança inspiradora de Blavatsky, os grandes sensitivos Charles Webster Leadbeater e Annie Besant realizaram, na Sociedade Teosófica, na Índia, seu extraordinário exame paranormal microscópico da estrutura interna de muitos átomos da tabela periódica. Annie Besant publicou pela primeira vez sua sondagem parapsíquica inicial da tabela periódica em um artigo intitulado "Química Oculta", no periódico *Lucifer*, em 1895.[1] Consegui ler essa rara publicação na Biblioteca Pública de Nova York. A Figura 10.1, a seguir, mostra a capa do periódico que traz o artigo de Besant.

---

* *Ísis sem Véu*, publicado em quatro volumes pela Editora Pensamento, São Paulo, 1991.

LUCIFER

A

THEOSOPHICAL MONTHLY

FOUNDED BY H. P. BLAVATSKY.

EDITED BY ANNIE BESANT AND G. R. S. MEAD.

NOVEMBER, 1895.

1. On the Watch-Tower 177
2. Orpheus (*continued*) . . . . By G. S. R. Mead 185
3. Theosophy among the Quietists . . . By Ottway Cuffe 198
4. Musings of a Neophyte. No. II. . . . By A. A. Wells 205
5. Occult Chemistry . . . . . By Annie Besant 211
6. An Astral Experience 220
7. Recurrent Questions 225
8. Dreams . . . . . . By C.W. Leadbeater 229
9. Early Christianity and its Teachings (*continued*) . By A. M. Glass 245
10. Theosophical Activities 252
11. Reviews 257
12. Theosophical and Mystic Publications 261

LONDON: Theosophical Publishing Society, 7, Duke Street, Adelphi, W.C.
NEW YORK: *The Path* Office, 144, Madison Avenue.
BENARES: Theosophical Publishing Society.
MADRAS: The Proprietors of *The Theosophist*, Adyar.

Figura 10.1. Publicação, em 1895, de "Occult Chemistry" no periódico *Lucifer*.

Em 1907, esses dois sensitivos prodigiosos foram os primeiros a descrever duas das três formas isotópicas do hidrogênio. Leadbeater sondou parapsiquicamente o interior de um bloco de cera de parafina ($C_{25}H_{50}$ — obviamente saturado de hidrogênio) e viu que havia dois tipos de hidrogênio: um com massa um (hidrogênio "comum"), e outro com massa três (trítio), que viria a ser "descoberto" por Ernest Rutherford em 1934. Leadbeater chamou esse elemento de *occultium*. Suas descobertas foram publicadas em 1907, no *The Theosophist*, seis anos antes de Frederick Soddy ter imaginado que *talvez houvesse alguma coisa* como os isótopos. Em 1921, Soddy recebeu o Prêmio Nobel por seu trabalho sobre os isótopos. Os dois teosofistas sensitivos resumiram seu trabalho em um livro ilustrado a que deram o nome de *Occult Chemistry*, publicado pela primeira vez em 1908.[2]

Durante muitos anos, Leadbeater e Besant continuaram a trabalhar em seus exames microscópicos dos elementos. Em 1932, eles descobriram parapsiquicamente uma nova forma de hidrogênio com um número de partículas constitutivas igual ao dobro do número que caracteriza o hidrogênio normal. Chamaram esse novo elemento de *adyarium*, em homenagem à cidade indiana em que ficava a Sociedade Teosófica. Só depois de eles terem publicado suas descobertas é que ficaram sabendo que, no ano anterior, Harold Urey havia descoberto o que chamou de *deutério*.

Minha introdução a esse trabalho aconteceu em uma de minhas visitas à biblioteca da Sociedade Teosófica de Nova York, em 1956, quando eu era membro da sociedade e pós-graduando em física na Columbia University. Numa das vezes em que lá estive ganhei de Dora Kunz, então sua presidente, uma cópia original da edição de 1908 de *Occult Chemistry*. Dora Kunz era uma famosa agente de cura parapsíquica e cocriadora, com Dolores Krieger, do movimento Toque Terapêutico — atualmente usado como abordagem de cura por dezenas de milhares de enfermeiras de grau superior. Dora e eu ficamos amigos e eu realizei alguns experimentos de PES com ela. Sem cometer nenhum erro, ela localizava pequenos ímãs que eu tinha escondido aqui e ali em seu escritório espaçoso, onde ela dizia conseguir ver seus campos como uma sensação visual direta de cor. Isso aconteceu pouco antes de eu ir para a Inglaterra para aprofundar meus estudos e procurar sensitivos na venerável Society for Psychical Research, em Adam and Eve Mews, em Londres.

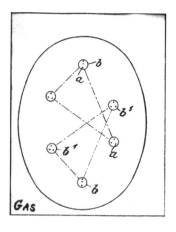 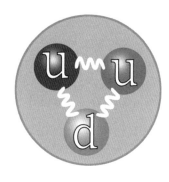

Figura 10.2. Cópia do desenho original de 1909 de um átomo de hidrogênio ou deutério, feito por Charles Leadbeater (esquerda), e um desenho contemporâneo de um próton, compreendendo dois quarks *up* e um quark *down* (direita), extraído da *Wikipédia*, 2010. Os prótons foram descobertos por Ernest Rutherford em 1918. Os quarks foram previstos por Murray Gell-Mann em 1964 e descobertos no SLAC em 1968.

Na edição de *Occult Chemistry* de 1908, e já desde o início de 1895, Leadbeater e Besant desenharam os menores componentes atômicos (prótons), com forma triangular e trazendo um elemento fundamental ainda menor em cada vértice, como mostra a Figura 10.2.

Desde a época do trabalho dos teosofistas, o físico dr. Stephen Phillips escreveu um livro instigante chamado *Extra-Sensory Perception of Quarks*, em que ele analisa as intuições e conjecturas dos teosofistas.[3] Phillips e eu concordamos em que os menores elementos do átomo tripartite de Leadbeater e Besant funcionam de modo muito semelhante aos quarks da física moderna. O modelo-padrão atual descreve os prótons como formados por três quarks ligados entre si. Essa análise dos quarks é o tema do livro muito interessante e provocador que Phillips publicou em 1980.

As partir dos meus estudos do Budismo e da Teosofia, para mim é evidente que somos estimulados a introduzir nossa percepção no domínio expandido onde a onisciência é acessível e é esperada — seja olhando para micropontos, como Hella Hamid fazia em nosso laboratório no SRI, na Califórnia, seja olhando para estruturas atômicas em Adyar, na Índia. Sem dúvida, não podemos saber *tudo*. Embora nossa percepção seja não local, nossa mente processadora de dados é apenas sequencial e finita. Contudo, há evidências muito fortes em favor da ideia de que podemos, de fato, saber qualquer coisa que queiramos saber — qualquer coisa que, na verdade, tenha uma resposta.

A física dos fenômenos *psi*

Sir Arthur Eddington foi um dos primeiros astrofísicos do começo do século XX. Pouco depois do fim da Primeira Guerra Mundial, ele realizou as observações do eclipse do Sol na África que confirmaram a teoria geral da relatividade de Einstein. Suas fotos detalhadas desse eclipse mostraram a evidente curvatura da luz das estrelas ao passar bem perto do Sol antes de atingir a Terra. A causa dessa curvatura era o efeito do campo gravitacional do Sol sobre a luz que quase tangenciava a estrela antes de chegar até nós. Ele escreveu extensamente sobre a origem do cosmos e também sobre suas viagens pessoais a regiões meditativas de grande paz, que ele descreve como "vislumbres da realidade transcendental". *Sir* Arthur nos diz:

> Se eu tentasse pôr em palavras a verdade essencial revelada pela experiência mística, diria que nossa mente não está separada do mundo: e que nossos sentimentos de alegria e melancolia, assim como nossos outros sentimentos mais profundos, não são exclusivamente nossos, mas são vislumbres de uma realidade que transcende os estreitos limites de nossa consciência particular.[4]

Esta é a mensagem de um homem de mente ilimitada, que nos convida a visitar a existência não local para além do espaço e do tempo. A física da não localidade é fundamental para a teoria quântica. As pesquisas mais instigantes da física de nossos dias é a investigação daquilo que o físico David Bohm chama de interconexão quântica, ou *correlações quânticas não locais*. A ideia foi inicialmente proposta em 1935 por Einstein, Podolsky e Rosen (o chamado "paradoxo de EPR") como evidência de um "defeito" na teoria quântica. Em seu artigo, Einstein chamou essa aparente interconexão quântica de fótons entrelaçados de uma ação "fantasmagórica" a distância.[5] Não obstante, mais tarde (1964) tal ação foi formulada como uma prova matemática por John Stewart Bell, cujas correlações não locais (a distância) já foram experimentalmente demonstradas em Berkeley, Paris, Genebra e Viena.[6] Os experimentos mostram que dois *quanta* de luz, emitidos de uma única fonte e viajando à velocidade da luz em sentidos opostos, podem manter sua conexão mútua. E, quando medidos com polarizadores, eles se comportam como se fossem uma única entidade. Na verdade, a prova matemática conhecida como Teorema de Bell não tem de ser demonstrada no laboratório. Não é uma conjectura, uma teoria ou uma suposição. Em vez disso, John Bell nos deu uma *prova matemática de que nossa realidade espaçotemporal é não local* — gostemos disso ou não. A característica mais incrível do Teorema de Bell é que nosso mundo, que parece totalmente local, não pode ser explicado por nenhuma realidade local concebível. Sua prova, publicada em 1964, corrobora plenamente a conjectura de Schrödinger sobre o entrelaçamento, que ele formulara trinta anos antes. Em uma frase que ficou muito famosa, Schrödinger disse que o entrelaçamento era "A única característica significativa da mecânica quântica",[7] e Bell criou um método para demonstrar em laboratório tanto o entrelaçamento como a não localidade.

Parece que os fótons entrelaçados são conjuntamente afetados pelo que acontece com cada gêmeo, mesmo que ambos estejam afastados um do outro por muitos quilômetros de distância. John Clauser, que, com Stuart Freedman, na University of California, em Berkeley, foi o primeiro a demonstrar a não localidade no laboratório,[8] recentemente descreveu, em conversa comigo, suas impressões desses experimentos. Ele disse que "experimentos quânticos semelhantes foram realizados com fótons, elétrons, átomos e até mesmo com buckibolas* de 60 átomos de carbono. Talvez nunca mais seja possível manter *qualquer coisa* encerrada em uma caixa". Bell também enfatiza que "nenhuma teoria da realidade compatível com a teoria quântica pode exigir que eventos espacialmente separados sejam independentes".[9] Em outras palavras, a medição da polarização de um fóton entrelaçado determina a polarização do outro fóton nos locais onde são respectivamente medidos. Na verdade, todo o aparato experimental — que se estende por muitos quilômetros — determina a polarização

---

* Estruturas também chamadas de "buckminsterfullerenos", em homenagem a Richard Buckminster Fuller, arquiteto que criou e difundiu as cúpulas geodésicas. De fato, a estrutura tridimensional dessas moléculas enormes lembra uma cúpula geodésica. (N.T.)

conjunta dos fótons. Esse é o motivo pelo qual a não localidade é o pesadelo de um físico experimental.

Essa surpreendente coerência entre entidades entrelaçadas e distantes uma da outra, chamada de *não localidade* por cientistas como Bell, Bohm e Clauser, continua a nos fascinar. Escrevendo sobre as implicações filosóficas da não localidade, o físico Henry Stapp, da University of California, em Berkeley, afirma que essas conexões quânticas talvez sejam a "mais profunda descoberta de toda a ciência".[10]

Hoje, os fótons entrelaçados são relativamente fáceis de se criar, pois basta dirigir um feixe de *laser* de luz violeta, que tem comprimento de onda curto e é muito energético, sobre um cristal não linear. Esse procedimento dará origem a dois novos fótons entrelaçados, de energia mais baixa e de luz vermelho-escura, que podemos chamar de A e B. (Esse processo é conhecido como *conversão paramétrica descendente*.) Se outros dois fótons gêmeos forem criados da mesma maneira, podemos chamá-los de X e Y. Agora, graças ao milagre da não localidade, se fizermos o fóton A e o fóton Y se entrelaçarem, seus irmãos gêmeos B e Y, *separados um do outro por uma longa distância*, também ficarão instantaneamente entrelaçados, mesmo que jamais tenham se aproximado um do outro. Isso me traz à lembrança o momento em que eu e minha esposa tivemos um belo casamento em Santa Fé, o que levou meu filho, em Washington, D.C., e o filho de minha mulher, em Berkeley, a se tornarem instantaneamente meios-irmãos, pouco importando se isso lhes agradasse ou não.

Além do mais, a não localidade é uma propriedade tanto do espaço como do tempo, remanescente de dados associados a gêmeos humanos idênticos — separados ao nascer e criados e educados em lugares diferentes, mas ainda assim demonstrando semelhanças surpreendentes em suas preferências, interesses, cônjuges, experiências e profissões, ultrapassando tudo aquilo que um raciocínio razoavelmente lógico nos levaria a atribuir exclusivamente ao seu DNA comum. Dois famosos gêmeos criados separadamente desde o nascimento receberam, cada um — fato desconcertante — o nome de Jim. Embora eles nunca tivessem se comunicado entre si, cada gêmeo casou-se com uma mulher chamada Betty, divorciou-se e, tempos depois, casou-se com uma mulher chamada Linda — mulheres diferentes, claro. Quando os gêmeos finalmente se encontraram pela primeira vez, 39 anos depois, descobriu-se que os dois eram bombeiros e haviam tido a compulsão de construir um banco circular branco ao redor de uma árvore no seu quintal, pouco antes de se encontrarem na organização de estudos de gêmeos na University of Minnesota – nas cidades gêmeas. Posso acreditar que houvesse genes de bombeiros ou genes para a música, mas não acredito que possa haver genes para Linda ou Betty. Para mim, isso se parece mais com uma conexão não local. Da mesma maneira, nos experimentos de telepatia *ganzfeld* no Rhine Research Center, Richard Braughton descobriu que, de longe, as mais significativas conexões mente a mente em seus duzentos pares de participantes ocorriam entre as mães e um de seus filhos.

David Bohm e o "Universo Indiviso"

Muitos físicos quânticos sustentam a visão segundo a qual vivemos em uma realidade não local, isto é, *podemos ser afetados por eventos distantes de nossa percepção ordinária.* Essa é a evidência. No momento, ninguém sabe como a percepção extrassensorial funciona. Mas vejo uma semelhança extraordinária entre o funcionamento não local da visão remota em nosso laboratório no SRI – independentemente de distância e de tempo – e as descrições de experimentos ópticos envolvendo conexões não locais e verificando, em laboratórios de física, a realidade do paradoxo EPR. Trata-se de uma ideia alarmante para um físico experimental, pois significa que os experimentos de laboratório montados sobre uma mesa isolada estão sujeitos a influências externas que podem estar além do controle do cientista. Coisas desse tipo têm sido vistas no laboratório de Anton Zeilinger, em Viena, no momento em que estou escrevendo este texto, em 2011. Dentro de um ano, as coisas podem ficar ainda piores. Na verdade, os dados provenientes das pesquisas sobre precognição sugerem vigorosamente que, em princípio, um experimento poderia ser afetado por um sinal enviado do futuro! Como eu mencionei anteriormente, David Bohm deu a essa importante rede de conexões o nome de "interconexão quântica". Com base em minha descrição dos experimentos de precognição de Daryl Bem no Capítulo 7, você poderá lembrar-se de sua demonstração de que o fato de mostrar rapidamente uma lista de palavras a uma pessoa, alguns segundos depois de ela ter realizado um teste, melhora (intensifica) sua lembrança das palavras da primeira vez que ela a viu! O futuro está melhorando o passado, influenciando positivamente o passado. (Refazer o teste depois do exame pode aumentar a nota que você irá tirar!)

Uma discussão contemporânea sobre essa interconexão foi apresentada pelo físico David Bohm em seu último livro, *The Undivided Universe*.[11] Esse texto de física proporciona grande credibilidade às nossas indagações contemporâneas, pois Bohm oferece respostas quantitativamente corretas para algumas das questões mais enigmáticas nos nebulosos limites da física moderna com seus conceitos de *ordem implicada* e de *dobramento* (e *desdobramento*). Toda uma geração de pós-graduandos em física na década de 1960 aprendeu teoria quântica no extraordinário manual de Bohm de mesmo título [*Quantum Theory*]. Bohm oferece um modelo fascinante para todos os dados que até aqui examinamos. Ele o faz por meio do uso de um modelo holográfico do universo. Esse modelo é especialmente atraente para o pesquisador dos fenômenos *psi*, pois a propriedade definidora de um holograma é que cada minúsculo fragmento ou pedaço que o constitui contém uma imagem completa do todo.

Em física, as funções de onda da mecânica quântica preveem e descrevem com perfeita precisão (até dez casas decimais em óptica) aquilo que vamos experimentar em nossas medidas físicas. Para Bohm, essas funções de onda compõem um holograma físico espaçotemporal quadridimensional em que estamos todos inseridos. As funções de onda são soluções que emergem da equação de Schrödinger, que é o "motor" quantomecânico usado para resolver todos os problemas no domínio quântico. Contudo, essas soluções são geralmente tratadas como simples modelos matemáticos, as chamadas ondas de probabilidade. Na interpretação de Bohm, as funções de onda quantomecânicas são tratadas como entidades que produzem efeitos mensuráveis no espaço e no tempo. Essas funções de onda descrevem o que Bohm chama de "informação ativa", e essa informação tem sua própria existência não local.

Se você olhar para um holograma em uma chapa fotográfica, a imagem tridimensional nela inserida é invisível. Está totalmente dispersa no padrão de interferência óptica em toda a extensão da chapa, embora essas bordas não possam ser vistas ou medidas diretamente. Bohm chama isso de ordem *implicada* ou "dobrada" na chapa holográfica. A ordem *explicada* seria a imagem tridimensional que você vê quando ilumina o holograma com um feixe de *laser*. Aqui, a ideia importante é que cada um de nós tem sua mente em seu próprio pedaço do holograma espaçotemporal, contendo todas as informações que existem ou que já vieram a existir. Acredito que nunca houve melhor descrição dos registros *akáshicos* de Patanjali, de dois milênios atrás, do que o modelo contemporâneo de Bohm. Imagine que você tem uma grande folha com selos postais, onde a folha inteira mostre a imagem de uma bandeira e cada selo mostre uma imagem da mesma bandeira. Quando você quebra o holograma em pedaços cada vez menores, o campo de visão tridimensional diminui juntamente com a resolução espacial, mas você ainda tem a imagem inteira. É como se você começasse com um pedaço grande de *matzah*.* Você pode partir o pão em pedaços cada vez menores, mas eles nunca deixarão de ser o *matzah*.

Bohm diz: "As características essenciais da ordem implicada são as de que todo o universo está, de alguma maneira, dobrado dentro de cada coisa, e cada coisa está dobrada na totalidade".[12] Este é o enunciado fundamental de uma ordenação holográfica do universo. Ele nos diz que, como um holograma, cada região do espaço-tempo contém informações sobre cada outro ponto do espaço-tempo. E nossos dados indicam que essas informações estão disponíveis à consciência. Prosseguindo, diz Bohm:

> Tudo isso [a interconexão quântica] implica uma totalidade que se move como um todo completo, e na qual os aspectos mentais e físicos participam muito estreitamente uns dos outros. De maneira semelhante, o intelecto, a emoção e todo o estado do corpo integram-se em um fluxo semelhante de participação fundamental. Portanto, não há uma divisão real entre mente e matéria, psique e soma. Nesse sentido, um termo comumente usado — psicossomático — parece enganoso, pois sugere a noção cartesiana de duas substâncias distintas em alguma espécie de interação.[13]

Esta é a rejeição de Bohm de qualquer tipo de dualismo mente-corpo. Ele considera a física suficientemente abrangente para abarcar a consciência — e concordo plenamente com ele. Além do mais, é a consciência que surge no

---

* Pão ázimo consumido na Páscoa judaica. (N.T.)

primeiro plano para resolver muitos dos chamados paradoxos observacionais da mecânica quântica:

> Expandindo essa visão [de que você não pode separar o observador da coisa observada], vemos que cada ser humano também participa, de maneira inseparável, da sociedade e do planeta em sua totalidade. Uma sugestão adicional pode ser a de que essa participação se dirige para uma mente coletiva maior, e talvez, em última análise, para uma mente de abrangência ainda maior, capaz, em princípio, de seguir indefinidamente até mesmo para além da espécie humana como um todo.[14]

No universo holográfico de David Bohm há uma unidade de consciência, uma "mente coletiva maior", sem limites de espaço ou de tempo. De maneira semelhante, acredito que nossas capacidades paranormais nos oferecem um modo de vivenciar esse mundo da mente não local ou da comunidade do espírito. Portanto, a visão remota nos revela uma parte de nossa realidade espiritual, mas que é apenas uma minúscula parte do espectro espiritual total. Assim, uma resposta breve à pergunta: "Como se explica que eu consiga descrever um objeto distante por meios paranormais?" consiste em dizer que o objeto não está assim tão distante quanto parece estar. Para mim, os dados sugerem que todo o espaço-tempo é acessível à sua consciência exatamente onde você está. Você está sempre no limiar. Sem dúvida, Einstein estava certo em sua análise que mostrava uma correlação entre fótons se afastando uns dos outros à velocidade da luz. Naquela época, porém, parece que ele estava errado em sua preocupação relativa à correlação que violava a teoria da relatividade, porque não parece (nesta época) que seja possível usar fótons entrelaçados para o envio de mensagens — o que era a principal preocupação de Einstein a respeito das conexões quânticas e da não localidade. Porém, como mencionei, os experimentalistas ainda estão trabalhando no problema. Além do mais, acredito que argumentar a respeito da primazia da mente sobre a matéria tem toda a importância lógica de argumentar a respeito da primazia das galinhas sobre os ovos — ambas são questões inúteis.

Portanto, o que dá sustentação científica à concepção vigente de conectividade não local é a análise do paradoxo de EPR feita por Schrödinger na década de 1930 juntamente com os experimentos contemporâneos citados anteriormente. Quero enfatizar, porém, que não acredito que o tipo de correlações EPR seja a *explicação* das conexões mente a mente. Na verdade, é muito importante nos lembrarmos de que não podemos usar a aparente conexão EPR para o envio de mensagens mais rápidas do que a luz, o que era uma preocupação de Einstein. Nenhuma mensagem assim pode ser enviada. No entanto, penso que os experimentos EPR oferecem um inequívoco exemplo de constatação via laboratório da natureza não local de nosso universo. De fato, acredito que *aquilo que torna as conexões envolvidas na PES e no paradoxo de EPR possíveis seja a natureza não local do espaço-tempo.*

Os que veem a PES com ceticismo e nada sabem de física costumam dizer que a PES viola as leis da física. Isso não é verdade. As capacidades parapsíquicas não são nem sobrenaturais nem não físicas. Para citar o professor Mark Fox em seu texto *Quantum Optics*, apresentado aos alunos de pós-graduação na Oxford University em 2010:

> A não localidade sugerida pela interpretação quântica dos experimentos EPR não tem equivalente no mundo clássico. A medição do estado de um fóton determina instantaneamente os resultados para o outro. [...] A implicação disso é que sistemas microscópicos que são não locais existem na natureza. É por isso que as teorias de variáveis ocultas *locais* não predizem o resultado correto. [Em outras palavras, Bell estava certo.][15]

Considero que a palavra *determina*, que ele acabou de usar, significa, no sentido budista, "cossurgimento (ou co-originação) dependente" [*dependent co-arising*], em vez de "causa". Isto é, quando medimos a polarização de fótons entrelaçados, a medida obtida para um dos fótons, em um local de medição, não é independente da medida que se obteria para o outro fóton em um local da sua trajetória onde também se fizesse essa medição. Esse é o sentido de *não localidade*, com base nos muitos experimentos EPR realizados nos últimos quarenta anos. Os físicos, porém, ainda são evasivos quando têm de nos dizer se essa não independência é um exemplo de conexão causal ou de cossurgimento dependente. Para nossos propósitos, as conexões indicam que o universo oferece oportunidades surpreendentes de interações não locais. Isso não pode ser negado por ninguém.

O modelo octodimensional

Reconheço que cada modelo ou visão de mundo é transitória, e que um dia alguém poderá descobrir que o sistema proposto a seguir pode não ser o melhor modelo para abrigar os experimentos *psi*. Contudo, estou seguro de que dois fatores permanecerão: (1) *que os fenômenos psi não são o resultado de uma transmissão de energia*; e (2) *que eles são interações de nossa percepção com um espaço-tempo hiperdimensional não local em que vivemos*. Acredito que esse espaço-tempo é complexo no sentido matemático dessa palavra, e é a estrutura por trás do modelo holográfico de Bohm. O resultado é que quaisquer duas localizações no plano "real", no qual vivemos e amamos, podem ser conectadas por um caminho de distância zero, que se estende ao longo do volume total do espaço-tempo complexo. Eu e minha colega Elizabeth Rauscher, física teórica da University of California, em Berkeley e do Lawrence Berkeley National Laboratory, trabalhamos por muitos anos para criar um modelo matemático e físico que se adequasse aos nossos propósitos.[16] A seguir, apresentarei um esboço de seus elementos. Repetindo o que já afirmei, tudo que vou descrever aqui está de acordo com o modelo de Bohm.

O objetivo de nossa investigação foi usar a percepção remota e uma base de dados precognitiva para deduzir as leis e os princípios físicos importantes que governam o funcionamento paranormal. Uma das objeções mais comuns à existência dos fenômenos *psi* é que eles parecem estar em conflito com as leis da física porque ainda não descobrimos o mecanismo para essa transferência de informações. Em nossa investigação, tentamos primeiro demonstrar a compatibilidade dos fenômenos *psi* com as leis e conteúdos da física e, depois, desenvolver um modelo teórico que fosse descritivo das propriedades não locais do *psi*. Em nossa pesquisa, também apresentamos um modelo teórico detalhado, descrevendo as propriedades dos fenômenos parapsíquicos que, conforme demonstramos, estavam de acordo com o *corpus* principal da física. Especificamente, examinamos o espaço octodimensional complexo de Minkowski (que deve seu nome ao matemático Hermann Minkowski e é brevemente descrito), que é coerente com os fundamentos da mecânica quântica, com o formalismo de Maxwell e com a teoria da relatividade.

O teórico da relatividade John Archibald Wheeler, grande nome da física do século XX, certa vez escreveu sobre nossa compreensão do mundo [incluindo os eventos *psi*]: "A resposta será encontrada na geometria, e não nos campos".[17] É esse o caminho que estamos percorrendo; não se trata de "rádio mental". A física moderna mostra que o universo é não local — sobretudo por causa dos fótons e das partículas elementares que permanecem correlacionados mesmo que enormes distâncias os separem. Além disso, os dados coletados em trinta anos de pesquisas sobre a visão remota nos mostram vigorosamente que o universo é não local para os fenômenos *psi*, os quais são independentes da distância e do tempo, mas também para a nossa percepção. Esse é exatamente o ensinamento budista e hinduísta de que não há separação na consciência. A sua percepção preenche todo o espaço-tempo. *Atman* é igual a *Brahman*, como os hinduístas vêm dizendo há três milênios.

Nossa descrição para os fenômenos *psi* é um modelo puramente geométrico, formulado em coordenadas de espaço e de tempo — o que é chamado de métrica — em que cada uma das três familiares coordenadas espaciais e uma coordenada temporal são expandidas de modo a incluir suas partes reais e imaginárias, formando um total de seis coordenadas espaciais e duas coordenadas temporais.[18] Na Figura 10.3, mostro três concepções do espaço modelo, reconhecendo que não é fácil representar oito dimensões em uma página bidimensional. Se você achar que a ilustração não é útil, pule esse trecho.

Na ilustração, o futuro está acima e o passado abaixo. Primeiro, na parte da figura rotulada como (a), temos uma visão do espaço topológico (ou superfície topológica) octodimensional (sistema coordenado) no qual um ponto P (o viajante) está separado da origem no espaço e no tempo. Em (b), os pontos P_1 e P_2 (os dois observadores) estão separados no espaço, mas não no tempo. Em (c), o ponto P_1 na origem está separado no tempo do ponto P_3, distante dele, mas sempre se pode encontrar um caminho para conectá-los.

A métrica desse espaço topológico octodimensional complexo é uma medida da maneira como alguém se move física ou parapsiquicamente ao longo de uma linha de universo no espaço e no tempo. Esse movimento pode ser tão corriqueiro quanto encontrar um amigo (1) amanhã às quatro da tarde, na esquina da rua (2) Forty-Second com a (3) Broadway, no (4) décimo-quinto andar — observe-se que há *quatro* coordenadas. Essencialmente, a visão remota em tempo real requer a capacidade de a percepção individual ser contígua com

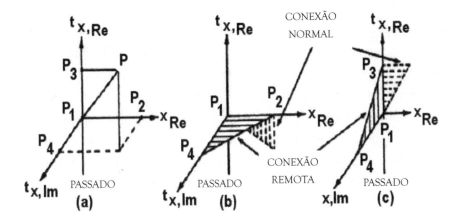

Figura 10.3. Essas figuras mostram a localização de quatro pontos no espaço topológico complexo. Na Figura (a), o ponto P_1 é a origem, e P é um ponto generalizado, espacial e temporalmente separado de P_1. Na Figura (b), os pontos P_1 e P_2 estão separados no espaço, mas são sincrônicos no tempo. Esta poderia ser uma representação da visão remota em tempo real. Na Figura (c), os pontos P_1 e P_3 estão separados temporalmente, mas são espacialmente contíguos. Isso representa uma percepção precognitiva.

um alvo específico em um lugar distante. A capacidade para acessar informações não localmente exige que a *distância experimentada* entre você e o alvo seja zero. De maneira semelhante, para a precognição, uma pessoa está contígua, em *percepção*, com o evento futuro que é percebido. O espaço octodimensional complexo aqui descrito *sempre pode fornecer um caminho ou linha de universo no espaço e no tempo que conecte o vidente a um alvo remoto, de modo que sua percepção experimente distância espacial e/ou temporal zero na métrica (ou matriz).*

Aqui, apresentamos uma breve descrição de nosso modelo de espaço octodimensional. O espaço métrico complexo inclui as três dimensões reais do espaço e a dimensão usual do tempo, e também inclui três dimensões *imaginárias* do espaço e uma dimensão *imaginária* do tempo. Esses componentes imaginários de espaço e tempo são quantidades reais multiplicadas pelo número imaginário $i = (-1)^{1/2}$. A propriedade interessante de i é que $i^2 = -1$, um número real. Portanto, em um espaço complexo, *o quadrado de uma distância imaginária torna-se uma distância real negativa elevada ao quadrado*. No espaço octodimensional, os componentes reais compreendem os elementos do espaço definidos por Einstein e Minkowski. Essa é, na verdade, uma representação quadridimensional daquilo que aprendemos sobre os triângulos retângulos no ensino médio, o famoso teorema de Pitágoras. Isto é, o quadrado da distância entre os vértices do triângulo retângulo opostos ao ângulo de 90 graus (a hipotenusa) é igual à soma dos quadrados dos outros dois lados, $h^2 = (a^2 + b^2)$. (Por favor, diga que você já viu isso antes!) Essa distância, quando medida no espaço octodimensional complexo de Minkowski ainda é representada pelos quadrados dos lados do triângulo agora complexo e hiperdimensional. Esse espaço expandido é construído de modo que cada dimensão real faz par com sua contrapartida imaginária. No espaço complexo, para cada hipotenusa que define a distância espaçotemporal entre dois pontos (como você e seu amigo, que vivem ambos no plano real), sempre podemos encontrar um vértice no espaço topológico complexo para formar um ângulo do triângulo (fora do plano real), de modo tal que a soma dos quadrados dos lados $x^2 + (iy)^2$ possa ser igual a zero. Isto é, no espaço-tempo complexo de Minkowski *sempre pode ser encontrado um caminho de distância zero conectando quaisquer dois pontos no plano real*. E, para os que estão interessados na matemática do espaço-tempo, ofereço uma explicação mais detalhada no pós-escrito abaixo.

Parece que, para a consciência, pode ou não haver qualquer separação, dependendo da *intenção* que se tenha. Para nós, é evidente que essas capacidades são fundamentais para nossa compreensão da própria consciência. *De fato, o funcionamento psi pode ser o meio usado pela consciência para se tornar conhecida nos mundos físicos interior e exterior, bem como para a nossa própria percepção.* A conclusão principal do nosso modelo é que, para a consciência, não há separação no espaço-tempo complexo não local.

No próximo capítulo, descreverei em detalhes o protocolo que usamos no SRI para ensinar a visão remota. E acrescentarei instruções para ajudá-lo a aprender a praticá-la por si próprio.

Pós-escrito
Para os que gostam de matemática

As evidências obtidas em quatro décadas de experimentos de laboratório proporcionam um apoio esmagador ao fato de que vivemos em um universo não local. É o tipo de espaço que Padmasambhava, Longchenpa, Schrödinger,

Bohm e Bell haviam previsto. A dra. Elizabeth Rauscher e eu desenvolvemos uma maneira possível de descrever um modelo para o espaço-tempo não local que comportaria os dados que observamos na visão remota e na precognição. Não se trata de um constructo *ad hoc* de nossa parte. Estamos usando uma métrica originalmente proposta pelo matemático alemão Hermann Minkowski, que ajudou Einstein a descrever um espaço que elucidaria a teoria da relatividade especial, uma novidade na época. A grande contribuição de Minkowski para o entendimento da relatividade foi o acréscimo de uma dimensão temporal complexa às três dimensões espaciais conhecidas. Para criar uma dimensão espacial a partir do tempo, Minkowski multiplicou a dimensão temporal "t" por "c" (a velocidade da luz) e por "i" (a raiz quadrada de −1). As quatro dimensões de espaço-tempo são geralmente escritas como x, y, z e a dimensão temporal imaginária "ict" (a raiz quadrada de −1 vezes a velocidade da luz vezes a dimensão temporal).

Você deve se lembrar de ter aprendido, nas aulas de álgebra no ensino médio, que o lado maior, h, de um triângulo retângulo (com lados a, b e h) é $h^2 = a^2 + b^2$. Esse é o famoso teorema de Pitágoras. No espaço de Minkowski, a distância entre dois pontos é, de maneira semelhante, $h^2 = a^2 + b^2 - (ict)^2$. E, como "i" é a raiz quadrada de "−1", elevando-o ao quadrado obtemos −1 e, assim, multiplicamos $(ict)^2$ por um −1 adicional para obter uma coordenada de distância positiva. Minkowski também inventou o triângulo espaçotemporal complexo para medir distâncias no espaço-tempo complexo, exatamente como estamos usando aqui (veja a Figura 10.3).

No espaço de Minkowski, cada uma dessas *quatro* distâncias é uma quantidade complexa, possuindo tanto uma componente real como uma componente imaginária. Isso dá origem àquilo que chamamos de modelo octodimensional, uma vez que ele tem um total de oito dimensões reais e imaginárias. Em física, a distância generalizada é designada pela letra "s". Portanto, é o que usamos aqui. Nossa posição no espaço é definida pelas três coordenadas espaciais, x, y e z. Para simplificar a escrita da equação, combinamos essas três dimensões espaciais em uma única coordenada espacial $\chi = (x, y, z)$. E, como estamos descrevendo de que maneira nossa consciência vivencia algum lugar distante, designamos nossa localização como χ_1, e a localização de nosso amigo distante como χ_2. Lembrando que estamos em um espaço octodimensional complexo, cada uma de nossas coordenadas terá uma parte real, χ_{Re} e t_{Re}, e uma parte imaginária, χ_{Im} e t_{Im}. Na parte real desse espaço-tempo, a parte *espacial* da separação entre você e seu amigo é $\Delta s^2 = \chi_1^2 + \chi_2^2$. Finalmente, no espaço octodimensional complexo há quatro componentes da distância complexa total: você tem a distância real, a distância imaginária, uma distância temporal real e uma distância temporal imaginária. A distância total elevada ao quadrado é a soma dessas quatro distâncias elevadas ao quadrado.

Um exemplo simples seria o seguinte: imagine que eu e você vivemos em um pedaço plano de papel quadriculado com coordenadas complexas x e iy (i vezes y). Se você vivesse na origem (0, 0) e eu vivesse em x, iy, o quadrado da distância entre nós seria $x^2 + (iy)^2$. Lembramos que no plano complexo sempre encontramos $(iy)^2 = -y^2$. Portanto, o resultado instigante de tudo isso é que se eu avançasse da minha posição em iy para uma nova posição (ix), onde y = x, a distância entre nós seria $x^2 + (ix)^2$, que é igual a zero!

A equação abaixo mostra a distância total e como podemos encontrar um caminho de distância zero no espaço topológico octodimensional complexo. Para encontrar um caminho de separação zero entre você e seu amigo distante, sua consciência deverá expandir-se de modo a preencher o espaço octodimensional e encontrar o caminho complexo tal que todos os termos somam zero, o que lhe permitirá não sentir absolutamente nenhuma separação.

$$\Delta s^2 = \left(\chi_{Re,2} - \chi_{Re,1}\right)^2 + \left(\chi_{Im,2} - \chi_{Im,1}\right)^2$$
$$- \left(t_{Re,2} - t_{Re,1}\right)^2 - \left(t_{Im,2} - t_{Im,1}\right)^2$$

Na equação acima, o termo diagonal na parte superior esquerda $\left(\chi_{Re,2} - \chi_{Re,1}\right)^2$ pode ser anulado ou "cancelado" pelo termo diagonal na parte inferior direita $- \left(t_{Im,2} - t_{Im,1}\right)^2$, e o termo diagonal na parte inferior esquerda $- \left(t_{Re,2} - t_{Re,1}\right)^2$ é cancelado pelo termo diagonal superior direito $\left(\chi_{Im,2} - \chi_{Im,1}\right)^2$.

Por causa dos signos relativos dos componentes de espaço e de tempo reais e imaginários, e para obter conectividade entre os dois observadores, $\Delta s^2 = 0$, precisamos "misturar" o espaço e o tempo. Isto é, usamos a componente temporal imaginária para afetar uma separação espacial zero. Identificamos $(\chi_{Re,1} - t_{Re,1})$ com um sujeito receptor que percebe remotamente informações provenientes de um alvo $(\chi_{Re,2} - t_{Re,2})$.

O verdadeiro valor de um ser humano é essencialmente determinado pela medida e pelo sentido em que ele tenha conseguido se libertar de seu ego.
— Albert Einstein

11
O Aprendizado da Visão Remota:

Separando o Sinal Parapsíquico do Ruído Mental

Nos últimos vinte anos, venho ensinando visão remota a pessoas de todas as partes do mundo. Isso me faz voltar à paixão da minha infância pela mágica de palco. Agora, porém, o que estou fazendo é mágica verdadeira — e compartilhando-a com todos os que se predispõem a aprendê-la. Tenho a sensação de que, na verdade, não estou ensinando nada a ninguém, mas apenas dando às pessoas permissão para que elas usem uma capacidade que já possuem. Em 1997, parei de trabalhar com a física do *laser*, pendurando minhas roupas profissionais e me aposentando da Lockheed em 1997. Desde essa ocasião, tenho ensinado visão remota em muitos países: Itália, França, Escandinávia, Nova Zelândia e de uma ponta a outra dos Estados Unidos. Os italianos foram de longe os mais bem-sucedidos, talvez por causa de sua exuberância, franqueza e receptividade.

Como resultado de nossos livros em coautoria,[1] Jane Katra e eu fomos convidados a apresentar *workshops* sobre visão remota e cura a distância na Itália em quatro diferentes ocasiões. Nessas sessões de fim de semana, de trinta a quarenta pessoas eram apresentadas às suas capacidades parapsíquicas em muitos formatos distintos, inclusive fotografias, diapositivos e pequenos objetos. No fim do *workshop*, o grupo era dividido em pares de participantes que se revezariam como videntes e entrevistadores. Pedia-se a cada pessoa que descrevesse uma imagem de uma cena ao ar livre em seu envelope lacrado. Em seguida, o entrevistador teria de escolher qual, entre quatro imagens possíveis, o vidente estava tentando descrever. O número de participantes nos quatro *workshops* tinha, em média, 28 anos – todos italianos. Vinte deles, em média, conseguiam a resposta certa, quando somente ¼ deles, ou sete, seriam de se esperar por conta do acaso. Essa probabilidade só aconteceria ao acaso uma vez em mil para um dos *workshops*. A probabilidade contra a obtenção de um resultado desses em todos os quatro *workshops*, isto é, a probabilidade de que tal resultado tenha ocorrido ao acaso é de um em milhões. Esse resultado espantoso e quase mágico é outro motivo que me leva a acreditar na PES. Jane e eu publicamos esses resultados no *Journal of Scientific Exploration.*[2]

A conclusão muito importante é que, nos Estados Unidos, nunca tive resultados tão bons em mais de doze *workshops* com os mesmos materiais didáticos. Apresentei muitos desses *workshops* no belo Esalen Institute, em Big Sur, na Califórnia, à beira-mar. Nem mesmo os famosos ofurôs ajudaram os alunos a igualar-se aos italianos. Antes do quarto *workshop* que apresentei na Itália, na cidade lacustre de Arco, no norte do país, perguntei a vários dos italianos por que eles achavam que se saíam muito melhor do que suas contrapartidas norte-americanas. Uma mulher levantou-se na grande sessão plenária e explicou que "as italianas sabem que são as mulheres mais belas e sensuais do mundo, e então, por que não seriam também as mais bem-dotadas de habilidades parapsíquicas?". Acho que essa resposta contém uma síntese de tudo: identidade, autoestima e intenção! As italianas não passam a vida preocupadas com o fato de estarem fazendo a coisa certa, seja lá que coisa for. Fellini não ficaria surpreso.

Porém, depois de realizar esses *workshops* italianos, acabei apresentando um nos Estados Unidos que foi extremamente bem-sucedido e importante do ponto de vista estatístico – 42 acertos em um total de 60 testes binários – novamente com uma probabilidade de mil para um. Isso aconteceu em Killington, Vermont, em 2009, com sessenta participantes da conferência anual da American Society of Dowsers. Ali não havia estilosas mulheres italianas com minissaias pretas; em vez disso, eu tinha uma sala cheia de homens animados e bem alimentados, usando suspensórios sob seus trajes profissionais – homens que ganham a vida procurando água por meios parapsíquicos, e conseguem encontrá-la.

A visão remota é uma capacidade *não analítica*; as pessoas geralmente não conseguem, parapsiquicamente, ler, dar nome às coisas ou fazer medições numéricas. A rabdomancia, por outro lado, é sobretudo *analítica*, refletindo aquilo que pensamos ser o funcionamento do hemisfério esquerdo do cérebro. Os rabdomantes usam pêndulos e varinhas para obter informações precisas sobre os dados que já foram acessados por sua percepção subconsciente, não local. Trata-se de um processo instrumental, não de uma prática de visualização, como a visão remota. Eles podem nos dizer quantos metros de distância de nossa casa poderemos escavar um novo poço, e quantos metros teremos de perfurar para alcançar a água. O que pude extrair de mais interessante desse encontro foi o fato de ter percebido que a visão remota e a rabdomancia são abordagens complementares, meios que nos permitem ganhar acesso consciente a informações subconscientes. Os participantes desse encontro consideram a visão remota como uma espécie de "rabdomancia sem recursos materiais".

Aprendendo a realizar a visão remota

Neste capítulo, pretendo estender-me sobre os primeiros passos (muito simples) que você pode dar para aprender a visão remota do modo como a descrevi nos capítulos anteriores. Essa habilidade é um jogo de duas pessoas — principalmente no começo. Em primeiro lugar, você precisa encontrar um amigo de confiança, com quem possa trabalhar junto e que torça profundamente pelo seu sucesso. Espero que não lhe seja difícil conseguir esses recursos. Você, o vidente remoto, descreverá suas impressões mentais do interessante e pequeno objeto-alvo que seu amigo, o entrevistador, lhe trouxe para uma sessão de aprendizagem. Seu entrevistador deve ter uma coleção desses objetos interessantes e pequenos, e deve colocar cada um deles num saco de papel pardo. O objeto dentro do saco é o alvo que você deverá descrever.

Agora, há uma decisão de um programa de ação muito difícil de ser tomada antes do início do trabalho. Quando ensino visão remota, nas duas primeiras tentativas sempre gosto de incluir a possibilidade de um canal telepático (mente a mente) entre o entrevistador e o vidente. Isso oferece a este último três caminhos possíveis para a recepção de dados parapsíquicos: um deles é a conexão telepática com um *amigo* que já tem a resposta em sua mente; outro é a conexão clarividente direta com o *objeto-alvo*; e o terceiro é o canal *precognitivo* a partir do *feedback* que você vier a receber *depois* de haver terminado sua experiência de visão remota e seu amigo colocar o objeto em suas mãos. Em seguida, você passará a ler sua própria mente no futuro! No entanto, se o seu entrevistador souber qual é o alvo, haverá sempre uma possibilidade de que ele poderá, subconscientemente, dar-lhe uma deixa sobre a exatidão do que você viu ou desenhou ao longo de uma sessão. Esse resultado seria ruim, pois você só estaria aprendendo a ler a respiração e o tom de voz do seu amigo, em vez de alguma coisa qualquer sobre seus próprios processos psíquicos e mentais. É interessante observar que, se pensarmos nos especialistas, veremos que Ingo Swann acredita que os estágios iniciais da visão remota podem fazer grandes progressos com um entrevistador que saiba a resposta — como ele dizia na época em que ensinou visão remota aos militares no SRI. Por outro lado, Joe McMoneagle afirma, em seu livro *Remote Viewing Secrets*, que "todas as pessoas presentes deveriam desconhecer totalmente o alvo".[3] E então, como ficamos?

Uma digressão: em 2010, eu estava em Paris, participando do encontro internacional da Parapsychological Association, onde recebi o Outstanding Career Award [Prêmio por uma Carreira Brilhante]. Nesse encontro, eu me dirigi aos pesquisadores mais céticos e disse-lhes como é fácil e natural trazer à tona as capacidades parapsíquicas dos participantes interessados, o que é muito diferente daquilo que muitos desses pesquisadores haviam vivenciado.

Depois que terminei minha palestra, uma jovem pesquisadora muito cordial, Claire Fouquet, perguntou-me se eu poderia lhe mostrar como funciona a visão remota. No dia seguinte, ela e sua colega levaram-me, e à minha esposa, à Catedral de Chartres — um lugar que havia muito tempo queríamos visitar. Mais para o fim do dia, em um café, eu disse à nossa nova e encantadora amiga Claire que havia trazido alguma coisa para ela ver psiquicamente e descrever. Esse não era, naturalmente, um experimento feito com o método duplo-cego, mas ela certamente não fazia ideia do objeto que eu havia trazido dos Estados Unidos para aquele teste informal. Porém, tenho experiência suficiente para estar seguro de que, no nível subconsciente, não sussurraria a ela a resposta naquele café ao ar livre. Apenas coloquei uma folha de papel sobre a mesa, dei-lhe uma caneta e disse as palavras mágicas: "Tenho um pequeno e interessante objeto que trouxe para você ver. Por favor, fale-me sobre as imagens surpreendentes que aparecem na sua percepção. Esse objeto precisa de uma descrição. Não tente dar nome a ele, nem adivinhar o que ele é; apenas me fale sobre suas novas e surpreendentes impressões."

As respostas de Claire são mostradas na Figura 11.1. O alvo tinha três componentes. Era uma caneca retrátil, banhada a prata e com uma pequena alça que se curva e vai para dentro da caneca. Como esse objeto faz parte de outro experimento que faço em *workshops*, por acaso havia em seu fundo um dólar de prata. E a caneca fica dentro de uma caixa cilíndrica de pele de crocodilo, bem ajustada no fundo. Para mim, trata-se de um alvo difícil e complexo.

Figura 11.1. Caneca retrátil banhada a prata, usada como alvo, e desenhos da vidente remota em um café na França. Eu conhecia o alvo e o trazia comigo na bolsa. A vidente remota desenhou uma representação do dólar de prata à esquerda, a caneca no centro e a caixa de pele de crocodilo à direita.

A primeira coisa que Claire desenhou foi um pequeno círculo à esquerda da figura principal. Ela disse: "Vejo alguma coisa redonda e achatada". Não fiz nenhum comentário, mas sugeri que fizéssemos uma pequena pausa para verificar se algo mais surgia na sua percepção interior. (Eu havia me esquecido por completo do dólar de prata no fundo da caneca.)

Depois da pausa, Claire disse: "Vejo um cilindro de metal brilhante. Ele sobe e desce!" Ela desenhou isso e fizemos outra pausa. Depois, ela fez um terceiro desenho de um pequeno cilindro com um traçado de linhas finas, paralelas, que segundo ela também fazia parte do alvo. Toda essa descrição extraordinariamente precisa de um alvo absurdamente complexo levou cerca de dez minutos. O que poderia ser mais fácil do que isso?

Minha primeira regra para o aprendizado da visão remota é que *a visão remota deve ser divertida!* Acredito que o canal mente a mente que acabei de descrever pode funcionar tão bem que seria uma pena você se privar da experiência, sobretudo nos primeiros estágios da aprendizagem da visão remota, e da maneira de lidar com imagens mentais. Contudo, depois de alguns testes desse tipo, creio que você deve trabalhar em um contexto de método duplo-cego. Para tanto, você deve pedir ao entrevistador que misture todos os sacos contendo, cada um deles, um objeto, de modo que nem ele saiba o que um determinado saco contenha. Depois, pegue um desses sacos e coloque-o no chão, fora do campo de visão. (Na verdade, todos os sacos deveriam ficar fora do campo de visão, pois as pessoas tendem a olhar fixamente para eles — como se, dotadas da visão de raios X do Super-homem, pudessem ver o que há dentro de cada um. Não é assim que a visão remota funciona.) Agora, você está pronto para realizar um teste usando o método duplo-cego. (Nos experimentos com visão remota e nos testes operacionais no SRI, eu *nunca* conhecia o alvo. Todos os experimentos usaram o método duplo-cego desde o início.)

A sessão de visão remota

Agora, seu amigo deve se sentar ao seu lado em uma sala com iluminação bem fraca — cada um com caneta e papel — e dizer a você que ele tem "um objeto que precisa ser descrito". Se você vier para a sessão com impressões ou imagens iniciais claramente formadas, é muito importante que as escreva na parte do topo do papel e lhes dê o título de "imagens iniciais". Caso contrário, elas o seguirão ao longo de toda a sua sessão. Em nosso jargão do Exército, dizemos que você deve fazer um "debrifim" das suas imagens iniciais, interrogando-as e questionando-as. A seguir, trace uma linha sob elas, para separá-las do restante da transcrição, reconhecendo que elas podem, ou não, ter alguma coisa a ver com o alvo do dia.

Agora você deve fechar os olhos, relaxar durante uns dois minutos e manter seu amigo informado sobre todas as suas imagens mentais relativas ao objeto, *começando pelas primeiríssimas aparências ou formas fragmentárias.* No início de cada sessão, o entrevistador pedirá ao vidente remoto para "descrever as formas e imagens surpreendentes que surgirem em sua mente". Esses primeiros fragmentos parapsíquicos são as formas mais importantes que você verá. Você deve fazer pequenos esboços dessas imagens à medida que elas se deixarem ver, ainda que não façam sentido e não sejam, de fato, objetos. O ato de nomear e a análise são os principais inimigos da visão remota. (Esse fato já era conhecido e entendido no século XVIII, como mostrarei mais adiante.) Sua mão pode fazer pequenos movimentos no ar, acima do papel; observe-os e descreva o que sua mente subliminar está tentando lhe dizer.

Muito bem. Agora, faça uma pausa e lembre-se de respirar depois que cada nova imagem lhe surgir à percepção interna. A seguir, você deve olhar novamente para a sua lousa mental interna. Espera-se que, nesse segundo olhar, você "veja" ou receba outra imagem ou, talvez, experimente a mesma imagem outra vez, agora com informações adicionais. Na sua condição de vidente remoto, *você está, sobretudo, em busca de imagens surpreendentes e novas, que não pertencem ao seu repertório normal de impressões mentais.* No terceiro olhar, considere que daqui a alguns minutos você estará segurando o objeto-alvo em suas mãos e faça a si mesmo perguntas do tipo: "Esse objeto tem cor ou textura? É brilhante? Tem bordas afiadas? O que eu poderia fazer com ele? Tem partes móveis? Tem algum cheiro? É pesado ou leve, de madeira ou de metal? Anote suas respostas por escrito com base nos seus sentimentos e nas suas imagens mentais. Você deve continuar com esse processo até que deixem de surgir novos fragmentos de informação. Ingo Swann chama essa terceira fase de "sentir o impacto estético". O processo todo não deve levar mais que dez a quinze minutos. Lembre-se: para estar certo, você precisa estar disposto a estar errado. É nesse ponto que se torna tão importante a questão da confiança entre os dois parceiros de visão remota. A boa notícia é que, por meio desse processo, você pode aprender a fazer uma descrição surpreendentemente coerente de um objeto oculto. A má notícia está no fato de ser excessivamente improvável que você venha a saber, *parapsiquicamente*, qual é a exata natureza do objeto — pois esse tipo de conhecimento requer análise e atribuição de nomes. Isso pode vir mais tarde.

Depois de ter descrito várias imagens diferentes, é bom você fazer um resumo de todas as coisas que disse. Tente distinguir entre as imagens que lhe parecem as mais fortes e aquelas que tiveram sua origem provável no ruído, na memória, na análise ou na imaginação, ou em coisas que você viu no começo do dia. Isto é, você precisa verificar suas anotações e tentar separar seus fragmentos parapsíquicos mais confiáveis da tagarelice analítica. A coleção de fragmentos remanescentes será, então, sua descrição final do alvo. Historicamente, os pesquisadores da PES descobriram que esses apelos de confiança constituem quase sempre a melhor indicação de que se trata do caminho correto. Porém, se já lhe disseram de antemão que seu alvo seria um de dois ou mais objetos específicos que lhe foram nomeados, sua dificuldade para descrever o objeto correto será bem maior, uma vez que você teria uma clara imagem mental de todos os itens na sua cabeça. Para separar os fragmentos de informação parapsíquicos dos que constituem a sobreposição analítica (ruído mental), você precisa passar muitas vezes pelo processo de coleta de fragmentos. Portanto, recomendamos categoricamente que você *não trabalhe com alvos que lhe sejam conhecidos*. Até onde eu sei, Ingo Swann foi a única pessoa capaz de discriminar confiavelmente entre alvos conhecidos. E ele conseguia estar certo 80% do tempo nos experimentos formais no SRI, compreendendo cinquenta testes nos quais ele precisava diferenciar entre dois tipos de papel de gráfico: papel quadriculado para coordenadas retangulares e o papel para coordenadas polares!

Depois de você ter feito seus esboços e registrado suas impressões por escrito, seu amigo lhe mostrará o objeto. Seu entrevistador deverá examinar detalhadamente com você todas as coisas corretas que você viu durante sua sessão. Você poderá então ter a experiência de dizer: "Vi um desses, mas não o mencionei!" Porém, a regra no jogo da visão remota é a de que *aquilo que não foi para o papel não aconteceu*. Por isso, é importante escrever ou desenhar *tudo*, e por fim você aprenderá a separar o sinal do ruído. Agora, você está aprendendo a separar o sinal e a imagem parapsíquicos da sua memória, imaginação, análise, atribuição de nomes, adivinhação e avidez. Como eu disse, todas essas coisas são chamadas de sobreposição analítica (*analytical overlay*, ou AOL). Acima de tudo, você precisa abster-se dos impulsos de dar nomes e de adivinhar. Costumamos dizer que o *psi* é semelhante a uma aptidão musical; encontra-se amplamente distribuído entre a população, e todos têm alguma aptidão e podem participar até certo ponto; até mesmo a menos musical das pessoas pode aprender a tocar um pouco de Mozart ao piano. Por outro lado, não há nada que substitua o talento inato e a prática. Se tudo isso parece muito simples, é assim mesmo que é. Minha contribuição aqui consiste em dizer a você o que fazer para começar e, ainda mais importante, em dar-lhe permissão para expressar e usar suas capacidades e dons inatos. Com base em quatro décadas de experiência, não tenho dúvida de que você é capaz de realizar a experiência da visão remota se seguir essas instruções. Não omiti nenhum ingrediente secreto. Quero que você tenha sucesso e desfrute das sensações de arrebatamento e admiração que o acompanham. Depois de ter demonstrado a si mesmo que essas capacidades intuitivas são realmente acessíveis, e que lhe estão disponíveis, você pode começar a se perguntar sobre outros aspectos de nossa mente não local que podem ser explorados. O verdadeiro valor da visão remota está no fato de ela nos pôr em contato com a parte de nossa consciência que, claramente, não está limitada pela distância ou pelo tempo. A visão remota permite que nos tornemos cientes e perceptivos de nossa natureza conectada e interdependente. Sua importância torna-se particularmente evidente quando compartilhamos nossos conhecimentos com nossos amigos. Acredito que estamos aqui para nos ajudar mutuamente a expandir a nossa percepção e permitir que cada um de nós entre em contato com nossa comunidade espiritual maior.

A razão entre o sinal e o ruído

Não sabemos como aumentar o sinal parapsíquico quando ele aparece na sua percepção. Todavia, tornamo-nos muito hábeis em reduzir o ruído mental. Usando o rádio, os astrônomos conseguem atualmente receber e analisar sinais vindos de estrelas que se encontram a bilhões de quilômetros da Terra — radiação proveniente da própria atividade de formação do nosso universo. *Masers* de micro-ondas (amplificação de micro-ondas por emissão estimulada de radiação, pronunciados como *lasers*, mas com um "m") conseguem amplificar o sinal sem acrescentar perceptivelmente mais ruídos àqueles em que o sinal está enterrado. Porém, para fazer isso funcionar, o astrônomo precisa operar o sistema de detecção a uma temperatura extremamente reduzida para diminuir o ruído, uma vez que os instrumentos à temperatura ambiente normal iriam submergir os sinais extremamente fracos das ondas milimétricas. O fator importante para a detecção de sinais fracos consiste em encontrar uma maneira de aumentar a razão entre o sinal e o ruído. (Se o sinal de entrada tiver uma energia de dez microwatts e o ruído ambiente também for de dez microwatts, diríamos que a razão entre o sinal e o ruído é um — dez dividido por dez —, uma situação muito difícil de se detectar. Se pudermos resfriar todo o sistema de detecção e reduzir o ruído de dez para um microwatt, teremos aumentado a razão sinal para ruído em um fator de dez; então, poderemos fazer alguma coisa.) Na visão remota em laboratório, trabalhamos com alvos interessantes, mas desconhecidos, em vez de números e letras. Livrarmo-nos dos números e letras como alvos é uma maneira de reduzir o ruído mental.

Certa vez, quando eu estava ensinando na Itália, na cidade lacustre de Arco, um arquiteto era um dos videntes remotos, e sua imagem-alvo era o Parthenon. Ele fez um desenho detalhado de uma vista em planta de um edifício clássico no qual as colunas do templo foram todas representadas sem relevos, com suas localizações indicadas por pontos dentro do retângulo da base. Esse tipo de atividade dinâmica é frequentemente visto em imagens de visão remota. A fragmentação é comum quando um alvo tem elementos repetidos, como as estrelas e listras da bandeira dos Estados Unidos, uma fileira de colunas ou uma fileira de contas.

Ingo Swann descreve quatro graus de distorção ao lidar com esse problema (que ele chama de *falta de fusão*) em seu excelente livro *Natural ESP*:

Todas as partes são corretamente percebidas, mas não se conectarão de modo a formar um todo.

Algumas partes são fundidas, outras não.

A fusão é só aproximada.

Partes são incorretamente fundidas; todas as partes estão ali, mas unidas de modo a criar, falsamente, outra imagem.[4]

De maneira semelhante, René Warcollier chama esse fenômeno de "paralelismo", no qual elementos geométricos semelhantes se rearranjam. Ele discute esta e muitas outras fontes de ruído mental em seu livro desbravador de 1948, *Mind to Mind*. Apresento a seguir o modo como ele descreve o problema:

> O que parece acontecer no caso das figuras geométricas é que se injeta movimento naquilo que, ao contrário, deveria ser uma imagem estática. [...] É quase como se não tivéssemos, por telepatia, *nenhum traço de memória* de figuras geométricas específicas, como o retângulo e o círculo. Em vez disso, só dispomos de ângulos e arcos. [...] Há uma espécie de atração mútua entre partes que se adequam, um tipo de agrupamento que chamo de "lei de paralelismo".[5]

Em *Mind to Mind*, Warcollier apresenta muitas ilustrações desse paralelismo, ou defeito de *falta de fusão*. Algumas delas são aqui mostradas na Figura 11.2, onde os símbolos estão fragmentados em ângulos e arcos. Warcollier e, mais tarde, Ingo Swann, tinham uma aguçada e profunda percepção dos problemas parapsíquicos. Os dois ensinaram que, quanto mais perto o vidente puder estar de imagens e experiências em estado bruto, não interpretadas, melhor será para ele. *Memória, análise e imaginação são os inimigos do funcionamento parapsíquico.*

O engenheiro Warcollier também apresenta tanto a teoria como os experimentos da comunicação *psi* em *Mind to Mind*. Ele descreve em detalhes por que os experimentos de resposta livre são quase sempre muito superiores aos testes de escolha forçada, porque eles liberam o vidente remoto do ruído mental da memória e da imaginação. Infelizmente, foram necessários outros vinte anos para que os pesquisadores da PES levassem em consideração as ideias desse brilhante observador quando vão planejar seus experimentos. Uma das coisas mais importantes que aprendemos na pesquisa de visão remota é que a análise das possibilidades do alvo é inimiga do fenômeno *psi*. Se o seu único critério para a existência desse fenômeno for o grau de precisão com que uma pessoa consegue ler parapsiquicamente o número serial na sua nota de dólar ou outras informações analíticas semelhantes, então você concluirá que o funcionamento parapsíquico não existe.

Esse conceito foi entendido por Upton Sinclair, famoso escritor e divulgador de escândalos políticos e administrativos, que, em seu livro *Mental Radio*, de 1930, descreve pormenorizadamente os anos de experimentos telepáticos com desenhos de imagens que ele realizou com sua mulher, Mary Craig. Craig era

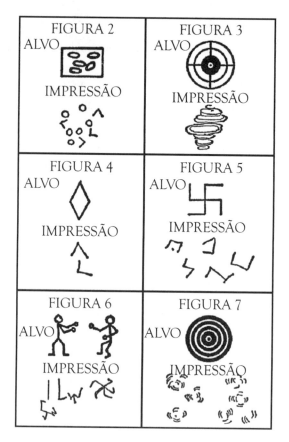

Figura 11.2. Alguns dos experimentos descritos no livro *Mind to Mind*, de René Warcollier, demonstram claramente o que ele chamava de *paralelismo*, e que Ingo Swan denominava de *falta de fusão*.

uma mulher bondosa e espiritualizada que tinha uma compreensão profunda, ao mesmo tempo intuitiva e analítica, do processo de percepção parapsíquica. Os parágrafos a seguir contêm suas instruções condensadas extraídas de um volumoso capítulo de *Mental Radio*. Apresento-os aqui porque o trabalho dela demonstra que ela havia dominado a arte da conexão mente a mente. Ao descrever sua técnica para "a arte da leitura mental consciente", ela diz:

> A primeira coisa que você precisa fazer é aprender o truque da atenção indivisa, ou concentração [...] colocando a atenção em *um só* objeto. [...] Não se trata de pensar; é uma questão de inibir o pensamento.

Você precisa inibir o impulso de pensar coisas sobre o objeto, de examiná-lo ou de avaliá-lo, ou permitir que um encadeamento de lembranças se prenda a esse objeto. [...] Simultaneamente, [você] precisa aprender a relaxar, pois, por mais estranho que pareça, uma parte da concentração é o relaxamento completo [...] sob controle específico.

Há também outra coisa — a capacidade de supervisionar as condições. Você não demorará a ser bem-sucedido se atingir um estado de consciência vazio, embora tenha a capacidade de tornar-se instantaneamente consciente. [...] Além disso, até certo ponto você controla o que será apresentado à consciência quando estiver pronto para tornar-se consciente.[6]

Em *Mental Radio*, Sinclair apresenta mais de 150 experimentos com desenhos de imagens que haviam sido feitos por ele e Mary. Como vemos na citação acima, ela desenvolveu uma grande habilidade e uma aguçada percepção para captar instantaneamente imagens significativas que a levaram a aperfeiçoar a técnica de lidar com suas imagens mentais. Na Figura 11.3, mostro oito representativos pares de imagens, extraídos do livro desbravador de Sinclair.

Em um capítulo anterior, afirmei que Einstein fez comentários favoráveis aos experimentos de Sinclair em seu prefácio ao livro do amigo. Einstein e Sinclair viviam em Princeton, Nova Jersey, na época desses experimentos, e Einstein teve a oportunidade de testemunhar alguns deles. Em seu prefácio, ele escreveu:

Os resultados dos experimentos telepáticos expostos neste livro com grande desvelo e clareza estão certamente muito além dos experimentos que um investigador da natureza considera concebíveis. Por outro lado, está fora de questão, no caso de um observador e escritor tão consciencioso como Upton Sinclair, que ele esteja realizando uma fraude consciente no universo da leitura; sua boa-fé e confiabilidade não devem ser questionadas.[7]

Experiências fora do corpo

A visão remota é uma atividade segura e estimulante que você pode aprender e praticar em casa, sem nenhum medo de passar por uma experiência desagradável. Tudo que você precisa é de um amigo que lhe traga pequenos objetos

Figura 11.3. Exemplos de oito experimentos telepáticos publicados em 1930 por Upton Sinclair, com comentários do autor.

---

* *Chafing dish*, ao pé da letra "prato de aquecimento", ou "prato de irritação". (N.R.)

dentro de um saco de papel, enquanto você pratica a visualização à medida que vai aprendendo a separar o sinal parapsíquico transitório do ruído mental da memória, da imaginação e da análise, conforme já descrevi. Contudo, as experiências fora do corpo podem ser algo totalmente diferente. Desde a publicação do livro *Journeys Out of the Body*, de Robert Monroe, as pessoas têm me perguntado sobre a relação entre esse fenômeno e a visão remota.[8] Eis um breve resumo:

Em uma experiência de visão remota, você aquieta sua mente e descreve as imagens surpreendentes que aparecem em sua percepção — em sua tela mental — em resposta à pergunta do dia, que pode ser: "Tenho um alvo, ou um objeto oculto, que precisa ser descrito". Você pode descrever e experimentar a cor, o feitio, a forma ou o peso do objeto, ou a aparência arquitetônica global de um local-alvo. Você pode até mesmo entrar em um edifício distante. Mas é aí que a coisa começa a se misturar com ocorrências fora do corpo.

Basicamente, há um *continuum* que vai da visão remota a uma experiência plena fora do corpo, sem nenhuma descontinuidade entre uma e outra. Em uma experiência fora do corpo, você geralmente começa com uma visão remota simples e, em seguida, passa a usar sua emotividade, sensibilidade e sexualidade — até qualquer grau que lhe permita se manter confortável. Diferentemente do que acontece na visão remota, há uma possibilidade concreta de que você sinta medo em uma EFC por causa do intenso envolvimento emocional. Em uma EFC, você tem mobilidade do seu ponto de vista no que diz respeito ao alvo distante, muito mais do que teria em uma experiência de visão remota. Você também pode ter uma forte interação emocional com uma pessoa situada no alvo. (Bob Monroe descreve essa interação como algo que terminou por levar ao seu casamento com a mulher que ele estava visitando parapsiquicamente em uma jornada fora do corpo.)

Com base na minha experiência pessoal, as EFCs são muito mais realistas, têm mais aparência de vida e são mais cinemáticas do que o indefinido, diáfano e bruxuleante vaivém da maioria das experiências de visão remota. A EFC tem uma taxa de dados muito mais rica e mais detalhada (uma taxa de chegada de material pictórico semelhante à da TV) e, além disso, ela é muito mais envolvente. Não obstante, quando um vidente remoto adquire mais experiência, suas percepções tornam-se cada vez mais estáveis.

Para mim, as EFCs assemelham-se aos sonhos lúcidos, nos quais acordamos *dentro* do sonho, mas continuamos sonhando. Uma vez que você aprenda a ter e a reconhecer sonhos lúcidos, jamais será dominado por um pesadelo, pois conseguirá agir como um participante ativo. O dr. Stephen LaBerge, da Stanford University, recebeu seu título de doutorado pela investigação dos sonhos lúcidos, e vem ensinando esse assunto nos últimos vinte anos.

Minha mulher Patty e eu participamos, com LaBerge, de umas "férias de sonho" de dez dias na grande ilha do Havaí, onde aprendemos a ter sonhos lúcidos. Depois de uma semana de prática, tive um sonho incrível no qual voei para fora do meu quarto, sobrevoando a baía íngreme e escura e o cintilante oceano iluminado pelo luar, nas imediações de nosso retiro na Costa Norte. Também realizei o objetivo de minha viagem: aprender a controlar meus ocasionais pesadelos assustadores, que nunca mais tive depois desse *workshop* nessa viagem ao Havaí. No entanto, é importante lembrar que um sonho lúcido não é uma EFC. O que você vê no sonho não existe necessariamente (ou geralmente) no plano físico, ao passo que as EFCs costumam ter uma base na realidade.

O grande mestre budista de meditação Dzogchen, Namkhai Norbu, ensina em seu livrinho de prática espiritual *Dream Yoga and the Practice of Natural Light* que o fato de adquirir controle sobre seus sonhos prepara-o para sua jornada através dos *bardos* — aquele período intermediário entre as vidas, isto é, entre morte e renascimento, no qual você terá de lidar com divindades pacíficas e outras terrivelmente iradas.[9] Em minha visão, o budismo Dzogchen é inquestionavelmente, entre as vias que trabalham com o treinamento mental, o caminho mais rápido para a liberdade, a verdade e a autolibertação.

Preciso dizer que não ensinamos nenhum método para ter sonhos lúcidos ou experiências fora do corpo no SRI. Não queríamos que ninguém tivesse um incidente desagradável e fosse se queixar à administração ou ao governo que havíamos separado sua consciência de seu corpo, e que eles fossem incapazes de uni-los novamente.

Nas experiências fora do corpo, as pessoas também relatam experiências sexuais poderosas e extremamente realistas, inclusive relações com pessoas do mesmo sexo. (Você pode ter a surpreendente sensação física de estar mantendo relações sexuais com pessoas de *ambos* os sexos.) Essas ocorrências podem ou não ser físicas. Em outras palavras, uma experiência sexual remota pode manifestar-se como um encontro energético, como uma experiência de kundalini remota, mas associada a uma pessoa distante. Ingo Swann chama isso de "sexualidade clarividente". Para que essa interação faça sentido, é melhor que seja conduzida entre adultos que consentiram em realizá-la de livre e espontânea vontade. Caso contrário, o que teremos é uma espécie de estupro parapsíquico. Em seu livro *Psychic Sexuality*, Ingo Swann descreve esse tipo de interação sexual a distância. Ele escreve: "A experiência mais conhecida de telestesia em todo o mundo é a sensação de vibração sexual, que é uma combinação de clarividência e telestesia como transferência de sensações e impulsos motores que atravessam grandes distâncias".[10]

O livro de Ingo Swann *Psychic Sexuality* é todo sobre sexo no plano astral — realizado através do espaço ilimitado. E um livro para os verdadeiramente aventureiros é *The Confessions of Aleister Crowley*, no qual Crowley escreve sobre suas experiências com viagens astrais.[11] Mas não diga que eu não o avisei! O clássico manual didático sobre o assunto é *The Projection of the Astral Body*, de Sylvan Muldoon e Hereward Carrington.[12] Recomendo essa monografia escrita em 1929 por um cientista e um viajante parapsíquico a fim de que você adquira uma perspectiva inicial e bons ensinamentos sobre como desenvolver sua carreira nos domínios da EFC. Posso dar testemunho pessoal da maioria dos tipos de experiência que descrevi acima, que às vezes têm me trazido informações chocantes, porém verdadeiras, em condições totalmente satisfatórias do uso do método *duplo-cego*. Se essa afirmação contém alguma ambiguidade, tanto melhor. Tendo em vista que se sabe muito bem que a telepatia mental funciona a grandes distâncias, nenhuma dessas oportunidades interativas deve, em absoluto, surpreender ninguém.

McKinley Kantor, ganhador do Prêmio Pulitzer com o livro *Andersonville*, sobre a Guerra Civil, escreveu um romance sobre EFCs chamado *Don't Touch Me*.[13] Conheço Kantor desde que meu pai publicou *Andersonville* e o livro seguinte dele, sobre a vida cotidiana de povos nativos dos Estados Unidos, chamado *Spirit Lake*. Em conversas com ele em festas, tomei conhecimento de *Don't Touch Me*, que não é um livro de pura ficção, mas parcialmente baseado nas experiências pessoais que ele teve na guerra. Nesse livro, ele relata suas experiências amorosas transpacífico com sua namorada apaixonada que vivia nos Estados Unidos, enquanto ele estava aquartelado em uma base do exército norte-americano na Coreia. No romance, ela amava seu namorado Wolf, mas a diferença de tempo tornava seu relacionamento de longa distância muito problemático para ela. Como tudo o mais que ele escreveu é muito autêntico, não vejo motivos para não acreditar que essa narrativa em primeira pessoa tenha alguma base factual. Há forças paranormais muito intensas em atuação para unir amantes separados. Por outro lado, essas forças não parecem existir com intensidade equivalente entre pessoas apaixonadas que moram na mesma casa e, por isso, já vivem continuamente tropeçando um no outro.

Ora, minha teoria é que...
aquilo que chamam de sobrenatural é somente alguma coisa
nas leis da natureza que até então ignorávamos.
— Edward Bulwer Lytton

12
A Consciência Nua:

As Experiências Budista e Hinduísta com as Capacidades Paranormais

Fico feliz pela ajuda profissional que recebi nos últimos tempos, associando as habilidades paranormais que presenciamos no laboratório aos antecedentes religiosos e espirituais vindos até nós desde dois milênios atrás. Meu bom amigo Jeffrey Kripal, professor de filosofia e religião na Rice University, acabou de publicar um livro muito oportuno, principalmente para mim. Seu título é *Authors of the Impossible: The Paranormal and the Sacred* — exatamente os assuntos de que estou tratando aqui. Tive a oportunidade de passar algum tempo com Jeffrey e várias outras pessoas em um *workshop* de uma semana de duração no Esalen Institute, em 2008. Estávamos discutindo a relação entre as supercapacidades (meu interesse especial) e os super-heróis que exibem essas capacidades nas histórias em quadrinhos (os mitos poderosos e os rostos heroicos que dão coesão subterrânea à sociedade).

Em seu livro de 2010, o professor Kripal define *paranormal* como "o *sagrado* em trânsito de um registro religioso tradicional para um registro científico moderno". Para ele, o paranormal está sempre associado ao "imaginal, ao supernormal e ao telepático". E o sagrado é "a estrutura da consciência humana que corresponde a uma presença, energia ou força palpável, encontrada no meio ambiente". Ele descreve essa experiência mística básica como "uma coisa terrivelmente assustadora e totalmente fascinante".[1] Eu não poderia estar mais de acordo. A questão recorrente, que explorarei neste capítulo, é a seguinte: "*As capacidades paranormais são sagradas ou não passam de meras capacidades?*"

Até aqui, neste livro, apresentei a você algumas das mais sólidas evidências contemporâneas das capacidades parapsíquicas. Mas tudo isso não é uma invenção do século XX. Há centenas de anos o homem vem explorando a PES. "Qualquer tecnologia devidamente avançada, seja ela mental ou mecânica, é indistinguível da magia", diz Arthur C. Clarke na terceira de suas Três Leis.[2]

Mesmo para um gênio como Isaac Newton, o iPhone da Apple, com suas capacidades oraculares, teria certamente parecido uma coisa mágica – muito mais do que a lendária maçã que Newton viu cair de uma árvore perto dele. O fato de ainda não entendermos as nossas capacidades paranormais e sua relação com a ciência não significa que elas não existam.

A percepção extrassensorial nos permite ter uma experiência direta da percepção expandida – a percepção que transcende o espaço e o tempo. Muitas pessoas acreditam que sua primeira introdução a essas capacidades parapsíquicas é estimulante, chegando às vezes a representar uma mudança de vida. Elas, instantaneamente, apreendem a ideia de que são, obviamente, muito mais do que apenas um corpo físico, à medida que aprendem a ver fatos distantes e futuros. Essa ideia foi articulada com grande riqueza de detalhes nos últimos 2.500 anos em textos budistas e hinduístas, particularmente na enciclopédica meditação budista *The Flower Ornament Scripture* [A Escritura de Ornamento Floral],[3] e na influente e inspiradora obra hinduísta conhecida como *Yoga Sutras of Patanjali* [Os Yoga Sutras de Patanjali].[4] Nesses textos antigos, as capacidades parapsíquicas eram estudadas, examinadas e consideradas como uma importante parte da vida; não eram vistas como "coisas bizarras" e relegadas a um espaço sobrenatural ou metafísico, como grande parte da nossa sociedade está habituada a fazer.

A consciência pode ser vista através dos olhos daquilo que os budistas chamam de "consciência nua e atemporal", uma dimensão da consciência que corresponde à nossa *essência mais profunda e mais fundamental*. À luz dessa óptica, as capacidades paranormais não são nem uma exclusividade da Nova Era, nem mesmo uma ideia nova. As pessoas já sabem há milênios que temos a capacidade para transcender o espaço e o tempo com nossa percepção, e que essa percepção atemporal é não física e não conceitual, ou seja, é inefável. Contudo, podemos aprender a mudar nossa maneira de ser no mundo passando da percepção condicionada — na qual somos mantidos como reféns de nosso ego matraqueante, jamais satisfeito e sempre mergulhado em anseios insaciáveis — para uma vida prazerosa e uma percepção expandida e atemporal.

Essa visão expandida da consciência é o objetivo libertador da perspectiva budista Dzogchen, descrita pela primeira vez no século VIII pelo incomparável mestre budista Padmasambhava e defendido até hoje por Sua Santidade, o Dalai Lama. A maneira mais rápida de interiorizar esse ensinamento requer a meditação regular e a experiência consciente de nossa natureza parapsíquica. (De outro modo, serão necessários 100 mil momentos de prostração!)

A não dualidade é igual à não separação

Padmasambhava ensinou que quando desistimos de ver o mundo através do nosso condicionamento, temos uma oportunidade de experimentar nossa vida em estado de liberdade, de libertação e de expansão. Conhecido como guru Rinpoche, Padmasambhava foi o personagem histórico que levou o budismo da Índia para o Tibete no século VIII. Em seu inspirador e poderoso livro *Self-Liberation through Seeing with Naked Awareness* [Autolibertação por meio da Visão com a Consciência Nua], ele nos ensina que tendemos a ver o mundo através da lente de nossos sofrimentos, traições e prescrições sociais passados, e especialmente do nosso ego.[5] Ele escreve que quando nós, finalmente, renunciamos à essa percepção condicionada em favor da busca de uma meditação pessoal da consciência nua — isenta de juízos de valor, de medo e de ressentimentos —, passamos a trilhar o caminho da existência atemporal e da libertação. Esse é o ensinamento da *não dualidade*, que não contém juízos de valor e também não é conceitual. Se desistirmos de *dar nome* às coisas e de agarrá-las, passamos a ver realmente. Esse é o caminho da verdadeira liberdade, da percepção expansiva e do fim do sofrimento. E, como você deve estar lembrado, também é exatamente isso o que ensino aos videntes remotos principiantes. A ideia é que um vidente remoto experiente encontrará conforto e paz de espírito ao mudar seu enfoque, distanciando-o do seu próprio ego e da gratificação a que ele sempre aspira e direcionando-o para domínios mais expansivos. A visão remota não é uma religião ou um caminho espiritual, mas isso não nos impede de descobrir que nosso ego e suas defesas são as principais fontes do nosso sofrimento. Percebemos que, ao adquirir consciência do nosso *eu*, podemos mudar definitivamente nossa experiência da história de *quem pensamos que somos*.

Segundo minha experiência, o sofrimento termina quando me identifico com minha natureza livre e expandida, e não com aquilo que vejo no espelho de manhã. Aqui a ideia nova é que o aprendizado da visão remota pode, de fato, levar à consciência nua ou atemporal — a qual vivencia o universo sem *dar nome* a nada ou sem agarrar nada, exatamente como Padmasambhava descreve em seu livro.

Desde há 3.500 anos que os Vedas hinduístas nos ensinam que a nossa percepção, ou nosso eu (*atman*) é *uno com*, e inseparável da realidade transcendental suprema, o universo físico e não físico, ou *Brahman*. Não precisamos ter a experiência da separação de nenhum aspecto do universo na consciência. Mais recentemente, o grande físico Erwin Schrödinger, que aperfeiçoou a mecânica quântica, escreveu, entre as cuidadosas reflexões de sua monografia *What Is Life*, que o ensinamento segundo o qual *atman* é igual a *Brahman* é o maior de todos os princípios metafísicos. Ele também escreve sobre a não separação: "A consciência é um singular cujo plural é desconhecido. Existe apenas uma coisa, e o que parece ser uma pluralidade é simplesmente uma série de diferentes aspectos dessa coisa única produzida por uma ilusão (a maia indiana). A mesma ilusão é produzida em uma galeria de espelhos".[6] O leitor estará lembrado de que o policial paranormal Pat Price podia ver acontecimentos na Sibéria a partir de Menlo Park, nos Estados Unidos, e que o artista paranormal Ingo Swann conseguiu descrever os anéis de Júpiter antes que um foguete da NASA passasse por ali para constatar e confirmar a percepção dele.

Essa não separação na percepção é o significado do símbolo não dualista do *yin/yang*, que significa, entre outras coisas, que em todo masculino há algo feminino; em cada negro, há algo branco. Esse símbolo mundial da não dualidade foi criado na China, no século XIV a.C. Na esfera da PES, estamos basicamente lidando com a mente não local. Com muita frequência, quando você faz uma distinção ou emite um juízo de valor, está cometendo um erro. Isso não é, de modo algum, nenhum apelo para renunciar a todo e qualquer discernimento.

Figura 12.1. O símbolo do *yin/yang* é reconhecido mundialmente como a mais antiga representação do pensamento não dualista.

Essa ontologia não dualista é totalmente apropriada ao fenômeno *psi*. Afirmo que a PES não ocorre fora dos domínios da física ou da realidade normal. Rejeito a ideia da descrição dualista do *psi* e da consciência como se ambas estivessem além de qualquer descrição física possível, assim como os budistas rejeitam a definição do superconhecimento como algo sobrenatural. Muitas pessoas — inclusive aquelas que deveriam ter um conhecimento melhor das coisas — acham mais confortável dizer que os fenômenos paranormais são dualistas (querendo dizer, com isso, que mente e corpo são fundamentalmente diferentes) do que dizer: "Não entendo o que está acontecendo". Precisamos aprender a compreender e a interiorizar a natureza não dualista daquilo que, de fato, constitui a *realidade*. Para colocar as coisas de maneira simples, o *psi* é uma manifestação da natureza não local (não dualista) de nós mesmos e do universo. Nagarjuna, o lógico budista firmemente não dualista, há dois milênios nunca se cansava de nos lembrar de que *a maioria das coisas não é nem verdadeira nem não verdadeira*.[7] Eis aí uma afirmação epistemológica de alto nível a respeito da nossa natureza não dualista. Ela também contraria o famoso princípio aristotélico do "meio excluído", o qual ensina que *nada* pode ser ao mesmo tempo verdadeiro e não verdadeiro. Lamento dizer que Aristóteles falha totalmente no mundo da mecânica quântica. Ele ensinou que não existe meio-termo. Por exemplo, uma coisa é madeira ou não é madeira. Sem dúvida, isso causa um problema se, por acaso, a coisa for madeira petrificada. De maneira semelhante, não podemos perguntar, se a luz é uma onda ou não é uma onda, pois nada de útil pode advir dessa pergunta. Por mais que queiramos saber a resposta, essa é uma pergunta sem resposta. A luz manifesta ambos os aspectos; nem é uma onda, nem não é uma onda. Paradoxos aparecem quando fazemos perguntas impropriamente formuladas – perguntas que contêm pressupostos equivocados e paradoxos. Nagarjuna afirma que, possivelmente, não pode haver nenhum paradoxo na natureza; um aparente paradoxo significa apenas nosso erro em descrever o que pensamos que estamos olhando. A consciência/mente não é nem material nem não material; em vez disso, é multidimensional. Dois mil anos depois de Nagarjuna, os físicos modernos não diriam que o famoso gato de Schrödinger não está nem vivo nem não vivo. Diriam, de maneira equivalente, que o gato encontra-se em um *estado de superposição* de gato vivo com gato não vivo – exatamente com o mesmo significado de Nagarjuna. Com base em seus estudos do Vedanta, que se estenderam por toda a sua vida, Schrödinger estava muito bem informado sobre a lógica tetravalente de Nagarjuna.

Essa concepção expandida de nossa consciência é descrita na metáfora da Rede de Indra, que é uma descrição *holográfica* da *percepção não local*, e que nos vem do ano 200 d.C. (Na física moderna, a propriedade definidora do holograma é que cada minúsculo fragmento do holograma contém uma imagem completa do todo. Uma imagem holográfica de um objeto tridimensional é, geralmente, uma chapa fotográfica de vidro na qual está gravado um padrão de interferência que irá restaurar uma imagem tridimensional completa do objeto quando ele – ou um pequeno fragmento dele – for iluminado por um feixe de *laser*.

Em um universo não local como o nosso, constata-se que a precisão de nossa percepção parapsíquica é independente do espaço e do tempo. Essa independência espacial e temporal é o que entendemos por *não localidade* do espaço em que vivemos. A ideia de *entrelaçamento* de partículas quânticas separadas que já estiveram unidas é hoje bem aceita pelos físicos. Schrödinger descreveu essa ideia pela primeira vez no fim da década de 1920.[8] Ele a considerou como *a* principal diferença entre a nova teoria quântica e as antigas maneiras clássicas de descrever a natureza. O entrelaçamento foi elaborado pelo físico David

Bohm como "interconexão quântica", que descrevi no Capítulo 10. Na história de Indra, ficamos sabendo que:

> Muito longe, na morada celestial do grande deus Indra, há uma maravilhosa rede que foi suspensa de tal maneira que se estende indefinidamente por todas as direções. Em conformidade com os gostos extravagantes das divindades, uma única joia reluzente pende em cada junção da rede e, como essa rede tem dimensão infinita, o número das joias é igualmente infinito. Se escolhermos qualquer uma dessas joias para examiná-la, *descobriremos que em sua superfície polida estão refletidas todas as outras joias da rede, de número infinito. E não apenas isso; cada uma das joias refletidas nessa única joia também reflete todas as outras*, de modo que o processo de reflexão é infinito.[9]

É com essa descrição da Rede de Indra que a não localidade se parecia para os budistas por volta da época de Cristo. Nós somos as joias na rede.

Os dez superpoderes (ou aceitações) budistas

Patanjali foi um filósofo e gramático hinduísta que também viveu na época de Cristo. Em seus *Yoga Sutras*, ele descreve como podemos entrar em contato com nossa natureza divina ao aprendermos a interromper nossa contínua tagarelice mental. No primeiro aforismo de seus famosos sutras, lemos que: "O *Yoga* (o tornar-se uno com Deus) é a aquietação das ondas mentais".[10] Em outras palavras, interromper a tagarelice mental leva uma pessoa ao divino. Em seus escritos sobre os "poderes", Patanjali mostra em detalhes a maneira de vivenciar fenômenos como telepatia, clarividência, precognição, diagnóstico intuitivo e cura parapsíquica.[11] Todas essas habilidades estão ao alcance da mente meditativa e tranquila. Mas os hinduístas e os budistas insistem firmemente em que não devemos nos *apegar* a elas, pois podem se converter em obstáculos ao nosso caminho espiritual, como acontece com todo apego. A meditação é o caminho.

O poderoso texto budista conhecido como *The Flower Ornament Scripture* [A Escritura do Ornamento de Flores] descreve a telepatia e a precognição no ano 100 d.C. Em seus capítulos intitulados "Os dez superconhecimentos de Buda", esse compêndio budista ensina que não há paradoxo na precognição ou na comunicação com os mortos pois o passado, o presente e o futuro têm, todos eles, extensão infinita e todos eles *coemergem em mútua dependência*. Portanto, o futuro pode afetar o passado — e, como a nossa percepção é atemporal e não local, não nos deve surpreender o fato de que podemos experimentar, e de fato experimentamos, manifestações dos mortos ou comunicações vindas do futuro em sonhos precognitivos. Também somos informados de que a manifestação telepática em forma de comunicação mente a mente deve ser entendida como parte da vida comum; ocorre que quase nunca estamos conscientes de sua presença ou atentos a ela. Todas as formas de superconhecimento são manifestações da mente aquietada e expandida, e devemos esperar que elas surjam em nossa vida como consequência natural da consciência não local. *The Flower Ornament Scripture* não considera nenhuma dessas capacidades como sobrenatural; na verdade, a ideia é a de que nada que se manifeste na natureza é sobrenatural.

A seguir, transmitirei a você um pouco do sabor lírico contido nessa obra budista de 1.600 páginas, escrita apenas um século depois da época de Cristo. Apresento-a não como uma evidência científica da existência do *psi*, mas apenas para lhe transmitir um sentimento e, talvez, uma experiência da natureza expandida de dois milênios atrás — o modo de vida que os meditadores e monges budistas estavam vivenciando. O trecho a seguir foi extraído de *Flower Ornament Scripture: The Avatamsaka Sutra*.

Os descendentes de Buda, grandes seres iluminados, têm dez tipos de superconhecimento:

Por meio do conhecimento da mente de outras pessoas, grandes seres iluminados conhecem a diferença da mente dos seres vivos em um sistema de mundo: mentes boas, mentes más, mentes que acompanham o nascimento e a morte. [...] A esse poder dá-se o nome de *conhecimento preciso das mentes alheias*, que é o primeiro superpoder dos grandes seres iluminados.

Por meio do superconhecimento do olho celestial puro e desobstruído, grandes seres iluminados veem seres sencientes em mundos tão numerosos quanto átomos nas incontáveis terras de Buda, morrendo em um lugar e renascendo em outro. [...] Eles veem claramente seres sencientes com seus olhos desobstruídos, enxergando quaisquer feitos que tenham se acumulado, quaisquer felicidades ou sofrimentos que tenham experimentado e quaisquer idiomas que eles falem. A isso se dá o nome de *superconhecimento do olho celestial* dos grandes seres iluminados.

Por meio do superconhecimento da lembrança instantânea de vidas passadas, os grandes seres iluminados são capazes de conhecer os acontecimentos de suas próprias vidas passadas, bem como as vidas de pessoas em mundos incontáveis que se estendem por éons incontáveis... quanto tempo elas viveram e que trabalhos consagrados a Buda realizaram. A isso se dá o nome de *capacidade espiritual de conhecer vidas passadas*, que é o terceiro superconhecimento dos grandes seres iluminados.

Os grandes seres iluminados pelo superconhecimento dos éons de todo o futuro conhecem as eras dos mundos tão numerosos quanto os átomos nas incontáveis terras de Buda. Eles também conhecem todo o futuro de mundos tão numerosos quanto os átomos. [...] A isso se dá o nome de *capacidade para conhecer as eras de todo o futuro*, que é o quarto superconhecimento dos grandes seres iluminados.

Há também o superconhecimento do *grande ouvido celestial; o superconhecimento de ir a toda e qualquer parte; o superconhecimento de habitar sem apego, movimento ou ação; o superconhecimento de compreender a fala de todos os seres.*[12]

Para mim, é evidente que *The Flower Ornament Scripture* descreve um mundo expandido e não obstruído no qual nós podemos vivenciar o futuro, ver à distância, e diagnosticar e curar os doentes. Equiparo toda referência aos "superconhecimentos" a manifestações dos fenômenos *psi*. Espero que meus amigos budistas nunca mais me digam que os budistas não estão interessados nas capacidades paranormais. A seguir, mostrarei que o Patanjali hinduísta está descrevendo um mundo semelhante.

Algumas vezes, vi esse mundo manifestado através dos olhos e das atividades de alguns dos maiores sensitivos do mundo, com os quais tive o privilégio de trabalhar. A ciência ocidental nos havia propiciado grandes realizações, revelando-nos as distâncias mais longínquas do espaço cósmico. Porém, ao mesmo tempo, ela reduziu nosso espaço mental ao tamanho de um coco. Creio que já passou da hora de começarmos a questionar essa realidade e de afirmarmos a realidade não obstruída que está disponível a nós.

Patanjali ensinou que obtemos dados *psi* por meio do acesso aos registros *akáshicos*, que contêm todas as informações passadas, presentes e futuras. Para ter acesso aos registros akáshicos, afirmou, é preciso "tornar-se ele", com um *foco de atenção unidirecional* (*single-pointed*). Seus escritos nos oferecem um *kit* de ferramentas mentais para essa realização. Patanjali nos diz que, para vermos o mundo em nossa mente, precisamos aquietar nossas "ondas mentais" (*chitta vritti*, em sânscrito). Aprendemos a chamar essas ondas de *ruído mental*.

Embora os budistas afirmem que todos os nossos problemas decorrem do fato de estabelecermos distinções onde, na verdade, não há nenhuma, Patanjali ensinou que, para termos o controle de nossa consciência, precisamos aprender a fazer distinções entre nossos estados mentais. Como Shankara ensinou há 800 anos em sua obra-prima *The Crest Jewel of Discrimination* [A Joia Suprema do Discernimento], o propósito da vida humana é aprender a separar a realidade da ilusão.[13] Ele foi pioneiro na escola hinduísta não dualista do *Advaita Vedanta* — que enfatiza a não separação. Em outras palavras, se não podemos controlar nossa própria mente, como podemos esperar ter o controle de nossas interações com o mundo exterior? Patanjali descreveu cinco estados de funcionamento mental e deixou claro que sempre devemos saber em qual estado nos encontramos. Para ele, precisamos diferenciar entre pensar correto, pensar errôneo (erros), dormir e sonhar, lembrar e imaginar. Esses estados correspondem precisamente ao nosso conceito de aprender a separar o sinal *psi* da memória, da análise e da imaginação — as fontes principais de ruído mental que nós encontramos na visão remota.

Dualidade e não dualidade

Uma vez que estamos questionando a realidade, acho que devemos fazer aqui uma pequena pausa para colocarmos em ordem os pensamentos sobre a concepção budista não dualista da não separação e da importância de separar a realidade da ilusão. É importante examinar esse enigma aparente porque já posso ouvir os filósofos dizendo: "Você não pode ter as duas coisas ao mesmo tempo: ou você separa ou você não separa!"

A resposta é simples: a *epistemologia* é a postura que assumimos para determinar *como* sabemos uma coisa — como sabemos qualquer coisa — e, o que é ainda mais importante, *como determinamos o que é verdadeiro*. Shankara, assim como a maioria dos profissionais de saúde mental contemporâneos, considerava ser muito importante encontrar, com firmeza, um modo de separar a realidade da ilusão, e é claro que eles estão certos. Para um físico, esse costuma ser o caminho do empirismo.

Em termos *ontológicos*, desenvolvemos nossos sistemas de crença e tentamos dar sentido ao mundo que observamos por meio do uso das ferramentas epistemológicas que escolhemos. Se olharmos cuidadosamente, observaremos que, em geral, *a separação é uma ilusão*. Digo que a separação é uma ilusão porque (infelizmente) a maioria das distinções que fazemos a partir de nossas observações baseia-se em lembranças falsas, percepções equivocadas, erros de pensamento e, acima de tudo, projeções fisiológicas, e é assim que criamos o nosso conjunto de preconceitos, os quais caracterizam a maneira como vivenciamos quase tudo. O símbolo *yin/yang* é nosso lembrete de que a concepção correta é, geralmente, a não dualista. Aí está uma parte da razão pela qual os budistas nos lembram incansavelmente de que "a separação é uma ilusão". Outra parte deriva da ideia budista de *vazio*, que é muito importante e remete à observação de que "tudo o que vivenciamos tem apenas o significado que lhe atribuímos". A ideia budista de vazio geralmente amedronta as pessoas. O universo não é vazio de xícaras, pires e coisas do tipo, mas ele é, de fato, vazio e privado de significado — com exceção do significado que você lhe atribui. Vivenciar o vazio, no espaço entre a meditação e a não meditação, é como vivenciar a simplicidade em si mesma.

Minha própria postura ontológica me diz que vivemos em um mundo não local. É isso o que todas as evidências parecem estar dizendo no momento em que escrevo estas palavras em 2010 — mas eu poderia estar errado. Alguém poderia aparecer com um modelo melhor. A moderna física quântica está defendendo a não dualidade (as partículas podem, frequentemente, estar ao mesmo tempo aqui e ali), e o mesmo se pode dizer da compaixão ensinada por todas as tradições espirituais que buscam um mundo pacífico. Dualista é o mundo que nos é oferecido pela crença calvinista, para a qual a sociedade é formada pelos ricos, divinamente merecedores de tudo, e os pobres, que nada merecem. Essa ontologia dualista específica vem fracassando repetidamente desde a época da Revolução Francesa, mesmo que certas pessoas e sociedades continuem a tentar ressuscitá-la. A concepção não dualista afirma que todos nós somos unos em consciência, e que não há separação. No mundo não local e não dual que estou descrevendo aqui, sua conexão com a mulher cansada e rabugenta na caixa registradora é ainda mais do que um reflexo de você — ela *é* você. Tudo o que você precisa fazer para se dar conta disso é dar uma olhada em uma foto recente de laboratório em que são mostradas partículas entrelaçadas e sobrepostas.

Quatro séculos depois de Padmasambhava, seus ensinamentos sobre a consciência expandida foram ampliados, aprimorados e tornados ainda mais poderosos por Longchen Rabjam (também conhecido como Longchenpa), o incomparável mestre budista dos ensinamentos Dzogchen sobre o dharma. Muitos estudantes do budismo concordam em que seus livros ensinam e *transmitem diretamente* a experiência frequentemente luminosa de que nossa natureza humana básica se caracteriza pela *percepção atemporal* — uma percepção ativa que preenche o universo e nossa consciência e é independente do tempo. Ele ensina que nossa experiência do *agora* não tem limites. Em *The Precious Treasury of the Basic Space Phenomena* [O Tesouro Precioso do Espaço Básico dos Fenômenos], ele diz: "Essa obra diz respeito à natureza da mente, que está além de causa e efeito, esforço e realização, e que não pode ser compreendida por meio de abordagens espirituais inferiores".[14] Afirmar que o funcionamento da mente está *além de causa e efeito* é outro modo de dizer que a mente é atemporal. Em *The Way of Abiding* [O Caminho da Permanência], ele diz: "Todos os fenômenos do mundo das aparências e das possibilidades [...], por mais dinâmicos que possam parecer, não passam de desdobramentos da percepção atemporal ocorrendo naturalmente".[15]

O lama budista que escreveu a introdução da nova tradução em língua inglesa do *Basic Space of Phenomena* [Espaço Básico dos Fenômenos], de Rabjam, afirmou: "Este livro é tão poderoso que o simples fato de você tê-lo em sua biblioteca resulta em uma transmissão espiritual". Nesse livro, escrevendo no século XIV, Longchenpa diz:

A própria mente – a percepção atemporal, que ocorre naturalmente – não tem substância nem características. [...] A percepção atemporal, que emerge naturalmente – como está espontaneamente presente no âmago [*heart essence*] do *Dharmakaya* (a experiência energética da transcendência dos cinco sentidos) – é isenta de elaboração conceitual ou descritiva. [...] Por não depender de causas, a incomparável percepção atemporal dá origem a tudo e, desse modo, não há nenhuma outra fonte para os fenômenos. Você não está preso a aparências sensoriais, não está limitado por elas, mas sim pela fixação nelas. [...] As aparências sensoriais e a consciência delas têm um só sabor na unidade não dual.[16]

Esse modelo de funcionamento *psi* sugere que as informações que acessamos estão sempre conosco, e estão, por isso, sempre disponíveis. Não se trata de uma nova teoria, mas de um modelo no qual os dados que observei parecem ajustar-se melhor do que no modelo informação-transmissão (rádio mental), em que uma pessoa envia uma mensagem parapsíquica a outra. No século VIII, Padmasambhava escreveu muito sobre a visão não dualista segundo a qual nossa percepção transcende todo o espaço; seus escritos constituem uma defesa da percepção expandida e nua que transcende nosso condicionamento. No século XIII, Longchenpa presumiu que tivéssemos interiorizado esse ensinamento e essa experiência. Ele compreendeu que temos, ao mesmo tempo, uma percepção expandida e atemporal. Ele foi o primeiro a criar toda uma prática a partir da necessidade de reconhecer que somos *percepção atemporal*. Em minha opinião, o budismo Dzogchen é o caminho mais rápido para o despertar espiritual. Contudo, não é um caminho para os mais tímidos, pois é preciso renunciar a um grande número de crenças muito arraigadas.

As capacidades parapsíquicas são sagradas?

Quando aprendemos a exercitar nossas capacidades parapsíquicas, surgem questões éticas sobre essas funções perceptivas que estão fora da compreensão da ciência moderna. As capacidades parapsíquicas serão sagradas? É apropriado pensar em seu uso para objetivos mundanos, como ganhar dinheiro na bolsa de valores? A cura é sagrada, e o que ela tem a ver com nossas capacidades parapsíquicas?

Nossas capacidades parapsíquicas nos permitem vivenciar conexões mente a mente uns com os outros, e muitas pessoas consideram essas experiências como algo profundamente espiritual. Não há dúvida de que os fenômenos *psi* nos oferecem uma janela sem igual para o acesso à nossa realidade não localizada. Eles nos permitem entrar em contato com uma espécie de onisciência que nenhum dos nossos outros sentidos é capaz de nos tornar disponível. Os ensinamentos budistas nos levam a acreditar que os poderes parapsíquicos existem, de fato, e que podem ser usados com objetivos benéficos. Contudo, se uma pessoa mostrar interesse especial ou obsessivo em desenvolver esses poderes, é possível que ela não esteja pronta para usá-los. Nessa tradição, a PES em todas as suas formas é amplamente considerada como um obstáculo a ser superado no caminho que leva à iluminação. É perfeitamente possível pensar que o uso dessas capacidades para espionar os russos ou para ganhar dinheiro no mercado de *commodities* constitui banalização de um dom sagrado. O motivo pelo qual continuo a realizar *workshops* para despertar, nos estudantes, a percepção de suas capacidades parapsíquicas, é que aqueles que já estão prontos permanecerão despertos e estimulados por seu novo potencial, enquanto os outros, que ainda não estão prontos, simplesmente voltarão a dormir — e ninguém sairá prejudicado. Contudo, como acontece com tudo o mais neste mundo, não há dúvida de que algumas pessoas tentarão usar suas capacidades recém-descobertas com finalidades pessoais ou antissociais.

É comum ouvir dizer que *psi* é uma capacidade fraca e não confiável. Arthur Koestler, em seu livro pioneiro de 1956, *Roots of Coincidence* [As Raízes da Coincidência], falou sobre o "fenômeno dos moluscos que soltam tinta [*ink fish*]", em que o evento *psi* desaparece numa nuvem densa e escura sempre que você tenta se aproximar muito dele.[17] Isso pode ter sido verdadeiro no que diz respeito às evidências disponíveis nas décadas de 1950 e 1960. Contudo, dados atuais de laboratório, especialmente acerca da visão remota e os obtidos nos experimentos de precognição de Daryl Bem em Cornell, mostram que, nas mãos dos cientistas experimentais certos, a percepção paranormal revela com vigor a sua realidade e está prestes a ocupar a sua legítima posição ao lado de outras modalidades perceptivas que conhecemos e nas quais confiamos. Hoje, quando o governo dos Estados Unidos eliminou o caráter confidencial de parte de seus dados de mais alta qualidade sobre a PES, permitindo que se tornassem públicos, esses resultados começam a ser incorporados na corrente principal das pesquisas científicas, abrindo caminho para sua aceitação pela ciência oficial, e deixando de ficar à deriva nas regiões fronteiriças da credibilidade, em jornais sensacionalistas e filmes.

Quase todos os agentes de cura acreditam que há um aspecto espiritual naquilo que eles fazem. Isso levanta a importante questão de saber se todo o funcionamento *psi* deveria ser considerado sagrado. No *Institute of Noetic Sciences Bulletin*, a médica Rachel Naomi Remen, diretora do Commonweal Cancer Help Program, na Califórnia, escreve sobre a discrepância entre nosso "nível de tecnologia e o nível de conhecimento moral e ético apropriado ao uso dessa tecnologia".[18] Sobre essa discrepância, naquilo que diz respeito à sacralidade das capacidades parapsíquicas em comparação com nossos outros sentidos, ela diz:

> Nossa intuição nos informa sobre o intangível, e pode oferecer um vislumbre das grandes leis que governam o funcionamento do mundo. Todavia, será que a capacidade específica que nos permite vivenciar um aspecto da realidade sagrada é necessariamente sagrada, em si mesma e por si mesma? O olho que percebe a sacralidade será necessariamente sagrado? Na verdade, não poderia qualquer um dos nossos sentidos se tornar uma via de acesso a uma experiência sagrada?
>
> Quem quer que já tenha visto a luz atravessar o grande vitral de Chartres sabe que a visão pode levar a uma experiência sagrada. Quem quer que tenha ouvido o *Messias* de Haendel ou o *Miserere* de Gregorio Allegri sabe que a audição pode evocar uma poderosa experiência do sagrado, e quem quer que já tenha tido experiências sexuais realmente boas conhece o poder do tato como uma ponte para a experiência sagrada. No entanto, a visão, a audição e o tato são funções humanas simples. Será que a *psi* também é uma função humana simples?[19]

Remen sugere que consideremos a experiência *psi* como uma função humana expandida, e não apenas exaltada. Como tal, está sujeita ao discernimento individual, assim como à fragilidade humana. Um sacramento pode ser qualquer procedimento ou ritual que usamos para entrar em contato com nosso lado espiritual. Sob esse aspecto, acredito que todos os nossos sentidos podem ser considerados sagrados; a experiência *psi* não ocupa, necessariamente, uma posição privilegiada. O que parece importante é a maneira como, e em que contexto, decidimos usar qualquer capacidade humana. E com que finalidade? Atendendo a quais valores?[20]

A palavra *siddhis* é geralmente usada para designar os poderes extraordinários adquiridos por meio da prática do Yoga, mas seu verdadeiro significado é mais bem expresso pelas palavras *conquistas* ou *realizações*, relativamente à conquista dos estados superiores de consciência. O estudo das capacidades parapsíquicas é relativamente novo, mas o conhecimento de sua existência é descrito nos ensinamentos espirituais e nos dados históricos do hinduísmo, do budismo e do islamismo, assim como na Bíblia. De acordo com todos esses caminhos de sabedoria, somos seres espirituais que habitam corpos e aprendem a ser humanos. Acreditamos que o estudo do fenômeno *psi* nos oferece percepções aguçadas e iluminadoras da nossa natureza espiritual e da dimensão não local da consciência que nos une a todos. Ele também nos oferece a oportunidade de avaliar as mesmas questões de integridade e responsabilidade com que nos deparamos em outros aspectos de nossa vida.

Meu sábio indiano favorito, Patanjali, um hinduísta do século II a.C., ensinou que "Esses poderes [parapsíquicos] da mente ampliada ou expandida são prejudiciais à *contemplação*" para um aspirante em busca de iluminação.[21] Isso acontece não porque esses poderes sejam maléficos, ou mesmo maus; acontece porque eles são dispersivos para uma pessoa que procura a consciência unitiva e a experiência da iluminação interior para além de toda sensação.[22] Ele se preocupava com a possibilidade de que nossas capacidades paranormais pudessem intensificar potencialmente o fascínio de uma pessoa pelas sensações, pelos fenômenos e pelos objetos que podem ser uma fonte de separação na vida cotidiana.

Patanjali também mencionou que as capacidades parapsíquicas podem surgir de outras causas além da prática da meditação iogue. Ele concorda com os budistas em relação ao fato de que essas capacidades às vezes estão presentes por ocasião do nascimento, e que elas também podem ser produzidas pela ingestão de certas drogas, pela entoação de mantras ou pela prática de comportamentos ascéticos. Entre os exemplos de *siddhis*, ou "poderes parapsíquicos" que, segundo Patanjali, podiam ser produzidos por práticas assíduas de meditação, temos:

[...] o conhecimento do passado e do futuro; o entendimento dos sons produzidos por todas as criaturas; o conhecimento de vidas passadas; o conhecimento do que os outros estão pensando; o conhecimento antecipado da morte de alguém; a obtenção de diversos tipos de poder; a percepção do pequeno, do oculto e do distante; o conhecimento de outras regiões habitadas; o conhecimento a respeito das estrelas e de seus movimentos; o conhecimento do interior do corpo; o controle da fome e da sede; a perseverança; a visão dos adeptos em sua própria luz interior; a intuição em geral; a compreensão da mente; a capacidade de entrar no corpo dos outros; a leveza e a levitação; a luminosidade; o controle de elementos materiais; o controle dos sentidos; a perfeição do corpo; a presteza do corpo [...][23]

A maior parte dos antigos ensinamentos sagrados enfatiza a distração sedutora exercida pelas capacidades parapsíquicas, uma vez que elas fazem com que nos extraviemos do caminho espiritual com as ideias de usá-las para intensificar nosso poder individual ou nosso prestígio. Contudo, um dos objetivos da meditação que Patanjali tinha em mente era tirar uma pessoa de sua percepção sensorial cotidiana normal e levá-la para uma percepção não local de consciência unitiva. Acredito que, para aqueles dentre nós que se acham ativamente envolvidos com seus trabalhos, pensamentos, jogos e distrações, e que se movimentam no mundo físico, nossas capacidades parapsíquicas têm muito a nos ensinar sobre a ilusão de nossos eus separados. A aceitação da realidade de nossas conexões mente a mente pode inspirar outras pessoas — como aconteceu com este autor — a tentar alcançar nossos potenciais mais elevados como seres humanos.

Nossas capacidades parapsíquicas tornam-se acessíveis quando temos mente aberta e compartilhamos propósitos e confiança mútua uns com os outros. De fato, o venerável mestre hinduísta Shankara, do século VII, referia-se às capacidades parapsíquicas como "os poderes da vida sem obstruções".[24] Para mim, os processos de obter consenso e conexão com os outros são atividades que, em si mesmas, valem a pena, e se alinham com o que Shankara chamou de "a alegria da harmonia com a intenção de nosso ser".[25] O que mais poderíamos descobrir quando removemos as barreiras parapsíquicas que bloqueiam nossa percepção de nossas naturezas conectadas? Explorar esses estados de consciência não local junto com nossos amigos pode nos trazer muitas experiências extremamente recompensadoras. A emergência de nossas capacidades paranormais quando aprendemos a focalizar nossa percepção com atenção plena é um acontecimento natural. À medida que descobrimos cada vez mais maneiras de aplicar nossas capacidades parapsíquicas às tarefas do mundo real, todos nós teremos muitas oportunidades de escolher e voltar a escolher quais dessas aplicações da experiência e do fenômeno *psi* são éticas e apropriadas para nós.

Mestres budistas do encantamento

As tradições *siddhi* de ontem e de hoje nos dizem que, do século XII ao presente, visitantes do Tibete têm relatado experiências de ver meditadores *siddhi* avançados entrar em meditação profunda, parecendo flutuar e se erguer sobre seu local de repouso e, depois, impregnar todo o ambiente com luminosidade e energia radiante.[26] Um bom amigo, que também é psiquiatra, contou-me recentemente sobre uma experiência chocante que teve com o Dalai Lama. Depois de participar de um *workshop* de uma semana sobre terapia, perguntaram a meu amigo se ele gostaria de ver o Dalai Lama como ele realmente é. O resultado de sua resposta afirmativa foi a experiência de sentar-se calmamente em meditação com Sua Santidade e, de repente, ver o aposento encher-se de uma energia palpável, uma luz ofuscante e o aparecimento mágico de *Avalokiteshvara* — o Bodhisattva da Compaixão. Meu amigo ficou atordoado de assombro e disse que sua concepção da realidade passou por uma mudança radical e permanente.

Tive duas experiências semelhantes, embora um pouco menos intensas, com praticantes do Advaita Vedanta. Essa é a forma de autoinvestigação ensinada pelo mestre indiano Ramana Maharshi, o iluminado santo indiano que morreu em 1950.[27] O objetivo de Ramana era nos fazer experimentar um fluxo de percepção amorosa enquanto meditávamos sobre duas questões: *"Quem poderíamos nós efetivamente ser?"* e *"Quem está fazendo esta pergunta?"* Em cada um dos meus casos, eu estava com um professor desperto e fiquei, súbita e surpreendentemente, repleto de uma energia amorosa tão intensa que irrompi em prantos e a experiência quase me fez desmaiar. Vi pessoas que estavam sentadas calmamente em um encontro de meditação *satsang** com minha professora Gangaji e, de repente, caíram no chão, chorando e rindo muito por terem sido subitamente tomadas por esse fluxo amoroso, que é o que realmente somos — como veremos.

Aprender visão remota pode levá-lo a reconhecer com uma súbita percepção iluminadora sua natureza serena e atemporal, mas não há nada que substitua a presença de um professor iluminado e amoroso. Desejo-lhe boa sorte nessas duas tentativas.

Isso pode nos atingir como uma surpresa, mas, ao estudar nossa mente, descobrimos nosso coração; ao libertar nossa mente, abrimos nosso coração.
— Dzogchen, Ponlop Rinpoche

---

* Palavra que, em sânscrito, significa "associação e encontro com a verdade". (N.T.)

Depois de eliminar o impossível, o que restar,
não importa quão improvável seja, é a verdade.
— Sherlock Holmes

Epílogo

Uma Comprovação das Habilidades Paranormais por um Físico

No prefácio, escrevi que "comprovação" se define como uma evidência "tão forte que tanto sob o ângulo da lógica como sob o ângulo das probabilidades não seria razoável negar a argumentação comprobatória nela contida". Com base nas evidências apresentadas neste livro, não seria razoável (em minha opinião) negar a existência de algum tipo de capacidade humana associado à capacidade de vivenciar acontecimentos distantes. Espero que você concorde comigo.

Para provar que alguma coisa é *logicamente* verdadeira, ela deve ser verdadeira por definição, como em "todas as crianças são mais jovens do que seus pais biológicos". É impossível existir uma contraverdade a essa afirmação. De maneira semelhante, em seu livro clássico *What Is Life?* [O Que é Vida?], de 1944, Erwin Schrödinger escreveu: "A consciência é um singular cujo plural é desconhecido. Só existe uma coisa, e aquilo que parece uma pluralidade é simplesmente uma série de diferentes aspectos daquela coisa única produzida por uma ilusão (o véu de *Maya* indiano). A mesma ilusão é produzida em uma galeria de espelhos".

Schrödinger estava certo em seu aperfeiçoamento da mecânica quântica na década de 1920, conhecido como "função de onda". E ele estava certo em 1944, uma década antes da descoberta do DNA, quando descreveu a hereditariedade como algo conduzido por um "código genético" de um pequeno número de moléculas encadeadas, portadoras de informações por conta de sua organização. Essas ideias também são discutidas em seu pequeno livro *O Que é Vida?* Elas não constituem uma prova definitiva. Mas estou decidido a aceitar a definição de Schrödinger e sua concepção do que entendemos por "consciência" como algo intrinsecamente singular, sem separação — uma situação que ele considera evidente por si mesma.

Alguns de vocês podem não reverenciar Schrödinger como eu. Mas espero que vocês concordem comigo quando digo que, por *prova empírica*, refiro-me a uma demonstração cuja ocorrência é verdadeiramente evidente por si mesma. No que diz respeito às capacidades parapsíquicas, discuti extensamente dois casos que considero convincentes da seguinte maneira:

O primeiro aconteceu em 1974 quando, na Delegacia de Polícia de Berkeley, o policial aposentado Pat Price identificou parapsiquicamente o sequestrador de Patricia Hearst depois de examinar centenas de fotos em um álbum de fotos de criminosos procurados. Em seguida, ele também conseguiu indicar aos detetives onde eles encontrariam o carro usado no sequestro, a cerca de oitenta quilômetros dali.

O segundo foi quando meu pequeno grupo Delphi previu paranormalmente as mudanças no preço da prata, sucessivamente, nove vezes em nove semanas, ganhando US$ 120 mil, que na época era muito dinheiro. Um operador de pregão da Bolsa de Mercadorias disse à *NOVA*, que documentou nossas façanhas: "Fazer qualquer coisa nove vezes seguidas em um mercado tão volátil quanto este é impossível!"

Na literatura científica, o mais alto prêmio é atribuído à prova *estatística*. Alguém pode demonstrar alguma coisa muitas e muitas vezes? Como contei aqui, em dois experimentos hoje famosos realizados durante nosso programa no SRI, Pat Price e a fotógrafa Hella Hammid conseguiram descrever com exatidão onde meu colega Hal Puthoff estava se escondendo na área da Baía de San Francisco. Cada vidente remoto fez exatamente nove tentativas. Em 1974, Price conseguiu fazer sete acertos logo na primeira tentativa, com uma probabilidade de 3×10^{-5} (probabilidade de três em cem mil). Dois anos depois, Hella foi ainda mais bem-sucedida em seu jogo psíquico de esconde-esconde, com um nível de acertos calculado em 2×10^{-6} (probabilidade de duas em um milhão). Esses experimentos foram publicados no periódico *Proceedings of the IEEE* em março de 1976. E, em 1978, realizamos 36 testes semelhantes de visão remota com seis oficiais do Serviço de Inteligência do Exército. Para nossa surpresa, eles obtiveram um número surpreendente de dezenove acertos logo na primeira tentativa, quando o acaso nos permitiria esperar por apenas seis. E sua significância estatística global foi de 3×10^{-5} (probabilidade de três em cem mil). Estatisticamente, os seis acertos que poderíamos esperar equivaleriam a uma média de rebatidas de 166. Se os oficiais do Exército fossem jogadores de beisebol, diríamos que, com seus dezenove acertos, o time deles estaria rebatendo acima de quinhentas vezes — enquanto o grande Joe DiMaggio teve uma média de apenas 335! Esses números dão sustentação ao que chamamos de prova estatística.

Concluo com essas cinco demonstrações de capacidades paranormais porque todas elas estiveram inteiramente sob minha observação e controle, e não havia nenhuma maneira de eu ter sido enganado. Meu objetivo é dirigir o meu apelo à autoridade da mente científica, que ama tanto os dados empíricos e as sólidas evidências estatísticas. Espero sinceramente que vocês considerem irrefutáveis alguns aspectos desta minha argumentação.

Notas

Prefácio

1. Jessica Utts, "An Assessment of the Evidence for Psychic Functioning", citado em Michael D. Mumford, Andrew M. Rose e David A. Goslin, orgs., *An Evaluation of Remote Viewing: Research and Applications* (Washington, DC: The American Institutes for Research, setembro de 1995), 3-2; recuperado de www.lfr.org/LFR/csl/library/AirReport.pdf.

2. Ray Hyman, "Evaluation of Program on 'Anomalous Mental Phenomena'", citado em *ibid.*, 3-42.

3. Jessica Utts, "The Significance of Statistics in Mind-Matter Research", *Journal of Scientific Exploration* 13, nº 4 (1999), 615-38.

4. Sarah S. Knox, *Science, God, and the Nature of Reality: Bias in Biomedical Research* (Boca Raton, FL: Brown Walker, 2010), 117.

5. Society for Psychic Research, citado em Stanley Krippner, Harris L. Friedman e Ruth Richards, *Debating Psychic Experience: Human Potential or Human Illusion* (Westport, CT: Praeger, 2009), 31.

6. Veja Benedict Carey, "Journal's Paper on ESP Expected to Prompt Outrage", *The New York Times*, 6 de janeiro de 2011; http://community.nytimes.com/comments/www.nytimes.com/2011/01/06/science/06esp.html, acesso em 16 de outubro de 2011.

7. Olivier Costa de Beauregard, "The Paranormal Is not Excluded from Physics", *Journal of Scientific Exploration*, 12 (1998), 315-20.

8. Henry Margenau, citado em Lawrence LeShan, *The Science of the Paranormal: The Last Frontier* (Northamptonshire, Reino Unido: Aquarian Press, 1987), 118.

9. Jeffrey M. Schwartz, Henry P. Stapp e Mario Beauregard, "Quantum Physics in Neuroscience and Psychology: A Neurophysical Model of Mind-Brain Interaction", *Philosophical Transactions of the Royal Society of Biological Sciences* 360 (29 de junho de 2005), 1.309-327.

10. Thomas S. Kuhn, *The Structure of Scientific Revolutions*, 3ª ed. (Chicago e Londres: University of Chicago Press, 1996), x.

11. *Ibid.*, 12.

Introdução

1. Bernard Berelson e Gary Steiner, *Human Behavior: An Inventory of Scientific Findings* (Nova York: Harcourt, Brace & World, 1964), 126-27.

2. Russell Targ e Harold E. Puthoff, "Information Transmission under Conditions of Sensory Shielding", *Nature* 252 (outubro de 1974), 602-07.

3. Harold E. Puthoff e Russell Targ, "A Perceptual Channel for Information Transfer over Kilometer Distances: Historical Perspective and Recent Research", *The Proceedings of the Institute of Electronic and Electric Engineers* 64, nº 3 (março de 1976), 329-54.

4. Elizabeth Rauscher e Russell Targ, "Investigation of a Complex Space-Time Metric to Describe Precognition of the Future", em Daniel Sheehan, *Frontiers of Time: Retrocausation – Experiment and Theory* (Melville, Nova York: American Institute of Physics, 2006), 121-46.

5. Erik Larson, "Did Psychic Powers Give Firm a Killing in the Silver Market?", *Wall Street Journal* (22 de outubro de 1984).

6. Tony Edwards, produtor, "The Case of ESP", BBC Horizon, NOVA, 1983.

7. Anton Zeilinger, *Dance of the Photons: From Einstein to Quantum Teleportation* (Nova York: Farrar, Strauss e Giroux, 2010).

8. Robert G. Jahn, "The Persistent Paradox of Psychic Phenomena: An Engineering Perspective", *Proceedings of the Institute of Electronic and Electrical Engineers* 70, nº 2 (fevereiro de 1982), 136-68; Brenda J. Dunne e Robert G. Jahn, "Information and Uncertainty in Remote Perception Research", *Journal of Scientific Exploration* 17, nº 2 (2003), 207-41. O segundo artigo contém uma metanálise de duas décadas de pesquisas.

9. Marilyn J. Schlitz e William G. Braud, "Distant Intentionality and Healing: Assessing the Evidence", *Alternative Therapies* 3, nº 6 (novembro de 1997), 62-72.

10. William G. Braud, *Distant Mental Influence: Its Contributions to Science and Healing* (Charlottesville, VA: Hampton Roads, 2003).

11. Lance Storm, Patrizio Tressoldi e Lorenzo Risio, "Meta-Analysis of Free-Response Studies 1992-2008: Assessing Noise Reduction Model in Parapsychology", *Psychological Bulletin* 136, nº 4 (2010), 471-85.

12. Daryl Bem, "Feeling the Future: Anomalous Retroactive Influences on Cognition and Affect", *Journal of Personality and Social Affect* (2010).

Capítulo 1

1. Russell Targ e Harold E. Puthoff, *Mind Reach: Scientists Look at Psychic Abilities* (Nova York: Delacorte Press, 1977).
2. Harold E. Puthoff, anotação em caderno de notas, 29 de maio de 1973.
3. Ingo Swann, *Natural ESP: The ESP Core and Its Raw Characteristics* (Nova York: Bantam Books, 1987).
4. Joseph McMoneagle, *Remote Viewing Secrets: A Handbook* (Charlottesville, VA: Hampton Roads, 2000).
5. Padmasambhava, *Self-Liberation through Seeing with Naked Awareness* (Ithaca, Nova York: Snow Lion Publications, 2000).
6. René Warcollier, *Mind to Mind* (Charlottesville, VA: Hampton Roads, 2001).
7. Citado do site de Ingo Swann, http://www.biomindsuperpowers.com.
8. Revista *Time*, 19 de março de 1979, 96.
9. Sobre as fotos tiradas pela *Voyager 2* do anel e de sua localização nas faixas de cristal, ver *Science News*, 10 de março de 1979, 149; 14 de julho de 1979, 20.
10. Agradeço ao dr. Edwin May pela permissão para que eu descrevesse o experimento em papel quadriculado que ainda não foi publicado em um periódico científico.

Capítulo 2

1. Sheila Ostrander e Lynn Schroeder, *Psychic Discoveries Behind the Iron Curtain* (Nova York: Prentice Hall, 1970). [*Experiências Psíquicas Além da Cortina de Ferro*, publicado pela Editora Cultrix, São Paulo, 1975.] (fora de catálogo)
2. Arthur C. Clarke, *Childhood's End* (Nova York: Ballantine, 1953).
3. Veja T. D. Duane e Thomas Behrendt, "Extrasensory Electro-encephalographic Induction between Identical Twins", *Science* 150 (1965), 367.
4. Utts, "An Assessment of the Evidence for Psychic Functioning", 32 (veja "Prefácio", nota 1).

Capítulo 3

1. C. A. Robinson, Jr., "Soviets Push for Beam Weapon", *Aviation Week* (2 de maio de 1977), 17.
2. Russell Targ e Harold E. Puthoff, "Perceptual Augmentation Techniques", Relatório Final à CIA (Menlo Park, CA: Stanford Research Institute, 1975), 9.
3. —————. "Information Transmission" (veja "Introdução", nota 2).
4. —————. "A Perceptual Channel for Information Transfer over Kilometer Distances" (veja "Introdução", nota 3).
5. *Chicago Tribune*, 13 de agosto de 1977.

Capítulo 4

1. Veja Robert G. Jahn e Brenda J. Dunne, *Margins of Reality: The Role of Consciousness in the Physical World* (Nova York: Harcourt, Brace, Jovanovich, 1987).
2. *The History of Herodotus*, trad. ingl. de George Rawlinson, livro 1, caps. 1.40-1.45, http://classics.mit.edu/Herodotus/history.1.i.html.
3. H. W. Parke, *A History of the Delphic Oracle* (Oxford, Inglaterra: Blackwell, 1939).
4. *The History of Herodotus*, caps. 1.45-1.50.
5. *Id.*
6. H. W. Parke, *Delphic Oracle*.

Capítulo 5

1. Russell Targ, Phyllis Cole e Harold E. Puthoff, "Development of Techniques to Enhance Man/Machine Interaction", relatório final, contrato NASA 953653/NAS7-100 (1975).
2. T. D. Duane e Thomas Behrendt, "Extrasensory Electro-encephalographic Induction between Identical Twins" (veja Capítulo 2, nota 3).
3. *San Francisco Chronicle*, 1971.
4. Robert A. Burton, *On Being Certain: Believing You Are Right Even When You Are Not* (Nova York: St. Martin's Press, 2008).
5. Ver Milan Ryzl, "Training the Psi Faculty by Hypnosis", *Journal of the American Society for Psychical Research* 41 (1962), 234-51.
6. Veja Guy Playfair, *Twin Telepathy: The Psychic Connection* (Londres: Vega, 2002).
7. Veja J. G. Pratt, J. B. Rhine, Burke M. Smith e Charles E. Stuart, *Extra-sensory Perception after Sixty Years: A Critical Appraisal of the Research in Extra-Sensory Perception* (Boston: Bruce Humphries, 1966).
8. Veja L. L. Vasiliev, *Experiments in Mental Suggestion* (Charlottesville, VA: Hampton Roads, 2002).
9. Russell Targ e Keith Harary, *The Mind Race: Understanding and Using Psychic Abilities* (Nova York: Villard, 1984), 252-53.
10. Sheila Ostrander e Lynn Schroeder, *Psychic Discoveries Behind the Iron Curtain*, 28 (veja Capítulo 2, nota 1).
11. *Id.*

Capítulo 6

1. Paul Smith, *Reading the Enemy's Mind: Inside Star Gate, America's Psychic Espionage Program* (Nova York: Forge, 2005).
2. Russell Targ e Keith Harary, *The Mind Race* (veja Capítulo 5, nota 9).

3. Sheila Ostrander e Lynn Schroeder, *Psychic Discoveries Behind the Iron Curtain* (veja Capítulo 2, nota 1).

Capítulo 7

1. Ludwig Wittgenstein, *Tractatus Logico-Philosophicus* (Londres: Routledge and Kegan Paul, 1922).
2. Upton Beall Sinclair, *Mental Radio* (Charlottesville, VA: Hampton Roads, 2000).
3. William Cox, "Precognition: An Analysis, II", *Journal of the Association of Staff Physician Recruiters* 50 (1956), 99-109.
4. Gertrude Schmeidler, "An Experiment in Precognitive Clairvoyance: Part 1, The Main Results" e "Part 2, The Reliability of the Scores", *Journal of Parapsychology* 28 (1964), 1-27.
5. Veja Stephan A. Schwartz, *Opening to the Infinite* (Buda, TX: Nemoseen Media, 2007).
6. Erik Larson, "Did Psychic Powers Give Firm a Killing" (veja Introdução, nota 5).
7. Russell Targ, Jane Katra, Dean Brown e Wendy Wiegand, "Viewing the Future: A Pilot Study with an Error-Detecting Protocol", *Journal of Scientific Exploration* 9, nº 3 (1995), 367-80.
8. Charles Honorton e Diane Ferrari, "Future-Telling: A Meta-analysis of Forced--Choice Precognition Experiments", *Journal of Parapsychology* 53 (dezembro de 1989), 281-308.
9. Dean Radin, *The Conscious Universe: The Scientific Truth of Psychic Phenomena* (San Francisco: Harper Edge, 1997).
10. William Braud, *Distant Mental Influence*, xxxv (veja Introdução, nota 10).
11. Zoltán Vassy, "Method for Measuring the Probability of 1 Bit Extrasensory Information Transfer between Living Organisms", *Journal of Parapsychology* 42 (1978), 158-60.
12. Deryl Bem, "Feeling the Future" (veja Introdução, nota 12).
13. Harold E. Puthoff e E. C. May, "Feasibility Study on the Vulnerability of the MPS System to RV Detection Techniques", relatório interno do Stanford Research Institute, 15 de abril de 1979; edição revisada de 2 de maio de 1979; Harold E. Puthoff, *Journal of Scientific Exploration* 10, nº 1 (1996), 63-76.

Capítulo 8

1. Ver Tom Harpur, *The Uncommon Touch: An Investigation of Spiritual Healing* (Toronto: McClelland & Stewart Inc., 1994), 38-73.
2. Leonid L. Vasiliev, *Experiments in Mental Suggestion* (veja Capítulo 5, nota 8).

3. Henry P. Stapp, "Harnessing science and religion: Implications of the new scientific conception of human beings", *Research News and Opportunities in Science and Religion* 1, nº 6 (fevereiro de 2001), 8.

4. Douglas, Dean, "Plethysmograph Recordings as ESP Responses", *International Journal of Europsychiatry* 2 (1966), 439-46.

5. Veja William G. Braud e Marilyn J. Schlitz, "Consciousness Interactions with Remote Biological Systems: Anomalous Intentionality Effects", *Subtle Energies* 2 (1993), 1-47; "On the Use of Living Target Systems in Distant Mental Influence Research", em L. Coly, org., *Research Methodology: A Reexamination* (Nova York: Parapsychology Foundation, 1991).

6. Todas as referências à obra de William G. Braud também podem ser encontradas em seu livro recente, *Distant Mental Influence* (veja Introdução, nota 10).

7. William G. Braud, "Direct Mental Influence on the Rate of Hemolysis of Human Red Blood Cells", *Journal of the American Society for Psychical Research* (janeiro de 1990), 1-24.

8. —————. *Distant Mental Influence*, xviii (veja Introdução, nota 10).

9. William G. Braud e Marilyn J. Schlitz, "Psychokinetic Influence on Electro-dermal Activity", *Journal of Parapsychology* 47 (1983), 95-119; William G. Braud, D. Shafer e S. Andrews, "Reactions to an Unseen Gaze (Remote Attention): A Review, with New Data on Autonomic Staring Detection", *Journal of Parapsychology* 57 (1993), 373-90.

10. Veja Marilyn J. Schlitz e Stephen LaBerge, "Autonomic Detection of Remote Observation: Two Conceptual Replications", Institute of Noetic Sciences (1994).

11. Russell Targ e Harold E. Puthoff, *Mind Reach* (veja Capítulo 1, nota 1); Targ e Puthoff, "Information Transmission" (veja Introdução, nota 2).

12. Veja Daniel J. Benor, *Healing Research*, vol. 1 (Munique, Alemanha: Helix Verlag, 1992).

13. Fred Sicher, Elisabeth Targ, Dan Moore e Helene Smith, "A Randomized Double-Blind Study of the Effect of Distant Healing in a Population with Advanced AIDS", *Western Journal of Medicine* 169 (dezembro de 1998), 356.

14. *Ibid.*, 361.

15. *Ibid.*, 356.

16. Randolph C. Byrd, "Positive Therapeutic Effects of Intercessory Prayer in a Coronary Care Unit Population", *Southern Medical Journal* 81, nº 7 (julho de 1988), 826-29.

17. William S. Harris *et al.*, "A Randomized, Controlled Trial of the Effects of Remote Intercessory Prayer on Outcomes in Patients Admitted to the Coronary Care Unit", *Archives of Internal Medicine* 159 (25 de outubro de 1999), 2.273-278.

18. O tamanho do efeito mede a eficiência ou a intensidade do fenômeno investigado, e é igual ao número de desvios-padrões (Z) com relação ao acaso que você observa dividido pela raiz quadrada do número de tentativas (N) feitas para se chegar a essa significância.

19. John A. Astin, Elaine Harkness e Edward Ernst, "The Efficacy of 'Distant Healing': A Systematic Review of Randomized Trials", *Annals of Internal Medicine* 132, nº 11 (junho de 2000), 903-10.

20. Marilyn J. Schlitz e William G. Braud, "Distant Intentionality and Healing" (veja Introdução, nota 9); Elisabeth Targ, "Evaluating Distant Healing: A Research Review", *Alternative Therapies in Health and Medicine* 3, nº 6 (novembro de 1977).

21. Larry Dossey, M.D., "Healing Research: What We Know and Don't Know", *Explore* 4, nº 6 (novembro/dezembro de 2008), 147.

22. Veja O. Carl Simonton, *The Healing Journey* (Nova York: Bantam, 1992).

23. O Commonweal Cancer Help Program pode ser contatado em P.O. Box 316, Bolinas, California 94924.

24. Veja Jeanne Achterberg, *Imagery in Healing: Shamanism and Modern Medicine* (Boston: Shambhala, 1985); Jeanne Achterberg, O. Carl Simonton e Stephanie Simonton, "Psychology of the Exceptional Cancer Pacient: A Description of Pacients Who Outlive Predicted Life Expectancies", *Psychotherapy: Theory, Research, and Practice* 14 (1977), 416-22.

25. Veja H. J. Eysenck, "Health's Character", *Psychology Today* 22 (dezembro de 1988), 28-32; H. J. Eysenck, "Personality, Stress, and Cancer: Prediction and Prophylaxis", *British Journal of Medical Psychology* 61 (1988), 57-75.

26. Ver D. Spiegel, H. C. Kraemer, J. R. Bloom, J. R. Gottheil e E. Gottheil, "The Effect of Psychosocial Treatment on Survival of Patients with Metastatic Breast Cancer", *Lancet* (outubro de 1989); veja também David Spiegel, *Living Beyond Limits* (Nova York: Random House, Times Books, 1993).

27. Ver William Nolan, *Healing: Doctor in Search of a Miracle* (Nova York: Random House, 1974).

28. Lewis Thomas, citado em Brendan O'Regan e Caryle Hirshberg, *Spontaneous Remission: An Annotated Bibliography* (Sausalito, CA: Institute of Noetic Sciences, 1993), 1. Veja também, de Thomas, *The Youngest Science: Notes of a Medicine Watcher* (Nova York: Viking Press, 1983), 205.

Capítulo 9

1. Veja Robert A. Burton, *On Being Certain* (veja Capítulo 5, nota 4).

2. William James, em F. W. H. Myers, *Human Personality and Its Survival of Bodily Death*, org. Suzi Smith (New Hyde Park, Nova York: University Books, 1961).

3. *Id.*

4. Ver Gary Dore, *What Survives? Contemporary Explorations of Life after Death* (Los Angeles: Tarcher, 1990).

5. Agência de Notícias Reuters, 31 de janeiro de 1998.

6. Veja Alan Gauld, *Mediumship and Survival: A Century of Investigations* (Londres: Paladin, Granada, 1983).

7. Ian Stevenson, *Twenty Cases Suggestive of Reincarnation* (Nova York: American Society for Psychical Research, 1966).

8. —————. *Where Reincarnation and Biology Intersect* (Westport, CT: Praeger, 1997).

9. —————. *Children Who Remember Previous Lives: A Question of Reincarnation* (Charlottesville: The University Press of Virginia, 1987).

10. Almeder, Robert, "A Critique of Arguments Offered against Reincarnation", *Journal of Scientific Exploration* 11, nº 4 (1997).

11. Veja Tim Ernst, *The Search for Haley: An Insider's Account of the Longest Search Mission in Arkansas History* (Pettigrew, AR: cloudland.net, 2001).

12. Veja Elisabeth Lloyd Mayer, *Extraordinary Knowing: Science, Skepticism, and the Inexplicable Powers of the Human Mind* (Nova York: Bantam, 2007).

13. Wolfgang Eisenbeiss e Dieter Hassler, "An Assessment of Ostensible Communications with a Deceased Grandmaster as Evidence of Survival", *Journal of the Society of Psychical Research* 70.2 (abril de 2006).

14. Vernon Neppe, "A Detailed Analysis of an Important Chess Match: Revisiting the Maroczy-Korchnoi Game", *Journal of the Society of Psychical Research* 71.3 (2007), 129-47.

15. Veja Harold Francis Saltmarsh, *The Future and Beyond: Paranormal Foreknowledge and Evidence of Personal Survival from Cross Correspondences* (Charlottesville, VA: Hampton Roads, 2004).

16. F. W. H. Myers e Eveleen Myers, *Fragments of Prose and Poetry* (Londres: Longmans Green, 1904).

17. Claire Sylvia, *A Change of Heart: A Memoir* (Nova York: Little Brown & Co., 1977); este resumo foi publicado pela primeira vez por Jane Katra e Russell Targ, *The Heart of the Mind: Using Our Mind to Transform Our Consciousness* (Novato, CA: New World Library, 1999).

18. Stephen Braude, *Immortal Remains: The Evidence for Life after Death* (Londres: Rowman and Littlefield, 2003), 283

19. *Ibid.*, 305.

Capítulo 10

1. Annie Besant, "Occult Chemistry", *Lucifer: A Theosophical Monthly* (novembro de 1895).

2. C. W. Leadbeater e Annie Besant, *Occult Chemistry: Clairvoyant Observations of the Chemical Elements* (Londres: Dodo Press, 1908).
3. Stephen M. Phillips, *Extra-Sensory Perception of Quarks* (Wheaton, IL: Quest Books, 1980).
4. *Sir* Arthur Eddington, citado em Alan H. Batten, "A Most Rare Vision: Eddington's Thinking on the Relation between Science and Religion", *Journal of Scientific Exploration* 9:2 (verão de 1995), 231-34.
5. A. Einstein, B. Podolsky e N. Rosen, "Can a Quantum Mechanical Description of Physical Reality Be Considered Complete?", *Physical Review* 47 (1935), 777-80.
6. J. S. Bell, "On the Einstein, Podolsky, Rosen Paradox", *Physics* 1 (1964), 195-200.
7. Erwin Schrödinger, conforme citado por John Clauser em comunicação privada em encontro durante o vigésimo quinto aniversário do Fundimental Fysiks Group, 2000.
8. S. Freedman e J. Clauser, "Experimental Test of Local Hidden Variable Theories", *Physical Review Letters* 28 (1972), 934-41.
9. Bell, "On the Einstein, Podolsky, Rosen Paradox", 200.
10. Henry P. Stapp, em Robert Nadeau e Menas Kafatos, *The Nonlocal Universe: The New Physics and Matters of the Mind* (Nova York: Oxford University Press, 1999).
11. Veja David Bohm e Basil J. Hiley, *The Undivided Universe: An Ontological Interpretation of Quantum Theory* (Nova York: Routledge, 1993).
12. *Ibid.*, 382.
13. *Ibid.*, 386.
14. *Id.*
15. Mark Fox, *Quantum Optics: An Introduction* (Nova York: Oxford University Press, 2010).
16. Veja Elizabeth A. Rauscher e Russell Targ, "The Speed of Thought: Investigation of a Complex Space-Time Metric to Describe Psychic Phenomena", *Journal of Scientific Exploration* 15, nº 4 (2001), 331-54.
17. John Archibald Wheeler, *Geometrodynamics* (Nova York: Academic Press, 1963).
18. Veja *id.*, e também Elizabeth A. Rauscher e Richard A. Amaroso, *The Moons of Pluto: Solving Maxwell's, Schrödinger's, and the Dirac Equation in Complex Minkowski Space* (Cingapura: World Scientific, 2010).

Capítulo 11

1. Ver Russell Targ e Jane Katra, *Miracles of Mind: Exploring Nonlocal Consciousness and Spiritual Healing* (Novato, CA: New World Library, 1998) e Jane Katra e Russell Targ, *The Heart of the Mind: How to Experience God without Belief* (Novato, CA: New World Library, 1999).

2. Russell Targ e Jane Katra, "Remote Viewing in a Group Setting", *Journal of Scientific Exploration* 14, nº 1 (2000), 107-14.
3. McMoneagle, *Remote Viewing Secrets* (veja Capítulo 1, nota 4).
4. Ingo Swann e Harold Puthoff, *Natural ESP* (veja Capítulo 1, nota 3).
5. René Warcollier, *Mind to Mind* (veja Capítulo 1, nota 6).
6. Upton Sinclair, *Mental Radio*, 116 (veja Capítulo 7, nota 2).
7. *Ibid.*, xi.
8. Veja Robert Monroe, *Journeys Out of the Body* (Garden City, Nova York: Doubleday, 1971).
9. Veja Namkhai Norbu, *Dream Yoga and the Practice of Natural Light* (Ithaca, Nova York: Snow Lion Publications, 1992).
10. Ingo Swann, *Psychic Sexuality: The Bio-Psychic "Anatomy" of Sexual Energies* (Rapid City, SD: Ingo Swann Books, 1999), 158.
11. Veja Aleister Crowley, *The Confessions of Aleister Crowley: An Autohagiography* (Londres: Penguin Books, 1979).
12. Veja Sylvan J. Muldoon e Hereward Carrington, *The Projection of the Astral Body* (Londres: Rider and Paternoser House, 1929).
13. Veja MacKinlay Kantor, *Don't Touch Me* (Nova York: Random House, 1951).

Capítulo 12

1. Jeffrey Kripal, *Authors of the Impossible: The Paranormal and the Sacred* (Chicago: University of Chicago Press, 2010), 9-11.
2. Arthur C. Clarke, *Profiles of the Future: An Inquiry into the Limits of the Possible* (Nova York: Harper & Row, 1962).
3. Veja Thomas Cleary, trad., *The Flower Ornament Scripture*, tradução do *Avatamsaka Sutra*, 2 vols. (Boston e Londres: Shambhala, 1993).
4. Veja Patanjali, *Sutras*, em *How to Know God* (Hollywood, CA: Vedanta Press, 1983, traduzido para o inglês por Swami Prabhavananda e Christopher Isherwood; reimpresso em 2007).
5. Ver Padmasambhava, *Self-Liberation* (veja Capítulo 1, nota 5).
6. Erwin Schrödinger, *My View of the World* (Woodbridge, CT: Ox Bow Press, 1983), 87-9.
7. Veja Jay L. Garfield, *The Fundamental Wisdom of the Middle Way: Nagarjuna's Mulamadhyamakakarika* (Nova York: Oxford University Press, 1995).
8. Veja Amir D. Aczel, *Entanglement: The Greatest Mystery in Physics* (Nova York: Four Walls Eight Windows, 2002).
9. Francis H. Cook, trad., *The Jewel Net of Indra: The Avatamsaka Sutra* (Filadélfia: University of Pennsylvania, 1977).

10. Patanjali, *How to Know God*, 14.
11. *Ibid.*, 183.
12. Thomas Cleary, trad., *The Flower Ornament Scripture*, 870-75.
13. Shankara, em *Shankara's Crest Jewel of Discrimination*, tradução para o inglês de Swami Prabhavananda e Christopher Isherwood. (Hollywood, CA: Vedanta Press, 1975).
14. Longchen Rabjam, *The Precious Treasury of the Basic Space of Phenomena* (Junction City, CA: Padma Publications, 2001).
15. ――――. *The Precious Treasury of the Way of Abiding* (Junction City, CA: Padma Publications, 2001).
16. ――――. *A Treasure Trove of Scriptural Transmission: A Commentary on the Precious Treasure of the Basic Space of Phenomena* (Junction City, CA: Padma Publications, 2001), 54-6.
17. Arthur Koestler, *The Roots of Coincidence* (Nova York: Random House, 1972).
18. Rachel Naomi Remen, "Is Psi Sacred?", *Noetic Sciences Review* 35 (outono de 1995), 34.
19. *Id.*
20. Muitas das ideias descritas nesta subseção, "Are Psychic Abilities Sacred", já haviam sido exploradas, de modo um tanto parecido, pelo presente autor e pela dra. Jane Katra no livro que publicamos em coautoria em 1998, *Miracles of Mind*, 135 (veja Capítulo 11, nota 1).
21. Patanjali, *Sutras*, tradução para o inglês por Swami Prabhavananda e Christopher Isherwood, *How to Know God* (Hollywood, CA: Vedanta Press, 1983; reimpresso em 2007), 187.
22. *Ibid.*, 204.
23. Alistair Shearer, trad., *Effortless Being: The Yoga Sutras of Patanjali* (Londres: Unwin, 1989).
24. Shankara, em *Shankara's Crest Jewel of Discrimination*, 23.
25. *Id.*
26. Veja Keith Dowman, trad., *Buddhists Masters of Enchantment: The Lives and Legends of the Mahasiddhas* (Rochester, VT: Inner Traditions, 1998).
27. Veja David Goodman, *The Teachings of Sri Ramana Maharshi* (Londres: Arkana/ Penguin Books, 1985).

Glossário

Causalidade: Diz-se que dois eventos, A e B, estão causalmente relacionados, de modo que A causa B, e se sempre que B ocorrer, A também ocorrerá (geralmente, primeiro). As causas podem ser *necessárias* ou *suficientes*, ou as duas coisas. Diríamos que A é *necessária* para B; por exemplo, o trem *nunca* se move a menos que a eletricidade esteja ligada. Contudo, A não será necessariamente *suficiente* se, nesse caso em que A é a eletricidade, muitos outros elementos também devam funcionar devidamente para que o trem possa se mover. Por outro lado, um tiro de revólver na cabeça é quase sempre suficiente para que alguém morra.

Clarividência: Clarividência é a percepção ou experiência direta de um objeto ou evento distante, mas percebido ou transcorrido no presente, que *não é do conhecimento* de nenhuma outra pessoa.

Consciência nua: Consciência nua é a consciência livre do ego, do apego, do condicionamento ou de qualquer outra obstrução ou obscurecimento mental que nos impede de vivenciar o mundo como ele realmente é — expandido, infinito e vazio de significado.

EEG: EEG é um registro gráfico da atividade elétrica no cérebro (ondas cerebrais) produzido por um eletroencefalógrafo.

Entrelaçamento: Diz-se que fótons ou outros sistemas estão entrelaçados quando uma perturbação em um deles causar uma mudança no estado do outro, mesmo quando os dois estiverem fisicamente isolados e insulados um do outro. O entrelaçamento implica uma conexão não local.

Não localidade: Na física clássica, a *não localidade* — com o significado de ação a distância, é uma influência direta de um objeto sobre outro objeto distante. Na física quântica, o termo *não local* significa que há correlações entre sistemas distantes (geralmente fótons) que não podem ser descritas por nenhuma teoria local. Essa forma de não localidade não permite a comunicação superluminal (mais rápida que a velocidade da luz). Ela não viola a relatividade especial.

PES: Percepção Extrassensorial (PES) envolve a recepção ou experiência direta de informação não adquirida por meio dos sentidos físicos reconhecidos, mas sentida com a mente. A PES é considerada uma espécie de conhecimento direto sem nenhum processo intermediário.

Precognição: Precognição é a experiência ou o conhecimento direto de um evento que ainda não aconteceu. Diz respeito ao conhecimento do futuro.

Psi: Do grego Ψ (*psi*), vigésima terceira letra do alfabeto grego; o termo *psi* deriva do grego *psyché* ("psique" ou "alma"). É usado como sinônimo de PES.

Psicocinese (PK): Psicocinese é a suposta capacidade de uma pessoa afetar o estado físico de um objeto distante. As melhores evidências provêm da psicocinese atuando sobre sistemas vivos, como nos casos de cura a distância.

Retrocausalidade: Retrocausalidade diz respeito a um acontecimento futuro capaz de afetar o passado. Se hoje à noite eu sonhar que um elefante está andando pelo meu jardim e, amanhã cedo, houver um elefante ali, eu diria que o sonho da noite passada foi causado (por via retrocausal) pelo elefante de hoje. Por outro lado, é importante observar que um evento futuro não pode nunca *mudar* o passado. Um exemplo disso seria eu voltar ao passado e matar minha avó, de modo que ela nunca viesse a gerar minha mãe. Não é possível que ocorra esse tipo de mudança.

Telepatia: Telepatia diz respeito ao fato de uma pessoa conhecer ou vivenciar diretamente os pensamentos de outra, aos quais sua percepção comum não tem acesso. É um equivalente aproximado de *leitura mental*.

Visão remota (VR): Visão remota é um conjunto de normas desenvolvido no Stanford Research Institute na década de 1970 com a finalidade de permitir que pessoas aprendam a descrever e vivenciar objetos e fatos não acessíveis à percepção comum – geralmente, à longa distância. É uma espécie de PES.

Bibliografia

Achterberg, Jeanne. *Imagery in Healing: Shamanism and Modern Medicine*. Boston: Shambhala, 1985.

──────. Simonton, O. C. e Simonton, S. "Psychology of the Exceptional Cancer Patient: A Description of Patients Who Outlived Predicted Life Expectancies". *Psychotherapy: Theory, Research, and Practice* (1977): 416-22.

Almeder, Robert. "A Critique of Arguments Offered against Reincarnation", *Journal of Scientific Exploration* 11, nº 4 (1997).

──────. *Death and Personal Survival: The Evidence for Life after Death*. Lanham, MD: Rowman and Littlefield, 1993.

Austin, John A., Harkness, Elaine e Ernst, Edward. "The Efficacy of 'Distant Healing': A Systematic Review of Randomized Trials", *Annals of Internal Medicine* 132, nº 11 (junho de 2000): 903-10.

Batten, Alan H. "A Most Rare Vision: Eddington's Thinking on the Relation between Science and Religion", *Journal of Scientific Exploration* 9, nº 2 (verão de 1995): 231-34.

Bell, J. S. "On the Einstein, Podolsky, Rosen Paradox", *Physics* 1 (1964): 195-200.

Bem, Daryl. "Feeling the Future: Anomalous Retroactive Influences on Cognition and Affect", *Journal of Personality and Social Psychology* (dezembro de 2010).

Benor, Daniel J. *Healing Research*, vol. 1. Munique, Alemanha: Helix Verlag, 1992.

Berelson, Bernard e Steiner, Gary. *Human Behavior: An Inventory of Scientific Findings*. Nova York: Harcourt, Brace & World, 1964.

Besant, Annie. "Occult Chemistry", *Lucifer: A Theosophical Monthly* (novembro de 1895).

Bohm, David e Hiley, Basil J. *The Undivided Universe: An Ontological Interpretation of Quantum Theory*. Nova York: Routledge, 1993.

Braud, William G. *Distant Mental Influence: Its Contributions to Science and Healing*. Charlottesville, VA: Hampton Roads, 2003.

──────. "Direct Mental Influence on the Rate of Hemolysis of Human Red Blood Cells", *The Journal of the ASPR* (janeiro de 1990): 1-24.

Braud, William G. e Schlitz, Marilyn J. "Consciousness Interactions with Remote Biological Systems: Anomalous Intentionality Effects", *Subtle Energies* 2 (1993): 1-47.

Braud, William G. e Schlitz, Marilyn J. "On the Use of Living Target Systems in Distant Mental Influence Research". Em Lisette Coly, org., *Psi Research Methodology: A Reexamination*. Nova York: Parapsychology Foundation, 1991.

Braud, William G. e Schlitz, Marilyn J. "Psychokinetic Influence on Electro-Dermal Activity". *Journal of Parapsychology* 47 (1983): 95-119.

Braud, William G., Shafer, D. e Andrews, S. "Reactions to an Unseen Gaze (Remote Attention): A Review, with New Data on Autonomic Staring Detection". *Journal of Parapsychology* 57, nº 4 (1993): 373-90.

Braude, Stephen. *Immortal Remains: The Evidence for Life after Death*. Londres: Rowman and Littlefield, 2003.

Burton, Robert A. *On Being Certain: Believing You Are Right Even When You Are Not*. Nova York: St. Martin's Press, 2008.

Byrd, Randolph C. "Positive Therapeutic Effects of Intercessory Prayer in a Coronary Care Unit Population", *Southern Medical Journal* 81, nº 7 (julho de 1988): 826-29.

Clarke, Arthur C. *Childhood's End*. Nova York: Ballantine, 1953.

Cleary, Thomas. *The Flower Ornament Scripture*, tradução do *Avatamsaka Sutra*, 2 vols. Boston e Londres: Shambhala, 1993.

Cook, Francis H. Trad. *The Jewel Net of Indra: The Avatamsaka Sutra*. Filadélfia: University of Pennsylvania, 1977.

Cox, William. "Precognition: An Analysis, II", *Journal of the Association of Staff Physician Recruiters* 50 (1956): 99-109.

Dean, Douglas. "Plethysmograph Recordings as ESP Responses". *International Journal of Europsychiatry* 2 (1966): 439-46.

Dore, Gary. *What Survives? Contemporary Explorations of Life after Death*. Los Angeles, CA: Tarcher, 1990. [*Explorações Contemporâneas da Vida Depois da Morte*, Editora Cultrix, São Paulo, 1992 (fora de catálogo).]

Dossey, Larry, M.D. "Healing Research: What We Know and Don't Know", *Explore* 4, nº 6 (novembro/dezembro de 2008): 341-52.

Dowman, Keith. *Buddhists: Masters of Enchantment*. Rochester, VT: Inner Traditions, 1988.

Duane, T. D. e Behrendt, Thomas. "Extrasensory Electro-encephalographic Induction between Identical Twins". *Science* 150 (1965): 367.

Edwards, Tony. "The Case of ESP". BBC Horizon, *NOVA*, 1983.

Einstein, A., Podolsky, B. e Rosen, N. "Can a Quantum Mechanical Description of Physical Reality Be Considered Complete?", *Physical Review* 47 (1935), 777-80.

Eisenbeiss, Wolfgang e Hassler, Dieter. "An Assessment of Ostensible Communications with a Deceased Grandmaster as Evidence for Survival", *Journal of the Association of Staff Physician Recruiters* 70.2, nº 883 (abril de 2006).

Ernst, Tim. *The Search for Haley: An Insider's Account of the Longest Search Mission in Arkansas History.* Pettigrew, AR: Cloudland, 2001.

Eysenck, H. J. "Health's character". *Psychology Today* 22 (dezembro de 1988): 28-32.

―――――. "Personality, Stress, and Cancer: Prediction and Prophylaxis. *British Journal of Medical Psychology* 61 (1988): 57-75.

Fox, Mark. *Quantum Optics: An Introduction.* Oxford: Oxford University Press, 2010.

Freedman, S. e Clauser, J. "Experimental Test of Local Hidden Variable Theories", *Physical Review Letters* 28 (1972): 934-41.

Gauld, Alan. *Mediumship and Survival: A Century of Investigations.* Londres: Paladin/Granada, 1983. [*Mediunidade e Sobrevivência: Um Século de Investigações*, Editora Pensamento, São Paulo, 1995 (*fora de catálogo*).]

Goodman, David. *The Teachings of Sri Ramana Maharshi.* Londres: Arkana/Penguin Books, 1985.

Harpur, Tom. *The Uncommon Touch: An Investigation of Spiritual Healing.* Toronto: McClelland & Stewart Inc., 1994.

Harris, William S. *et al.* "A Randomized, Controlled Trial of the Effects of Remote Intercessory Prayer on Outcomes in Patients Admitted to the Coronary Care Unit", *Archives of Internal Medicine* 159 (25 de outubro de 1999): 2.273-78.

Honorton, Charles e Ferrari, Diane. "Future-Telling: A Meta-analysis of Forced-Choice Precognition Experiments", *Journal of Parapsychology* 53 (dezembro de 1989): 281-308.

Jahn, Robert G. "The Persistent Paradox of Psychic Phenomena: An Engineering Perspective", *Proc. IEEE* 70, nº 2 (fevereiro de 1982): 136-68.

Jahn, Robert G. e Dunne, Brenda J. *Margins of Reality: The Role of Consciousness in the Physical World.* Nova York: Harcourt Brace Jovanovich, 1987.

Katra, Jane e Targ, Russell. *The Heart of the Mind.* Novato, CA: New World Library, 1999. [*O Coração da Mente*, Editora Cultrix, São Paulo, 2002.]

Koestler, Arthur. *The Roots of Coincidence.* Nova York: Random House, 1972.

Kripal, Jeffrey. *Authors of the Impossible: The Paranormal and the Sacred.* Chicago: University of Chicago Press, 2010.

Larson, Erik. "Did Psychic Powers Give Firm a Killing in the Silver Market?", *Wall Street Journal*, 22 de outubro de 1984.

Leadbeater, C. W. e Besant, Annie. *Occult Chemistry: Clairvoyant Observations of the Chemical Elements.* Londres: Dodo Press, 1919.

Longchen, Rabjam. *The Precious Treasury of the Basic Space of Phenomena.* Junction City, CA: Padma Publishing, 2001.

Mayer, Elizabeth Lloyd. *Extraordinary Knowing: Science, Skepticism, and the Inexplicable Powers of the Human Mind.* Nova York: Bantam, 2007.

McMoneagle, Joseph. *Remote Viewing Secrets: A Handbook.* Charlottesville, VA: Hampton Roads, 2002.

Mumford, Michael. *An Evaluation of Remote Viewing: Research and Applications.* Washington, D.C.: American Institutes of Research, 2005.

Myers, F. W. H. e Myers, Eveleen. *Fragments of Prose and Poetry.* Londres: Longmans Green, 1904.

—————. *Human Personality and Its Survival of Bodily Death.* Organizado por Suzi Smith. Hyde Park, Nova York: University Books, 1961.

Nadeau, Robert e Kafatos, Menas. *The Non-Local Universe: The New Physics and Matters of the Mind.* Nova York: Oxford University Press, 1999.

Neppe, Vernon. "A Detailed Analysis of an Important Chess Match: Revisiting the Maroczy-korchnoi Game", *Journal of the Society of Psychical Research* 71.3 (2007): 129-47.

Nolan, William. *Healing: Doctor in Search of a Miracle.* Nova York: Random House, 1974.

O'Regan, Brendan e Hirshberg, Caryle. *Spontaneous Remission: An Annotated Bibliography.* Sausalito, CA: Institute of Noetic Sciences, 1993.

Ostrander, Sheila e Schroeder, Lynn. *Psychic Discoveries Behind the Iron Curtain.* Englewood Cliffs, NJ: Prentice Hall, 1970. [*Experiências Psíquicas Além da Cortina de Ferro,* Editora Cultrix, São Paulo, 1974 (*fora de catálogo*).]

Padmasambhava. *Self-Liberation through Seeing with Naked Awareness.* Ithaca, Nova York: Snow Lion Publications, 2000.

Parke, H. W. *A History of the Delphic Oracle.* Oxford: Blackwell, 1939.

Patanjali. *Sutras,* em *How to Know God.* Traduzido para o inglês por Swami Prabhavananda e Christopher Isherwood. Hollywood, CA: Vedanta Press, 1983. [*Como Conhecer Deus,* Editora Pensamento, São Paulo, 1988 (*fora de catálogo*).]

Phillips, Stephen M. *Extra-Sensory Perception of Quarks.* Wheaton, IL: Quest Books, 1980.

Playfair, Guy. *Twin Telepathy: The Psychic Connection.* Londres: Vega, 2002.

Pratt, J. G., Rhine, J. B., Smith, Burke M. e Stuart, Charles E. *Extrasensory Perception after Sixty Years: A Critical Appraisal of the Research in Extra-Sensory Perception.* Boston: Bruce Humphries, 1966.

Puthoff, Harold E. "Feasibility Study on the Vulnerability of the MPS System to RV Detection Techniques". Relatório Interno do Stanford Research Institute, 15 de abril de 1979; edição revisada de 2 de maio de 1979.

Puthoff, Harold E. e Russell Targ. "A Perceptual Channel for Information Transfer over Kilometer Distances: Historical Perspective and Recent Research". *Proc. IEEE* 64, nº 3 (março de 1976): 329-54.

Rabjam, Longchen. *The Precious Treasury of the Basic Space of Phenomena.* Junction City, CA: Padma Publishing, 2001.

Radin, Dean I. *The Conscious Universe: The Scientific Truth of Psychic Phenomena*. San Francisco: Harper Edge, 1997.

Remen, Rachel Naomi. "Is Psi Sacred?", *Noetic Sciences Review* 35 (outono de 1995): 34.

Rauscher, Elizabeth A. e Amaroso, Richard L. *Orbiting the Moons of Pluto: Complex Solutions to the Einstein, Maxwell, Schrödinger, and Dirac Equations*. Cingapura: World Scientific, 2010.

Rauscher, Elizabeth A. e Targ, Russell. "The Speed of Thought: Investigation of a Complex Space-Time Metric to Describe Psychic Phenomena", *Journal of Scientific Exploration* 15, nº 4 (2001): 331-54.

————. "Investigation of a Complex Space-Time Metric to Describe Precognition of the Future". Em *Frontiers of Time*, de Daniel Sheehan. Malville, Nova York: American Institute of Physics, 2006.

Saltmarsh, Harold Francis. *The Future and Beyond: Paranormal Foreknowledge and Evidence of Personal Survival from Cross Correspondences*. Charlottesville, VA: Hampton Roads, 2004.

Schlitz, Marilyn e Braud, William. "Distant Intentionality and Healing: Assessing the Evidence". *Alternative Therapies* 3, nº 6 (novembro de 1997).

Schlitz, Marilyn e LaBerge, Stephen. "Autonomic Detection of Remote Observation: Two Conceptual Replications". Sausalito, CA: Institute of Noetic Sciences (1994).

Schmeidler, Gertrude. "An Experiment in Precognitive Clairvoyance: Part 1, The Main Results" e "Part 2, The Reliability of the Scores", *Journal of Parapsychology* 28 (1964): 1-27.

Schrödinger, Erwin. *My View of the World*. Woodbridge, CT: Ox Bow Presss, 1983.

Schwartz, Stephan A. *Opening to the Infinite*. Buda, TX: Nemoseen Media, 2007.

Shankara, em *Shankara's Crest Jewel of Discrimination*. Traduzido para o inglês por Swami Prabhavananda e Christopher Isherwood. Hollywood, CA: Vedanta Press, 1975. [*A Joia Suprema do Discernimento*, Editora Pensamento, São Paulo, 1992 (*fora de catálogo*).]

Patanjali, *Sutras*, em *How to Know God*. Traduzido para o inglês por Swami Prabhavananda e Christopher Isherwood. Hollywood, CA: Vedanta Press, 1983. [*Como Conhecer Deus*, Editora Pensamento, São Paulo, 1988 (*fora de catálogo*).]

Sicher, Fred, Targ, Elisabeth, Moore, Dan e Smith, Helene. "A Randomized Double-Blind Study of the Effect of Distant Healing in a Population with Advanced AIDS". *Western Journal of Medicine* 169 (dezembro de 1998): 356-63.

Simonton, O. Carl. *The Healing Journey*. Nova York: Bantam, 1992.

Sinclair, Upton Beall. *Mental Radio*. Charlottesville, VA: Hampton Roads, 2002.

Smith, Paul. *Reading the Enemy's Mind: Inside Star Gate, America's Psychic Espionage Program*. Nova York: Forge, 2005.

Spiegel, David. *Living Beyond Limits*. Nova York: Times Books/Random House, 1993.

Spiegel, David, Kraemer, Helena C., Bloom, Joan R. e Gottheil, Ellen. "The Effect of Psychosocial Treatment on Survival of Patients with Metastatic Breast Cancer", *Lancet 2* (outubro de 1989): 888-91.

Stapp, Henry P. "Harnessing Science and Religion: Implications of the New Scientific Conception of Human Beings", *Research News and Opportunities in Science and Religion* 1, nº 6 (fevereiro de 2001): 8.

Stevenson, Ian. *Children Who Remember Previous Lives: A Question of Reincarnation*. Charlottesville: The University Press of Virginia, 1987.

———. *Twenty Cases Suggestive of Reincarnation*. Nova York: American Society for Psychical Research, 1966.

———. *Where Reincarnation and Biology Intersect*. Westport, CT: Praeger, 1997.

Storm, Lance, Tressoldi, Patrizio e Risio, Lorenzo. "Meta-Analysis of Free-Response Studies 1992-2008: Assessing Noise Reduction Model in Parapsychology". *Psychological Bulletin* 136, nº 4 (2010): 471-85.

Swann, Ingo e Puthoff, Harold E. *Natural ESP: The ESP Core and Its Raw Characteristics*. Nova York: Bantam, 1987.

Sylvia, Claire. *A Change of Heart: A Memoir*. Nova York: Little Brown & Co., 1997.

Targ, Elisabeth. "Evaluating Distant Healing: A Research Review". *Alternative Therapies in Health and Medicine* 3, nº 6 (novembro de 1977).

Targ, Russell, Cole, Phyllis e Puthoff, Harold E. "Development of Techniques to Enhance Man/Machine Interaction". Relatório final, contrato NASA 953653/NAS7-100 (1975).

Targ, Russell e Harary, Keith. *The Mind Race*. Nova York: Villard, 1994.

Targ, Russell e Katra, Jane. *Miracles of Mind: Exploring Nonlocal Consciousness and Spiritual Healing*. Novato, CA: New World Library, 1998.

———. "Remote Viewing in a Group Setting". *Journal of Scientific Exploration* 14, nº 1 (2000): 107-14.

Targ, Russell, Katra, Jane, Brown, Dean e Wiegand, Wendy. "Viewing the Future: A Pilot Study with an Error-Detecting Protocol". *Journal of Scientific Exploration* 9, nº 3 (1995): 367-80.

Targ, Russell e Puthoff, Harold E. "Information Transmission under Conditions of Sensory Shielding", *Nature 252* (outubro de 1974): 602-07.

———. *Mind Reach: Scientists Look at Psychic Abilities*. Nova York: Delacorte, 1977.

Thomas, Lewis. *The Youngest Science: Notes of a Medicine Watcher*. Nova York: Viking, 1983.

Vasiliev, L. L. *Experiments in Mental Suggestion*. Charlottesville, VA: Hampton Roads, 2002.

Vassey, Zoltán. "Method for Measuring the Probability of 1 Bit Extrasensory Information Transfer between Living Organisms", *Journal of Parapsychology* 42 (1978): 158-60.

Warcollier, René. *Mind to Mind.* Charlottesville, VA: Hampton Roads, 2001.

Wood, Ernest. *Yoga.* Baltimore: Penguin, 1962.

Wittgenstein, Ludwig. *Tractatus Logico-Philosophicus.* Londres: Routledge and Kegan Paul, 1922.

Sugestões de Leitura:
Estudos sobre a Consciência

Alguns dos textos metafísicos mais profundos do século XX estão fora de catálogo, são difíceis de encontrar e desconhecidos da maioria dos leitores; contudo, eles ainda são importantes. Suas percepções aguçadas e iluminadoras sobre o mundo dinâmico da metafísica e da parapsicologia ainda são valiosas e fundamentais. A editora Hampton Roads disponibilizou novamente muitos desses textos em sua série Studies in Consciousness, que trata de temas cujo interesse jamais deixará de existir, como telepatia, projeção astral, sobrevivência da consciência após a morte, capacidades paranormais, hipnose a longa distância e muitos outros. Além de ser autor e coautor de oito livros, tive o privilégio de ser um dos organizadores de outros doze livros da Hampton Roads, com grande apoio e estímulo de Frank DeMarco, um dos proprietários da editora. Gostaria de ver meus leitores familiarizados com esses livros maravilhosos (pelos quais não tenho nenhum interesse financeiro). Para simplificar, darei apenas os anos da publicação original e da reedição pela Hampton Roads.

Distant Mental Influence: Its Contributions to Science and Healing, de William Braud, 2003. Um novo livro que descreve as pesquisas pioneiras sobre como os pensamentos de alguém podem afetar a fisiologia de uma pessoa a distância. Prefácio de Larry Dossey, M.D.

Dream Telepathy: Experiments in Natural ESP, de Montague Ullman, Stanley Krippner e Alan Vaughan (1973) 2002. Esse estudo telepático pioneiro e extremamente bem-sucedido foi realizado no Maimonides Hospital, na década de 1960. Prefácio de Stanley Krippner e Montague Ullman.

Experiments in Mental Suggestions, de L. L. Vasiliev (1963) 2002. Inclui os famosos experimentos do autor com hipnose a longa distância. Prefácio de Arthur Hastings; introdução de Anita Gregory.

An Experiment with Time, de J. W. Dunne (1927) 2001. Relatos detalhados das teorias de um cientista e do diário em que ele anotava seus sonhos precognitivos. Prefácio de Russell Targ.

The Future and Beyond: Paranormal Foreknowledge and Evidence of Personal Survival from Cross Correspondences, de Francis Saltmarsh (1938) 2004.

Human Personality and Its Survival of Bodily Death, de F. W. H. Myers (1906) 2001. Obra fundamental de Myers sobre teoria da psicologia, pesquisa parapsíquica e sobrevivência. Prefácio de Jeffrey Mishlove; organização e introdução de Suzi Smith.

Mental Radio, de Upton Beall Sinclair (1930) 2001. Experimentos muito bem conduzidos de percepção extrassensorial, realizados por esse famoso autor de textos de denúncia social e política e por sua esposa sensitiva. Prefácio de Albert Einstein.

Mind at Large: IEEE Symposia on the Nature of Extrasensory Perception, de Harold E. Puthoff, Charles Tart e Russell Targ, orgs. (1979) 2002. Prefácio de Russell Targ.

Mind Reach: Scientists Look at Psychic Abilities, de Russell Targ e Harold E. Puthoff (1977) 2005. O primeiro livro a descrever as pesquisas sobre visão remota no Stanford Research Institute. Prefácio de Margaret Mead.

Mind to Mind, de René Warcollier (1948) 2001. Descrição detalhada das capacidades paranormais e das fontes de ruído mental que limitam esse tipo de percepção. Prefácio de Ingo Swann.

The Secret Vaults of Time: Psychic Archaeology and the Quest for Man's Beginnings, de Stephan A. Schwartz (1978) 2005. Relato abrangente, da antiguidade aos nossos dias, em que o autor descreve o uso das capacidades parapsíquicas como instrumento auxiliar da arqueologia clássica.

Thoughts through Space: A Remarkable Adventure in the Realm of the Mind, de sir Hubert Wilkins e Harold Sherman (1951) 2004. Aventura *psi* autêntica envolvendo um avião desaparecido no Ártico. Prefácio de Ingo Swann.